|저자| 찰스 히검Charles Higham

1969년 이래 동남아시아에서 활발한 고고학 발굴 보고서 외에도 고대 동남아시아와 캄보디아의 앙코르 문명에 대해 많은 저서를 썼다. 대표적인 것으로 *The Archaeology of Mainland Southeast Asia*(대륙 동남아시아의 고고학), *The Bronze Age of Southeast Asia*(동남아시아의 청동기 시대), *Prehistoric Thailand*(선사 시대의 태국 ; 라차니 토사랏Rachanie Thosarat과 공저), *The Civilization of Angkor*(앙코르 문명), *The Early Cultures of Mainland Southeast Asia*(대륙 동남아시아의 초기 문화), *Encyclopaedia of Early Asian Civilizations*(아시아 초기 문명 사전) 등이 있다. 찰스 히검은 캠브리지 대학교의 세인트 캐서린 대학 방문 연구원을 역임했으며 현재 영국 왕립 아카데미의 회원으로 있다.

|감수| 조흥국

서강대학교 사학과를 졸업하고 독일 함부르크대학교 동양학부의 동남아시아학과에서 석사학위와 박사학위를 취득했다. 현재 부산대학교 국제전문대학원 교수로 재직 중이다. 동남아시아의 역사, 종교, 화인 등을 연구하며 『동남아의 화인사회 : 형성과 변화』(2000, 공저), 『메콩강과 지역협력』(2002, 공저), 『불교군주와 술탄』(2004, 공저), 『제3세계의 역사와 문화』(2007, 공저), 『태국──불교와 국왕의 나라』(2007) 등을 저술하고 국내외 학술지에 관련 논문도 활발히 발표해왔다.

|역자| 조흥철

부산외국어대학교 영어학과에서 텍스트 언어학으로 석사학위와 박사학위를 취득했다. 주 연구 분야는 영어 읽기와 쓰기이지만, 번역학과 전문용어학에도 관심을 갖고 있다. 〈뉴스위크 *Newsweek*〉지 한국어판 번역위원을 역임했으며, 『종이돈*Paper Money*』 등의 역서 외에 「성별에 따른 언어 사용의 특성」, 「과학 기술 텍스트의 어휘적 특성」, 「과학 기술 텍스트의 문법적 특성」, 「역이동 과거시제 분석」 등 많은 논문을 발표했다. 현재 부산외국어대학교에 출강하면서 번역 등 다양한 글쓰기 활동을 하고 있다.

hccho_99@hanmail.net

앙코르문명

The Civilization of
ANGKOR

앙코르 문명
The Civilization of Angkor

초판발행일 2009년 3월 30일

펴낸이 | 유재현
감수 | 조흥국
옮긴이 | 조흥철
기획편집 | 유재현 이혜영 김석기
마케팅 | 안혜련 장만
인쇄 | 영신사
제본 | 명지문화
필름출력 | ING
종이 | 한서지업사

펴낸곳 | 소나무
등록 | 1987년 12월 12일 제2-403호
주소 | 121-830 서울시 마포구 상암동 11-9, 201호
전화 | 02-375-5784
팩스 | 02-375-5789
전자우편 | sonamoopub@empal.com
누리집 | www.sonamoobook.co.kr

책값 18,000원
ISBN 978-89-7139-554-7 93910

소나무 머리 맞대어 책을 만들고, 가슴 맞대고 고향을 일굽니다

앙코르 문명
The Civilization of Angkor

찰스 히검Charles Higham 지음

조흥철 옮김 · 조흥국 감수

소나무

The Civilization of Ankor

A PHOENIX PAPERBACK
First published Great Britain in 2001
by Weidenfeld & Nicolson
This paperback edition published in 2003
by Phoenix
an imprint of Orion Books Ltd,
Orion House, 5 Upper St Martin's Lane
London WC2H 9EA

차 례

제1장 | 세계의 경이 가운데 하나 • 17

제2장 | 동남아시아의 선사시대 : 기원전 2300년~기원후 400년 • 37

제6장 | 태양왕 왕조 : 1000년~1080년 • 173

감사의 글

앙코르 문명을 이해하고 기술하려면 어떤 학자라도 징그러울 만큼 방대한 자료와 불가피하게 만나게 된다. 본 연구도 예외는 아니다. 사실상 앙코르의 최초 기원에 대한 모든 정보는 선사 유적들에 대한 고고학 조사에서 나온다. 고고학은 역사 시대에 관해서도 강력한 자료 출처가 된다. 더불어 산스크리트어 및 크메르어 비문, 예술사, 중국어 문헌 등의 도움도 받아야 한다. 미로 같은 자료 더미들 사이를 헤매는 동안, 기존의 주장이 하도 여기저기 반복되다 보니 주장이 아니라 마치 정설 같이 여겨진다.

마이클 비커리Michael Vickery는 특히 7~8세기 고古크메르어 비문과 관련하여 이 점을 강조했다. 그는 원전 자료와 당대 자료로 돌아가는 것이 대단히 중요하다고 한다. 본 연구는 그의 교훈을 따라 가능하다면 최대한 해당 통치기 연대의 비문을 그 지리적 분포와 연계하여 인용했다. 그러나 저자는 산스크리트어나 크메르어를 이해하지 못하기 때문에 비커리의 주석뿐만 아니라 조르쥬 쾨데Georges Cœdés와 클로드 자크Claude Jacques의 프랑스어 번역에 의존했다. 역사적인 유적들에 대한 고고학적 조사는 걸음마 수준이지만, 미리암 스타크Miriam Stark, 피에르 이브 망겡Pierre Yves Manguin, 보 시 카이Vo Si Khai에 의한 최근 메콩강 삼각주 발굴은 이 분야의 엄청난 잠재력을 보여주었다.

넌 우 로께Noen U-Loke 발굴을 공동 지휘한 라차니 토사랏Rachanie Thosarat과 '앙코르 문명의 기원' 프로젝트 일환으로 논 므앙 까우Non Muang Kao를 발굴한 더골드 오릴리Dougald O'Reilly에게 먼저 감사드린다. 7~8세기 경제와 제도에 대한 비커리의 창의적인 저서가 없었다면 4장은 내용 면에서 많이 달라졌을 것이다. 프놈펜에서의 더없이 유익했던 의견 교환과 본 저서 초고를 읽고 평을 해준 데 대해 이 자리를 빌려 그에게 은혜를 입었음을 밝혀둔다. 이샤나뿌라의 사진을 제공해준 마사코 마루이Masako Marui, 그리고 앙코르 조사 수행에 격려와 지원을 해준 반 몰리반 경卿HE Vann Molyvann과 앙 초울리안Ang Choulean에게도 감사드린다. 미리암 스타크, 피에르 이브 망겡, 보 시 카이 세 분은 게다가 자신들의 현지 연구 결과물을 출판에 앞서 아낌없이 이용할 수 있게 해주었다. 파스칼 로베르Pascal Rovére는 바푸온Baphuon 사원으로 저자와 친히 동행하여 안내해 주었다. 당시 이 사원은 그의 감독 아래 복구 작업을 위해 폐쇄 중이었다. 왕립 앙코르 재단

Royal Angkor Foundation의 자노스 젤렌 경卿HE Janos Jelen과 엘리자베스 무어Elizabeth Moore는 여러모로 조언과 도움을 아끼지 않았다.

저자를 1999년 방문 교수로 뽑아준 캠브리지의 세인트 캐서린 대학St Catharine's College 교수회와 그리고 이 책의 집필 기간 저자에게 방문 교수의 지위를 부여한 캠브리지 대학교의 맥도널드 연구소McDonald Institute의 렌프류 경Lord Renfrew과 그의 동료 교수들에게도 빚을 졌음을 밝히고 싶다.

끝으로 본 저서를 출판해준 웨이든펠드 및 니콜슨Weidenfeld and Nicolson 직원들의 호의적인 격려와 조언에 감사를 표한다.

찰스 히검

역자 서문

　어린 시절 소년 잡지에서 단골로 다루었던 소재가 세계의 불가사의였다. 이집트 쿠푸왕의 피라미드는 꽤나 우려먹었던 것 같다. 당시 소개된 불가사의 가운데 참으로 생소하게 다가왔던 이름이 있었다. 바로 캄보디아의 앙코르 왓(보통 '앙코르 와트'라고 소개되었다)이었다. 사실 캄보디아라는 국명 자체도 낯설던 시절이었다. 잡지에 기술된 앙코르 왓은 온통 신비로 가득 찬 곳이었다. 지금 가만히 생각해보면 앙코르 유적의 건설자로 외계인설까지 들먹였던 것 같다. 물론 어린 독자들의 구독심을 부추기려는 상업적 목적에서, 과장이나 픽션을 가미했을 것으로 이해되지만 말이다.

　앙코르 왓을 다시 만난 것은 이번엔 잡지가 아니라 두 편의 영화, 즉 〈킬링필드〉(1984년)와 〈툼레이더〉(2001년)를 통해서였다. 이 가운데 안젤리나 졸리가 열연한 〈툼레이더〉에 모습을 보인 앙코르 왓은 어린 시절 내 기억에 저장된 앙코르 왓의 이미지와 완벽하게 겹쳐졌다. 앙코르 왓과 초현실세계. 궁합이 맞는 그림이 아닌가! 감독이 굳이 앙코르 왓을 영화 후반부 촬영지로 택한 것도, 따지고 보면 나 같은 관객들에게 충분히 어필할 수 있다고 본 것은 아닐까.

사실 앙코르 왓은 이미 프랑스 학자들을 중심으로 한 발굴과 연구를 통해 신화와 초현실의 픽션 세계가 아닌 현실 역사의 세계로 들어온 지 오래다. 오늘날 우리가 알고 있는 앙코르 왓은 1431년 시암, 즉 태국의 침입을 받은 크메르 왕국이 프놈펜으로 수도를 옮기면서 버려졌다. 앙코르 왓은 더 이상 불필요한 상상력을 발휘하도록 만드는 수수께끼의 장소가 아니다. 지금도 끊임없이 발굴과 보수작업이 벌어지고 있는 역사의 땅이다.

　찰스 히검의 *THE CIVILIZATION OF ANGKOR*는 앙코르 문명의 역사를 쓴 책이다. 캄보디아 문명은 곧 앙코르 문명이라고 해도 대과가 없을 듯하다. 문명사는 그 기원에서부터 성쇠와 명멸의 전 과정을 다룬다. 그런 점에서 이 책은 앙코르 문명사의 교과서 같은 저술이다. 이 책의 특징은 저자가 자찬하고 있듯이, 같은 종류의 다른 역사서에서는 흔히 피상적·형식적으로 다루고 있는 선사시대에, 다양한 고고학적 발굴 성과를 바탕으로, 많은 지면을 할애하고 있다는 점이다. 원전 자료와 당대 자료에 충실하여 앙코르 문명 역사의 씨줄과 날줄을 짜나가는 것은 이 책이 돋보이는 또 다른 점이다.

저자는 특히 당대 자료 인용에 세밀함과 치밀함을 보이는데, 각 왕조의 해당 통치기 연대 비문을 그 지리적 분포와 연계하여 인용하고 있다. 당대 역사에 대한 기술에 당대 자료만한 것도 없다. 앙코르 유적 곳곳에 풍부한 비문이 남아 있다는 것은 해당 전공 역사학자에겐 축복이리라. 그러나 이런 사료를 어떻게 텍스트의 일부로 엮어 나가는가는 또 다른 문제일 것이다. 저자는 여기서도 탁월함을 보인다. 문명사라는 딱딱한 주제에 대한 역사서임에도 마치 한 편의 잘 만든 다큐멘터리를 보는 듯한 느낌을 받는 것은 저자의 글쓰기 내공 수위를 가늠케 한다.

이 책은 동남아 역사 전문가 집단을 겨냥해 쓴 것 같지는 않다. 그보다는 앙코르 문명과 문화에 관심 있는 제반 독자를 염두에 두지 않았나 싶다. 앙코르 문명 관련 특정 이슈에 대해 깊이 있는 논의가 아닌 앙코르 문명사 전체를 고고학 자료, 원전 자료, 비문 등 당대 자료를 바탕으로 폭 넓게 개관하고 있기 때문이다. 교양서로 읽어도 좋겠고, 앙코르 왓 여행을 준비하는 사람에게는 꼭 일독을 권할 만하다. 사실 서점에 나와 있는 앙코르 관련 서적들은 단순한 여행 가이드북의 수준을 넘지 않는다.

  이런 책의 번역을 맡게 된 것도 인연이지 싶다. 그러나 인연을 맺게 해준 이는 따로 있다. 역자의 가형인 부산대학교 국제전문대학원의 조흥국 교수가 아니었던들 번역이란 가당키는 했겠는가. 동남아 학자이신 형님의 책 선정과 감수가 없었다면 본 역서는 나오지 못했을 것이다. 더구나 현지에서 찍어 오신 생생한 사진들을 기꺼이 올려주셔서 본 역서를 더 가치 있게 만들어주심은 큰 빚으로 남는다. 이 번역본에서 나올 수 있는 오류들은 물론 역자의 지적 여정旅程이 짧은 탓도 있지만 무엇보다 전문 분야에 대한 무지에서 비롯한 것임을 밝힌다. 기회가 되는 대로 수정·보완할 것을 약속한다. 번역 출판을 허락해준 소나무출판사의 유재현 사장님과 책이 나오기까지 수고를 아끼지 않은 편집진에게 감사드린다.

2009년 1월 부산에서
조흥철

일러두기

1. 한글 전용을 원칙으로 하되, 이해를 돕기 위해 필요한 경우 한글 다음에 한자나 영문 표기를 병기했다.

2. 캄보디아어의 한글 표기는 현지 발음을 최대한 반영했으며, 타이어와 중국어 등 외래어 표기는 국립국어원의 외래어 표기법(1986년 1월 교육부 고시)을 따랐다.

3. 잘 알려져 있지 않거나 낯선 용어 및 개념에 대해서는 독자들의 편의를 위해 역주를 달았다. 역주는 캄보디아의 앙코르 문화에 대한 관광 안내서가 아니라 앙코르의 역사와 문화에 대한 학술적인 개설서인 이 책의 성격에 필요하다고 생각한다.

4. 시대별로 등장하는 호칭 및 직함, 행정 구역 단위, 힌두교 관련 용어 등의 비고유명사는 색깔글씨로 표기하며 필요할 경우 괄호에 그 뜻을 병기한다. 또한 호칭이나 직함이 인명, 지명 등 고유명사와 함께 나와 있는 경우는 혼동을 피하기 위해 비고유 명사는 로마자나 한글 표기 모두 색깔글씨로 표기했다.

5. 원저에는 모두 28장의 흑백 사진이 있으나 최근 캄보디아 현지에서 촬영한 사진들을 추가로 포함시켰다.

제1장

세계의 경이 가운데 하나

버려진 지 겨우 150년이 경과했을 무렵인 16세기 당시, 포르투갈 상인과 선교사는 거대한 석조 도시가 캄보디아 북부 숲속 깊숙한 곳에 감추어져 있음을 알고 있었다. 그들은 자신의 종교보다 훨씬 오래된 종교가 한때 번성했던 사원을 우연히 발견한 것이다. 모든 종교 기념물 가운데서도 최대의 것을 포함하는 신성한 도시를 말이다. 하늘을 가리는 정글을 뚫고 우뚝 치솟은 앙코르 왓의 다섯 연꽃무늬 탑은, 지금도 그렇지만 당시에도 경외심을 불러일으켰을 것이다.

첫 방문자 가운데 한 사람은 카푸친수도회 수사Capuchin friar 안토니오 다 막달레나Antonio da Magdalena로서, 그는 1586년 그 버려진 도시를 탐사했다. 3년 후 그는 포르투갈령 인도 제도諸島의 공식 역사가 디오고 도 쿠토Diogo do Couto에게 자신의 탐사 이야기를 들려주었다. 불행히도 수사는 1589년 나타우Natal 앞바다에서 선박 난파로 목숨을 잃고 말았다. 그러나 도 쿠토는 수사의 회고담을 다음과 같이 기록해 놓았다.

이 도시는 사각형으로, 네 개의 큰 문이 있으며, 왕궁으로 통하는 또 하나의 문이 있다. 도시는 해자로 둘러싸여 있는데, 건너가는 다리가 다섯 개 있다. 이들 다리는 양쪽에 거인이 경계를 서고 있다. 거인의 귀는 모두 뚫려 있으며, 매우 길다. 다리의 돌 불록들은 그 크기가 놀랍다. 벽의 돌도 보통 크기가 아니며, 그 이음새가 어찌나 조밀한지 마치 하나의 돌로 이루어져 있는 것 같다. 각 입구의 문은 장엄하게 조각되어 있으며, 너무 완벽하고 섬세하여 이 도시에 있었던 안토니오 다 막달레나는 그 문들이 하나의 돌(채석지는 약 60km 떨어진 곳에 위치해 있었다)로 만들어져 있는 것처럼 보였다고 말했다. 따라서 여러분은 그 건축에 바쳐진 수고와 조직력을 판단해 볼 수 있을 것이다. 이 도시, 이 신전들, 그리고 기타의 것들은 700년의 기간에 걸쳐, 스무 명의 왕명에 의해 건설되었음을 기록해 놓은 몇 행의 글이 있다. 이 도시의 가장자리에는 그 호화스런 장식과 웅장함으로 미뤄 보건대 왕궁이 틀림없는 유적이 있다. 도시 가운데는 큰 사원이 자리 잡고 있다. 각각의 문에서부터 다리와 같은 폭의 방죽길[1]이 나 있고(그림-1), 그 양 옆으로 수로가 접해 있는데, 도시를 둘러싸고 있는 해자에서 물이 공급된다. 물은 북쪽과 동쪽에서 시작하여 남쪽과 서쪽에서 나간다. 이러한 수로망에 물을 대는 것은 그곳을 거쳐 지나가는 강이다. 이 도시에서 약 1.5km 떨어진 곳에 앙가르Angar라 불리는 사원이 있다. 그곳은 너무 엄청난 건축물이어서 필설로 형용할 수 없을 정도다. 세계의 어떤 건물과도 닮지 않았기 때문이다. 탑과 장식물, 그리고 인간의 재능이 생각할 수 있는 온갖 멋스러움을 다 가지고 있다. 동일한 석재지만 금박을 입힌 같은 양식의 작은 탑들도 많다. 사원은 해자로 둘러싸여 있으며, 작은 다리로 지나다닌다. 다리는 방문객을 오싹하게 만들 만큼 장대하고 무시무시한 모습의 호랑이 두 마리가 지키고 서 있다.

다른 포르투갈 선교사도 자신들이 목격한 것의 규모에 대해 이와 비슷한 경외감을 느꼈다. 마르셀로 데 리바데네이라Marcello de Ribade-neyra는 1601년에 출간된, 서양 언어로 된 최초의 앙코르 왓 보고서에

---

1) 습지 등에 흙을 쌓아올려 만든 길. 당시 사원 진입로 역할을 했다.

그림-1 | 앙코르 왓의 방죽길. 비슈누를 모신 사원인 앙코르 왓의 네 번째 담으로 가는 길에 250m의 방죽길이 펼쳐져 있다.

서 다음과 같이 말했다.

우리는 시암Siam 왕국의 창건자가 캄보디아 왕국의 황무지 가운데 위치한 이 위대한 도시에서 온 것이 아닐까 생각한다. 그곳에는 고대 도시의 유적이 있는데, 알렉산더 대왕이나 로마인이 건설했다고 말하는 이도 있다. 놀라운 점은 지금은 그곳에 아무도 살지 않는다는 사실이다. 사나운 동물들이 기거하고 있으며, 현지인의 말에 따르면 그곳은 이방인들이 세웠다고 한다.

3년 후 가브리엘 데 산 안토니오Gabriel de San Antonio는 아무도 읽을 수 없는 비문碑文, 그리고 로마적인 것으로 보이는 석조 가옥, 평평한 수직 양식의 가옥 외양과 안뜰, 방에 대해 기술했다. 그는 안토니오 도르타Antonio Dorta 신부와 루이스 데 폰세카Luys de Fonseca 신부가 그곳에서 여러 날을 보낸 바 있다고 말했는데, 이들 신부는 분수대, 수로와 사원 그리고 석조 거인이 지키고 있는 다리에 대해 기록해 놓았다. "다섯 개의 탑이 있는 사원이 있는데, 앙고르Angor로 불린다."

이 유적물과 그 기원에 대해서는 그 이후 많은 추측이 제기되었다. 그러나 그 가운데 캄보디아인이 장본인일 것이라는 추측은 사실 하나도 없었다. 그들이 그런 웅대한 건축물을 세웠을 리가 없다는 것이 공통된 시각이었다. 1647년에 마드리드에서 출간된 한 보고서는 "어떤 학자는 이것을 트라야누스[2]의 작품으로 추측한다"고 서술했다.

---

2) 트라야누스Trajanus는 로마황제(53?~117)이다.

수십 년에 걸친 힘겨운 연구 결과가 이제 이러한 초기의 추측성 가설을 대체하였다. 오늘날 우리는 앙코르가 기원후 800년에서 1400년의 전성기에 캄보디아의 풍요로운 저지대와 오늘날 태국의 대부분 지역을 지배했던 문명의 수도였다는 사실을 알고 있다. 앙코르의 신격화된 군주들은 사해四海를 상징하는 거대한 해자에 둘러싸인 채, 힌두 신화의 산상 옥mountain home을 상징하도록 지어진 도시에서 생활했다. 우리는 주목할 만한 당대의 한 기사에서 인드라바르만 3세의 도시 생활을 선명히 떠올릴 수 있다. 1296년, 중국인 방문자 저우다관周達觀[3]은 활력으로 가득 찬 앙코르를 목격하였다. 그는 신성한 검 쁘리아 칸preah khan을 들고 있는 인드라바르만의 행차에 대해 기술했다.

왕이 행차할 때 군대가 호위의 선두에 서고, 이어서 깃발과 악대가 나온다. 삼백에서 오백을 헤아리는 궁녀들은 꽃무늬 천을 두르고 머리에 꽃을 꽂은 채, 손에 초를 들고 대형을 이룬다. 대낮인데도 초에 불을 밝힌다. 이어서 왕의 개인 호위대인 다른 궁녀들이 창과 방패를 들고 나오며, 그 뒤를 염소와 말이 끄는 황금으로 된 이륜마차가 따른다. 대신과 왕자는 코끼리를 타고 있으며, 그들 앞에 있는 셀 수 없는 붉은 일산日傘은 멀리에서도 볼 수 있다. 그 뒤로 일인승 가마, 사륜마차, 말 그리고 코끼리를 탄 왕비와 후궁이 따라 나온다. 금으로 치장한 큰 일산이 백 개도 넘는다. 그 뒤에 코끼리를 탄 왕이 모습을 나타내는데, 손에 신성한 검을

---

3) 원나라 쿠빌라이 칸의 사신으로 1295년부터 약 2년간 캄보디아를 방문한 온주溫州 출신의 중국인. 당시 캄보디아의 상황을 자세히 기록한 『진랍풍토기眞臘風土記』를 남겼다. 그의 방문기 내용은 7장에 소개된다.

들고 있다. 코끼리의 상아는 금박으로 싸여 있다.

그는 금박을 입힌 궁전, 그리고 금과 청동의 탑을 방문하고, 우리가 오늘날 앙코르 왓이라 부르는 유적지인 '라 빤La Pan의 무덤'에 대해 경탄하였다. 연꽃무늬 탑, 긴 부조 회랑, 둘러싸고 있는 벽, 너른 해자 등은 경탄을 자아낼 뿐만 아니라 궁전 의식에 대한 이해를 제공하며, 심지어 천국과 지옥에 대한 그들의 생각까지도 읽을 수 있게 해준다. 저우다관은 그뿐만 아니라 도시 중심부에 있는 자야바르만 7세의 대사원 능묘와 바욘Bayon도 방문하였다. 지금도 그렇지만 당시에도 돌에 새겨진 부조는 주민들의 일상생활에 대한 풍부한 통찰력을 제공했다. 조용히 장기를 두는 남자들을 볼 수도 있고, 중국 상인의 집 안을 방문할 수도 있다. 또는 중년 부인이 출산 중인 여인을 돌보는 정자 옆을 지날 수도 있다.

앙코르란 무엇인가_

이 책은 앙코르 문명의 위대한 건축학적 업적을 역사적 맥락 속에 놓고 살펴보려 한다. 아득한 선사시대부터 출발하여, 최초 창건부터 앙코르 왓에서 절정기를 이루었던 단계까지 답사하고, 더 나아가 쇠락과 버려지기까지를 더듬어 본다. 거대한 사암 덩어리를 잘라내고, 또 그것을 꿀렌Kulen 고원에서 똔레삽 호수 북쪽 연안까지 30km나 운반하는 등, 혹독한 더위 속에서 노역을 했던 건축가와 인부들은 어떤 동기에서 그렇게 할 수 있었을까? 가로 8km 세로 2.2km나 되는 엄청난 저수지를 만들 생각은 어떻게 했을까? 비문은 누가 새겼으며, 그 메시지는 무엇일까? 최초의 포르투갈 선교사는 단지 추측만 할 수 있었겠지만, 100여 년의 헌신적인 연구 끝에 마침내 비문은 해석되고 비석은 보존 처리와 함께 원상 복구되고, 왕과 그 왕조의 이름은 망각에서 돌아오고, 위의 질문 가운데 몇 가지는 대답이 되었다.

앙코르는 톤레삽 호수와 꿀렌 고원 사이에 놓여 있는 도시와 그 관련 유적에 전통적으로 붙여지는 이름이다. 그 단어는 '신성한 도시'를 의미하는 산스크리트어 나가라nagara에서 유래한다. 하늘에서 보면, 지속적인 쇄신을 잘 보여주는 도시와 저수지, 사원의 윤곽을 찾아낼 수 있다. 기원후 약 700년부터 최소 7세기에 걸쳐 그곳에서는 계속 새로운 사원이 지어졌다.

사멸한 문명을 조명한다는 것은 어려운 작업이다. 그와 함께 특별한 보답이 있는 일이기도 하다. 이것은 앙코르 문명을 연구하는 서양 학자에게는 특히 그러하다. 사람, 종교, 환경 등 문화와 생활의 모든 측면이 이질적이기 때문이다. 이는 선사 고고학, 금석학, 미술사, 비교 종교학 같은 많은 분야의 연구에 의존해야 함을 의미한다.

2000년의 기간을 아우르는 이 기간은 네 단계로 나눌 수 있다. 우선 앙코르 문명은 선사시대인 철기시대로 거슬러 올라가는데, 기원전 500년경에 시작되었다. 두 번째 단계는 그 출발이 기원후 150년경이며, 초기 중국의 기록에 따르면 흔히 부남扶南으로 불리는 최초의 국가가 메콩강 삼각주에 형성되던 시기다. 이 국가는 무역 패턴의 변화라는 대체적인 이유로 쇠락하였다. 세 번째 단계는 기원후 550년부터

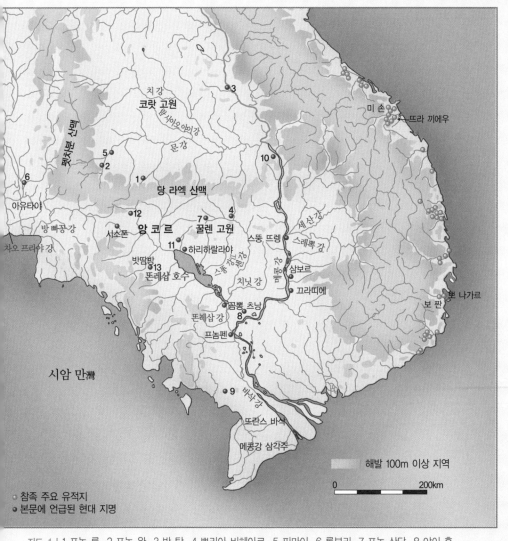

치 강

코랏 고원

펫차분 산맥

미 손

인드라 끼에우

씨아오 얀끼 강

문 강

5

2

6

10

아유타야

당 라엑 산맥

방 뻐꽁 강

12

4

7

세 산 강

서소폰

앙 코 르

꿀렌 고원

스뚱 뜨렝

스레뽁 강

차오 프라야 강

11

하리하랄라야

스뚱

삼보르

밧땀방

13

치닛 강

끄라띠에

뽀 나가르

똔레삽 호수

보 짠

꼼뽕 츠낭

똔레삽 강

8

프놈펜

시암 만

9

바싹 강

뜨란스 바싹

메콩강 삼각주

해발 100m 이상 지역

0   200km

○ 참족 주요 유적지
● 본문에 언급된 현대 지명

지도-1 | 1 프놈 룽 2 프놈 완 3 반 탓 4 쁘리아 비헤아르 5 피마이 6 롭부리 7 프놈 산닥 8 야이 홈
9 프놈 바양 10 왓 푸 11 왓 꼭 뽀 12 반띠아이 츠마르 13 바셋

800년까지이며, 몇몇 지도자가 앙코르의 핵심 지역이라 할 수 있는 곳에서 권력 투쟁을 벌였다. 삼각주에서 톤레삽 호수까지, 그리고 위쪽으로 태국 북동부 메콩강과 문Mun강의 합수점에 걸쳐 있는 캄보디아 중부의 저지대 평야가 그 활동무대였다. 이 시기는 흔히 진랍眞臘으로 불린다. 역시 중국 문헌에 사용된 이름을 따른 것이다. 네 번째 단계는 톤레삽 북쪽 앙코르에 왕도를 설립한 이후다.

이러한 과정을 기술하기에 앞서, 몇 가지 중요한 이슈를 살펴볼 필요가 있다. 이들은 앙코르 문명의 구조를 관통하고 있으며, 그 역사를 더 깊이 이해할 수 있게 해주기 때문이다. 또한 국가란 무엇인가? 그것은 어떻게 태어나는가? 그리고 어떻게 유지되는가? 이런 세 가지 질문에 답하는 데도 도움이 된다.

국가의 기원__

국가는 족장 사회에서 진화한다는 것이 인류학자 대부분의 인식이다. 그 구성원은 혈연관계로 얽혀 있으며 사회 조직을 지배하는 지도자가 있다. 족장 사회는 일반적으로 족장이 사는 중앙 영지와 더 작은 규모의 속령지屬領地 한두 개를 포함한다. 족장은 대개 지위의 상징물로 구별되며, 흔히 정교한 매장 의식이 치루어진다.

비록 친족 유대 관계가 존속하더라도, 일단 국가가 성립하면 사람들은 또한 계급에 의해서도 규정되게 된다. 최소 두 개 이상의 족내혼族內婚 집단이 존재하는 복합적 사회 구조 안에서 한 집단이 엘리트 집단을 구성하게 된다. 왕족 계통은 보통 신성기원神聖起源, 그리고 신과의 소통 능력을 부여받은 것으로 간주된다. 거주지는 네 단계의 층위가 있는데, 도성에서 지방 중심지를 거쳐 마을에까지 이른다. 왕은 대개 궁에서 살며, 의례에서 중요한 역할을 한다. 궁정은 잉여생산물을 거둬들이며, 궁정의 고위 인사는 특별한 호칭, 직책, 그리고 지위의 상징물로 차별화된다. 노동의 통제와 잉여생산물의 전유專有는 구속력 있는 법제, 군대, 전업專業 사제, 국가 사원 등을 위한 행정 기구의 지탱과 유지에 필수적이다.

국가 형성에 대한 최근 연구는 전쟁의 중요성, 권력과 무역의 통제, 지도력의 자질, 그리고 의례의 주재를 강조하고 있다. 아프리카 말라위Malawi 야오족Yao의 18세기 및 19세기 역사는 이 점을 분명히 보여준다. 비록 이들이 동남아시아에서 멀리 떨어져 있지만, 기록상 이들의 발전 과정은 우리가 메콩강 삼각주에서 일어났을 것이라 생각하는 바와 너무 흡사하기 때문에, 이들의 경험을 간략하게 요약한다.

전통적으로 야오족은 여자들이 지배하는 내륙 마을에서 살았다. 모계 혈통을 통해 친족 관계를 규정하는 자매 집단에서는 최고령 남자 형제를 족장으로 임명하곤 했다. 마을의 주민 숫자는 50이나 60명을 넘는 경우가 거의 없었다. 이러한 사회 체제에서는 야심 있는 젊은 지도자의 경우 마을을 떠나 자신의 정착지를 세우도록 고무받기 때문이었다.

상황이 급변한 것은 아랍 상인이 동부 해안을 탐사하기 시작하면서였다. 그들은 상아와 노예를 원했고, 그 대가로 야오족에게 구슬, 천, 쇠줄을 공급하였다. 전통적으로 족장이 무역을 통제했는데, 그의 역할은 위험이 많이 따르는 장사길에 나서는 마을 사람들에게 조상의 축복을 내리는 것이었다. 족장은 또한 이들이 돌아왔을 때 상품을 분배할 권리도 가지고 있었다. 한편, 족장의 위세는 마을의 규모와 자신의 추종자 숫자에 의해서 평가되었다. 노예에 대한 수요는 야오족과 그 주변 종족 사이에 팽팽한 긴장을 야기하였다. 사로잡힌 남자 노예는 해안으로 보내져 팔렸다. 반면 여자 노예는 족장이 개인적으로 소유할 수 있었는데, 이로 인해 족장의 종자從者가 늘어나게 되었다. 기록에 따르면, 마타카 이 냠비Mataka I Nyambi라는 어느 족장은 여덟 마을에 600채의 가옥을 가지고 있었는데, 부인 한 사람마다 한 채씩이었다고 한다.

족장에서 대추장으로의 변화는 빠른 속도로 일어났다. 신흥 추장들은 총기 무역을 통해 자신들의 지배 영역을 확대하고 권력을 키워나갔으며, 아랍 상인의 외래 풍습과 관습을 받아들였다. 이것은 추종자들의 눈에 이들의 위신을 강화시켜 주었다. 추장 가운데는 회교를 받아들이고 개명한 이도 있었다. 예를 들면 족장 몬제사Chief Monjesa는 주라프Zuraf가 되었다. 술탄 체 마타카Sultan Che Mataka는 이국적인 나무를 심고, 자신의 도성 이름을 '해안의 나무'를 의미하는 므웸베Mwembe로 바꾸었다. 족장 마칸질라Chief Makanjila는 자신의 궁전을 아랍 식으로 지었다. 이들은 아랍 문자를 사용하여 기록을 적기 시작했다. 마을이 도시로 발전하면서 더 많은 식량을 재배하기 위해 관개용수를 들판에 끌어오게 되었다. 술탄 체 마타카가 세상을 떠났을 때, 30명의 사내아이와 여자아이가 특별한 천으로 지은 옷을 입혀 함께 순장되었다. 이 아이들은 총과 쇠뿔로 만든 화약통으로 무장하고, 소금과 구슬이 부장품으로 딸려 있었다.

동남아시아에서도 이와 유사한 습속의 변화가 있어났을 것이다. 이에 대해서는 고고학적 흔적들이 분명 남아 있을 것이며, 아니면 비문과 목격담에 들어있는 단어에 주목할 필요도 있을 것이다. 앙코르의 기원을 알아보는 일의 일차 선행 조건은 서로 경쟁하던 족장 사회가 있었던 시대를 규명하는 일이다. 이러한 고고학적 흔적은 조밀하게 분포되어 있는 대규모 거주지, 지배 계층의 호사스런 매장, 전쟁 행위의 구체적인 유적 등이다. 이질적인 인도 문자와 언어의 채택뿐만 아니라, 궁전에 대한 증거, 징세 기록, 공공건물 건설과 농업 개량을 위한 노동력 통제, 또는 가신을 속령지 총독으로 임명하는 것 등도 국가의 출현을 알리는 신호다. 국가는 일단 형성되면 스스로 유지해 나가야 한다. 하지만 단명한 국가도 적지 않은데, 흔히 왕성한 건국 활동과 영토 확장에 이어지는 위축과 경쟁 국가에 의한 정복으로 특징지워진다.

인도의 영향__

앙코르 왕국의 역사를 기술할 때 가장 논란이 되는 이슈 가운데 하나는, 그것이 인도 종교 및 정치 철학에서 어느 정도 영향을 받았는가 하는 점이다. 앙코르 왕국에 대한 일부 초기 해석에서는 앙코르 국가의 형성과 성격에 미친 인도의 원초적 역할을 강조하였다. 인도의 중심 신인 시바와 비슈누 상이 도처에 널려 있다는 사실과 힌두교 사제의 언어인 산스크리트어의 사용에 홀린 나머지, 앙코르의 기원을 설명하는 한 가지 방안으로 인도 유래설이 제기된 것이다. 동남아시아인이 적어도 기원전 350년부터 물품과 지식을 인도와 교환해왔다는 점은 의심의 여지가 없다.

그러나 앞으로 보겠지만, 지역 통치자가 인도의 신과 언어를 받아들인 것은 힌두교를 강제로 신봉하게 해서라기보다 자신의 이익을 위해서였다. 실제로 앙코르의 통치자는 앙코르 역사 대부분의 기간 동안 불교의 신보다는 조상신과 힌두교 신들에 대한 헌신을 천명하였다. 따라서 힌두교, 제의祭儀 그리고 공덕功德의 중요성을 이해하는 것은 많은 앙코르 비문의 내용을 분명히 하는 데 필요하다.

힌두교의 신성한 경전, 즉 뿌라나스puranas는 우주를 메루산山을 중심으로 일련의 동심원이 둘러싸고 있는 구조로 기술한다. 첫째 원은 잠부드비빠jambudvipa로 알려져 있으며, 장미와 사과나무의 땅이다. 그 너머에는 소금물 바다가 놓여 있다. 그런 식으로 여러 영역을 지나면 바깥 암흑 지대에 도달한다. 또한 지표면 아래에는 일곱 개의 층이 있으며, 그 밑에는 지옥의 영역이 자리하고 있다. 사회인류학자 스탠리 탐비아Stanley Tambiah는 태국의 수코타이Sukhothai 왕국과 아유타야 Ayutthaya 왕국을 근거로 하여, 왕도는 힌두 신들의 거처인 메루산을, 성벽은 그 주변 산을, 그리고 해자는 바다를 상징하는 것이 아니겠냐는 견해를 밝혔다.

우주에는 여러 종류의 존재가 살고 있는데, 여기에는 신묘한 천녀天 女(그림-2) 즉 압사라apsara,[4] 그리고 신화의 뱀 나가naga[5]도 포함되어

---

4) 천상의 무녀舞女를 뜻하는 산스크리트어. 왕, 신, 영웅의 시중을 든다.
5) 머리가 여럿 달린 뱀으로서, 앙코르국의 수호자로 간주되었다. 한자 문화권에서는 흔히 용

그림-2 | 압사라. 천상의 무희란 뜻으로, 수르야바르만 2세가 극락에 당도했을 때 그를 잘 모시도록 할 목적에서 앙코르 왓에 새겼다.

있다. 왕은 신과 인간 세계를 잇는 중간의 신성한 존재였다. 환생은 힌두교의 중요한 특징이며, 이승의 생활 방식을 통해 공덕을 쌓는 것, 다시 말해 신에게 공물을 바치는 것은 사후 이러한 영역들에서 자신의 자리를 결정짓는다.

힌두교의 무수한 신은 푸자puja, 즉 '바침'을 통해 숭배된다. 그러한 공덕 행위의 중심은 음식물, 과일, 꽃, 옷 또는 드물지만 고기나 상징적인 피를 바치는 것인데, 이렇게 할 경우 바치는 이의 공덕이 더욱 축적되기 때문이다. 신상神像은 아침이 되면 잠에서 깨워 목욕시키고 참기름으로 닦은 다음, 새 옷을 입혀드린다. 낮에는 내내 악사와 무용수에게서 기쁨과 찬양과 예배를 받는다. 신 앞에서 심지를 바꿔 등에 불을 붙인 뒤 사제는 불 밝힌 등을 신자에게 가져온다. 그 위에 손을 올리고 축복과 공덕을 받을 수 있도록 하기 위해서다. 저녁에는 신을 위한 잔치가 열리며, 다시 옷을 벗기고 밤의 안식에 들게 한다.

사원은 엄청나게 풍요로운 곳일 뿐만 아니라 중요한 영적·경제적 기관이기도 하다. 전통적으로 사원은 국왕의 하사 토지, 공덕을 쌓으려는 기부, 종교 의식에 대한 수수료에서 부를 얻었다. 그 담장 안에서 자체의 목욕실, 사무실, 병원, 학교, 심지어 은행까지 갖춘 사실상 독립된 사회를 이루었다.

공덕을 더할 수 있는 또 다른 방법은 대사원과 갠지스강의 수원水源 같은 성스런 장소를 순례하는 것이다. 죽음에서 두드러진 의식은 핀다pinda로서, 열흘 동안 죽은 자에게 쌀을 바치는 행위다. 이것은 죽은 자가 임시로 머무는 귀신의 땅을 떠나 조상의 영역에 들어갈 수 있도

龍으로 번역되었다.

록 다시 몸을 만들기 위해서다. 점성학적 관찰은 인생행로 결정의 대단히 중요한 부분이다. 12년 주기의 사용은 인도와 동남아시아에 널리 퍼져 있다. 인도에서 12년 주기는 목성의 운동에 의해 결정되며, 동남아시아의 경우 오랜 기원의 12마리 동물에 의해 정해진다. 이러한 주기는 과거와 마찬가지로 오늘날에도 여전히 성스러움을 일부 유지하고 있다.

주요한 범凡 힌두 신과 셀 수 없는 지역 신이 존재한다. 이 사실은 앙코르 비문에는 왜 그렇게 신의 이름이 많은지를 이해하는 데 필수적이다. 비슈누는 최고의 신으로, 다양한 모습으로 인간 세상에 내려온다. 그 모습 가운데 하나가 거북인데, 앙코르에서 널리 소재로 다루었다. 불로불사의 영약을 얻기 위해 젖의 바다를 휘저을 동안, 이렇게 현신한 비슈누가 세상을 떠받쳐주었기 때문이다.[6] 시바는 또 다른 주요 신이며, 앙코르에서 널리 숭배되었다. 시바는 아주 다양하게 형상화될 수 있는데, 가장 흔한 것은 링가linga이다. 이것은 요니yoni, 그러니까 여자의 음부 안에 발기한 석조 남근이 들어 있는 모습인데, 시바

---

6) 흔히 유해교반乳海攪拌(churning of the milk sea)으로 알려져 있다. 유해교반은 인도의 전설을 기록해 놓은 '사타파타브라나'에 나오는 세계 창조 신화다. 선신과 악신이 큰 뱀인 바수키의 머리와 꼬리 부분을 잡고 젖의 바다(乳海)를 저어(攪拌), 그 결과 불로불사의 영약인 암리타, 미의 여신 락쉬미, 천녀 압사라 등을 얻는다는 이야기. 좀 더 소개하면, 끊임없는 전쟁에 지친 악마와 신들은 비슈누에게 도움을 청한다. 비슈누는 싸우지 말고 힘을 합해 젖의 바다를 휘저어 불로불사의 영약인 암리타를 만들 것을 권했다. 이에 동의한 악마와 신은 만다라 산에 박아 놓은 축에 머리가 여러 개 달린 뱀 바수키의 몸통을 감아서 양쪽에서 잡고 바다를 휘젓기 시작했다. 오랜 시간 바다를 휘젓자 축의 받침으로 있던 산이 견디지 못하고 바다 밑으로 가라앉았다. 이때 비슈누가 거북으로 변해 등으로 산을 떠받쳐 산이 가라앉는 것을 막았다. 머리 부분을 잡은 악마와 꼬리 부분을 잡은 신은 천 년간 이렇게 바다를 휘저었다. 이러한 노력으로 영약과 압사라, 락쉬미, 젖처럼 흰 말, 머리가 셋 달린 코끼리 아이 등이 탄생했다.

가 자신의 활력인 삭티sakti와 하나가 됨을 상징한다.

　왕의 신성한 본질을 왕의 음경 형태로 나타내는 것은 비교秘教적인 의식과 높은 지위 사이에 어떠한 관계가 있는지를 반영해준다. 또한 중요한 것은 음식, 옷, 기름을 사원에 바치는 행위이다. 이러한 행위가 공덕을 쌓고 조화로운 환생을 하기 위한 확실한 방법이었다는 사실을 이해하는 것 또한 중요하다. 그러한 의식은 이론적으로는 지방을 메루 산의 상징적 존재인 왕궁이나 국가 사원과 묶어주는 물질적 기반이었 다. 이러한 원리는 의심할 바 없이 모든 이로부터 인정받았지만, 앙코 르 문명은 알력과 불안정으로 인해 금이 갈 가능성을 늘 안고 있었다. 중앙 궁전에서는 승계권 문제가 있었다. 장자 상속의 전통이 없었기 때문에, 일부다처제란 상황에서 모계를 통한 세습은 여전히 유의미했 을 것이다. 따라서 파벌주의와 불화의 가능성은 상존하였다. 이것은 왕위 계승권 주장자나 지방 귀족이 지역에 충성과 권력 기반을 구축할 수 있는 경우 더욱 악화되었다.

벼의 중요성_

　또 하나의 논란이 되는 가장 중요한 이슈는 농업의 구조이다. 국가 를 움직이는 힘은 잉여농산물에 의해 공급되는 에너지다. 캄보디아의 경우, 이것은 벼농사를 의미한다. 앞으로 보겠지만, 비문에는 논의 소 유와 지역 및 중앙 사원의 곡물 공급에 대한 셀 수 없는 언급이 들어 있다.

농업 구조에 대해서는 두 가지의 상반된 주장이 있다. 그 하나는 앙코르의 대규모 저수지가 왕의 통제를 받으며 논의 관개에 사용되어, 연간 삼모작, 심지어 사모작이 이루어졌다는 것이다. 다른 하나는 국가 감독 체제에 의한 관개를 부정하면서, 오늘날 보이는 천수답 체계를 주장하고 있다. 이들 천수답 체계는 관개의 필요성이 없는 다양한 수확 방법에 의해 보완되었다고 본다. 전자의 주창자들은 왕실 주도의 관개를 앙코르 몰락을 불러온 실패한 제도로 본다. 반면, 저수지가 신들의 거처를 둘러싸고 있는 바다를 상징하는 역할을 했다는 것이 후자의 관점이다.

앙코르 문명의 이러한 변수는 서로 유기적으로 얽혀 있다. 앙코르 문명을 이룩한 많은 가닥들을 함께 엮어 짜서 이천 년에 걸쳐 일어났던 전체 변화상을 그려보면, 앙코르 왓과 같은 유적물이 왜 지어졌고, 그 전성기에 황금 탑을 바라봤던 사람에게 어떤 의미였는지 이해할 수 있을 것이다. 또한 이 성스런 도시가 왜 버려져, 최초의 포르투갈 선교사가 경이로움에 휩싸여 거대한 석조 문을 지나갈 무렵, 정글에서 폐허가 되었는지 그 답을 구할 수도 있을 것이다.

제 2 장

동남아시아의 선사시대

기원전 2300년~기원후 400년

동남아시아 국가에 대한 대부분의 일반 연구에서는 후기 구석기시대를 그냥 의례적으로 인정하고 시작한다. 최근까지 이 시대는 애매한 부분이었다. 이 지역의 사회와 거주자에 대한 우리의 이해는 적절한 고고학적 연구보다는 역사가의 상상력에 힘입은 바가 크다. 프랑스의 영향력 있는 학자 조르쥬 쾨데는, 이 지역 사람이 미개민족으로서 인도 상인과 브라만brahman의 영향을 받았다고 기술하였다. 러시아 역사가 세도프Sedov는 다음과 같이 썼다. "신기원新紀元 초엽, 크메르족은 철기시대 문화 단계에 있었다. 인구는 적었지만 강력한 내부 혈연관계의 씨족공동체로 구성되어 있었고, 비교적 서로 단절된 채, 그러나 상호 평화적인 관계 속에 살아가고 있었다."(Sedov, 1978 : III)

최근의 발굴조사는 위와 같은 기술이 완전히 잘못됐거나 아니면 입증되지 못한 것임을 확실히 보여주었다. 동남아시아의 선사 사회는 활기차고 강성했다. 그들은 원양 무역을 하고, 지도자는 대규모 치수治水 사업을 벌였다. 특화된 청동기 및 철기 작업장을 유지하고, 사람이 죽으면 금·은 보석류 및 수백 점의 청동 장신구를 포함하는 매장 습속을 보여주었다. 앙코르 문명의 기원을 더듬어나가기 위해서는 이러한 사회에 대한 적절한 이해가 필수적이다. 그러려면 먼저 벼 농사가 그들에게 갖는 중요성을 인식해야 한다.

벼농사의 기원과 중요성__

약 4,300년 전 최초의 농부가 도래하기까지, 수렵채집인은 동남아시아의 고원 삼림 지역과 해안 지역에서 살았다. 고원 삼림 지역의 흔적은 바위 주거지에서 보이는데, 얇은 주거층이 그들의 주거 사실을 증거하고 있다. 해안 지역은 풍부한 해안 자원이라는 장점을 가지고 있었는데, 그들의 영구적인 대규모 주거지는 매우 풍족하며 사회 구조가 복잡했음을 보여주고 있다. 그렇지만 자연의 혜택에 의존함에 따라, 이들 사회는 문화적으로 '막다른 길'에 봉착하게 되었다. 문명으로 가기 위해서는 벼농사로 공급되는 에너지가 필수적이었다. 사실, 야생 벼의 인공 재배는 동남아시아의 인류사에서 가장 의미 있는 변화 가운데 하나다. 이것은 벼의 융통성, 즉 생선과 같이 섭취할 때의 높은 영양가, 주변 자연 환경을 바꾸어 그 생산을 확대할 수 있는 수월함, 그리고 상대적으로 용이한 저장성을 반영하는 것이다.

앙코르 문명을 키운 자연 환경은 저지대 평지이며, 홍수 다발 지역이다. 메콩강은 남북 사이의 이동 통로를 형성하는 데 반해, 톤레삽강과 톤레삽 호수는 동서 사이의 이동을 용이하게 한다. 많은 지류가 이 강과 호수로 들어오며, 그 범람원汎濫原 곳곳에 앙코르 유적이 자리 잡고 있다. 떨어져 있는 야트막한 산이나, 꿀렌 고원의 경우 제법 고지대가 간간히 눈에 띈다. 더 북쪽으로 가면 당 라엑Dang Raek 산맥이 캄보디아와 태국을 갈라놓고 있다. 그러나 넘기가 어렵지 않으며, 문강 분지로 이어진다.

이 지역에 큰 영향을 끼치는 것은 몬순(계절풍)이다. 비는 5월부터 10

월까지 내린다. 메콩강은 몬순과 히말라야 산맥의 봄철 눈 녹은 물이 유입되면서 제방이 터지고, 이 홍수는 범람원과 삼각주를 휩쓸어 버린다. 메콩강과 톤레삽강이 만나는 프놈펜의 경우, 홍수가 두 강의 정상적인 흐름을 역행시켜 물이 톤레삽 호수 쪽으로 거꾸로 밀려들면서 호수의 수위를 올라가게 만든다. 그러나 톤레삽 호수조차도 메콩강 하류와 그 삼각주 전역의 홍수를 막아줄 수는 없다.

11월부터 5월까지는 건기가 이어진다. 홍수가 물러나고, 범람원에서 떨어진 곳의 햇빛에 드러난 논흙은 단단해지면서 갈라진다. 1월에 서늘했던 날씨가 점차 더워지면서 4월이 되면 거의 견딜 수 없을 정도다. 그리고 나면 갑자기 비가 내리기 시작하고, 심한 폭풍우가 바짝 타버린 저지대를 훑고 지나간다. 열기는 가라앉고, 단단했던 흙은 부드러워진다. 그리고 또다시 강물이 차오르면서 범람한다.

이러한 패턴은 지역의 치수 제도에 따라 여러 가지 벼 재배법을 낳게 만들었다. 메콩강과 톤레삽 호수의 물에 깊이 잠기는 삼각주와 범람원에서는 우기에 벼를 재배할 수 없다. 그러나 이 시기에 자연 또는 인공 저수지에는 범람한 물이 저장된다. 그러면 수역이 줄어드는 1월에 벼를 심고, 이 벼는 저수지에서 공급되는 물로 자란다. 일부의 경우, 벼가 웅덩이나 저수지 안에서 재배되기도 한다. 그러나 범람원에서 떨어진 높은 지대에서는, 좁은 들판에 낮은 둑이나 흙벽을 쌓아 빗물을 담아둔다. 우기에 주위의 산에서 이 지역을 살펴보면, 끝없이 펼쳐진 선녹색鮮綠色이 눈에 들어온다. 이는 벼가 척박한 토양에서도 충분한 물이 공급되어, 생장에 필요한 질소를 고정시키는 조류가 생기면 잘 자라는 수생식물이기 때문이다.

위에 기술한 것은 오늘날 벼농사를 짓는 두 가지 중요한 방법이다. 그러나 우리는 뜻밖에도 앙코르인이 어떻게 벼를 재배했는지에 대한 정보가 거의 없다. 비문에는 농부가 나오지만, 계절에 맞춰 일하는 것에 대한 기술은 없다. 앙코르의 부조에는 고기잡이나 전투 장면은 포함되어 있지만, 농업 활동은 없다. 사실 앙코르에 있는 거대한 저수지와 메콩강을 종횡으로 가로지르는 수로의 목적이 무엇인지는 여전히 논란이 되고 있다.

수렵 채집에서 벼를 기반으로 하는 경제로의 전이를 추적하는 일은, 따라서 문명의 기원을 이해하는 데 필수적인 중간 역이다. 앙코르 왕국에는 많은 계급이 존재했다. 먼저 행정관 무리를 거느린 왕실이 있고, 그 아래에 중앙 및 지방 사원의 사제가 있으며, 그 아래에는 의사, 건축가, 장군이 있었다. 만약 잉여 쌀이 없었다면 이러한 체계는 무너졌을 것이다. 따라서 남아 있는 많은 앙코르의 텍스트가 토지 경계와 잉여농산물 형태의 세금 규정과 관련된 것임은 별로 놀랄 만한 일이 아니다.

벼 재배로의 중요한 전환은 어디서 일어났을까? 최근 조사에 따르면 양쯔강 유역에서 기원전 약 6500년에 그러한 전환이 발생했다. 펑터우산문화彭頭山文化는 잘 알려진 초기 유적으로 마을 공동묘지, 가옥, 도기 그릇, 정교하게 제작된 석조 장식물이 발굴되었는데, 이 모든 것은 주요한 문화적 변화가 있었음을 알려준다. 기원전 5000년경 벼 경작인들이 양쯔강 유역에 도달하였다. 남중국에서는 기원전 2800년경의 스샤石峽 유적에서 그들과 만나는데, 이들의 물질문화는 더 위의 북쪽 지역과 많은 유사점을 보인다. 베트남에서도 비슷하게, 최초의 벼 경작인들이 홍강紅江 유역에 정착한 것은 기원전 세 번째 천년기[1] 말엽이다.

메콩강 유역에서도 유사한 패턴이 있었다. 벼농사와 돼지와 개 등의 가축을 포함하는 신석기 유적은 그리 많지 않으며, 기원전 2200년부터 시작한다. 후기 앙코르 문명의 중심지에 위치한 유적, 삼롱 센 Samrong Sen이 여기에 해당한다. 침입해 들어온 초기의 이들 경작인은 아마도 고대 크메르어(캄보디아어), 베트남어, 그리고 아직도 태국 고립 지역에서 쓰는 몬어Mon를 사용했을 것이다. 이들 언어는 친족 관계에 있으며, 넓게 퍼진 초기 벼농사 집단에 그 공통 기원을 두고 있는 것으로 생각된다.

기원전 세 번째 천년기 동안 이들의 동남아시아로의 진출은 더뎠는데, 이 지역의 문명이 왜 그렇게 늦게 발달했는지를 설명해주고 있다. 이들이 캄보디아에 도착했을 때는, 이미 중국에 상商나라가 형성되어 있었다. 벼 경작인들이 개척, 정착, 그리고 확산되는 데는 시간이 걸린다. 특히, 동남아시아에서처럼 길도 없는 삼림과 맞닥뜨리면 말이다. 신석기 주거 터들은 많지 않고, 드문드문 흩어져 있으며 규모도 작다. 아마 주민이 100명을 넘지 않았을 것이다. 사람들은 벼를 재배하고 돼지와 개 등의 가축을 키웠지만, 또 한편으로는 물고기, 조개, 사슴, 들소 같은 지역의 자원으로도 눈을 돌렸다.

지역에서 발견되는 인간의 유골은 그들이 영양가 있는 음식을 먹었음을 보여준다. 그러나 우리는 대규모 발굴이 없었던 관계로, 당시 주

---

1) BC 2000~BC 3000년.

민들의 평균 수명, 영아 사망률 또는 건강 등에 대해 아는 것이 전혀 없다. 게다가 신석기시대는 짧아서 캄보디아와 태국 인접 지역의 경우 고작 800년 정도 지속되었을 것이다. 그리고 상당수의 지역은 설사 실제로 집단적인 주거지가 있었다고 해도, 인구밀도는 매우 낮았을 것이다.

청동기시대__

많은 학자는 구리와 주석 광석을 제련한 후 이 두 가지를 결합하여 청동을 주조하는 방법에 대한 지식이 근동近東에서 중국으로 전래되었다는 데 견해를 같이한다. 기원전 1500년경, 중국의 청동기시대는 상商 문명에서 이미 잘 확립되어 있었다. 상나라의 일부 옥과 청동은 남중국과 베트남에서 거래되었는데, 이 사실은 동남아시아에서 청동기시대가 시작되었다는 가장 그럴듯한 자료로 보인다. 홍콩에서부터 미얀마의 친드윈Chindwin 계곡에 이르기까지, 기원전 1500~500년대의 청동기시대 주거지가 발견된다.

구리 광석은 동남아시아의 고원 지대에서 발견된다. 말레이시아와 태국에는 세계의 주요 주석 광석지 가운데 하나가 있다. 지난 30년에 걸친 발굴로 동남아시아 청동기시대의 주요 특징들이 밝혀졌다. 신석기시대에서 초기 청동기시대로의 전이는 완만하게 이루어졌던 것 같다. 두 군데의 채광 단지—한 군데는 태국 동북부 메콩강 근처 푸 론 Phu Lon에 있고 다른 하나는 광산 및 이와 관련한 가공 유적을 포함하는 대규모 단지로 태국 중부에 있다—에 대한 조사에서, 구리 광석은 산허리의 광석층을 따라 채굴한 다음, 선광選鑛을 거쳐 광산 근처의 작은 주발 모양의 노爐에서 제련되었음이 드러났다.

구리의 상당 부분은 교역용으로 생산되어, 둥근 형태의 괴塊로 주조되었다. 하지만 이러한 노역을 조직하는 엘리트가 있었던 것 같지는 않다. 광산은 건기乾期에 지역 농경 사회의 구성원들에 의해 작업이 이루어진 것 같다. 태국 중부 논 빠 와이Non Pa Wai 유적에서 그런 집단의 공동묘지가 발굴되었다. 사람들은 자신이 사용하던 거푸집과 청동기와 함께 매장되었지만, 어떤 개인도 유별나게 재산이 돋보이지는 않는다. 닐 캄 하엥Nil Kham Haeng에 있는 또 다른 공동묘지는 더 후대의 것으로, 그곳의 매장은 철기시대까지 이어졌다.

괴의 최종 종착지는 종종 광산에서 수백 킬로나 떨어진 작은 마을이었다. 태국 북동부에 있는 반 나 디Ban Na Di는 그러한 여러 장소 가운데 하나로, 발굴 결과 공동묘지뿐만 아니라 청동 주조용 노爐, 도가니, 거푸집이 나와, 주민과 그들의 사회 계급, 경제, 기술 등에 대한 정보를 제공해주었다. 죽은 이들은 계급에 따라 두 군데가 넘는 공동묘지에 매장되었다. 그 중 하나에는 청동으로 만든 팔찌, 바다조개, 대리석, 점판암 같은 이국적인 제물祭物이 출토된 더욱 호화로운 무덤이 자리 잡고 있었다. 한 아이는 악어가죽으로 만든 수의를 입고, 근처의 한 여인은 악어 두개골로 만든 큰 목걸이를 착용하고 있었다. 이 지역에서는 또한 소, 사슴, 사람, 코끼리 형상의 자그마한 상像이 많이 나왔다. 개개인이 모두 잘 먹어서 튼튼한 뼈 구조를 가지고 있었지만, 평균 수명은 낮고 유아사망률이 높았으며 35세를 넘겨 생존한 성인이 거의 없었다.

　발굴 유적 가운데는, 동일한 주제에 대해 조금씩 차이를 보이는 곳이 있다. 태국 중부 농 노르Nong Nor에 있는 한 공동묘지의 경우, 한 무덤 집단은 나머지 전체 무덤 집단보다 좀 더 부유했다. 이곳에서는 청동으로 만든 팔찌 형태의 부장품도 보이지만, 비합금의 주석과 구리로 만든 부장품도 보인다. 이국적인 장식품은 옥玉, 활석滑石, 사문석蛇紋石, 홍옥수紅玉髓, 대리석으로 만들어진 것들이었다. 문강 상류 반 룸 카우Ban Lum Khao에 있는 청동기시대의 무덤에는 대리석과 조개 팔찌, 풍부한 양의 매력적인 붉은색 도기 그릇이 들어 있다. 다시 더 북쪽으로 가서, 논 녹 타Non Nok Tha에서는 많은 도기 그릇이 도끼 주조용 석조 거푸집, 몇 점의 청동 팔찌, 도끼와 더불어 발견되었다.

　유적들은 작은 규모로서, 어느 것도 몇 헥타르를 넘지 않았다. 각 마을을 관장하는 권력의 존재에 대한 증거는 없다. 주거지는 흩어져 있는 형태이며, 이들은 물물교환 수단을 통해, 그리고 아마도 혼인을 통해 서로 교류했을 것이다. 사람들은 벼를 재배하고 가축을 키웠으며, 조상의 무덤이 여러 세대에 걸쳐 쌓여가는 공동체에서 자신들의 삶을 몬순 주기에 맞추어 살아갔다.

철기시대＿

　철기시대의 도래와 함께 우리는 문명의 기원에 가까이 다가간다. 철은 이 지역에서 기원전 500년경에 제련되었는데, 그 영향은 직접적이고 강력했다. 철광석은 풍부하고 널리 퍼져 있었지만, 철 그 자체는 구리나 주석보다 얻기가 어려웠다. 훨씬 더 높은 제련 온도를 요구하기 때문이다. 우리는 철을 다루는 지식이 어떻게 동남아시아에 이르렀는지 알지 못한다. 이 지역의 신기술이었을 수도 있지만, 중국이나 인도에서 지식이 전파되었을 가능성도 배제할 수 없다.

문명 단계 직전에 와 있는 철기시대 문화의 성격은 퍼즐 맞추기를 완성하는 데 매우 중요한데, 이전에는 빠진 부분으로 남아왔다. 후기 앙코르 문명 지역에서 철기시대 사회가 있었다는 증거는 태국 동북부에서 나온다. 이 시기에 이르면 더욱 많은 주거 유적이 존재했으며, 그 규모도 훨씬 컸다. 논 므앙 까우Non Muang Kao는 약 50헥타르의 면적에, 인구는 약 2,500명이었던 것으로 추정된다.

1997년과 1998년에 그 인근의 주거 유적인 넌 우 로께 발굴 결과, 이 지역에서의 주거는 후기 청동기시대(기원전 600년)에 시작하여 초기 국가로 전이하던 시기인 기원후 400년에 끝난 것으로 밝혀졌다. 똔레삽 호수 주변에 위치한 문 계곡과 평원에는 제방과 해자로 둘러싸인 많은 주거 유적이 있는데, 넌 우 로께는 그 가운데 하나다. 이러한 철기시대 사회는 매장된 증거뿐만 아니라, 기술력의 성격, 공동체의 경제적 기반, 청동기시대보다 확대된 이국적 물품의 교역 규모, 주변 흙 건조물 및 해자의 성격에 의해 규정된다.

해자 건설은 오늘날 후기 철기시대(기원후 100~500년)로 연대가 소급된다. 그 정확한 기능이 무엇이었는지는 여전히 오리무중이지만, 그 규모로 보아 알 수 있는 것은 철제 삽의 이용이 한몫했음이 분명한 큰 사업이 있었다는 사실이다. 터를 잡고 살았던 장소는 상당히 많다. 반

돈 플롱Ban Don Phlong, 논 양Non Yang, 반 따콩Ban Takhong, 반 끄라브 앙 녹Ban Krabuang Nok 등은 모두 발굴 조사되었는데, 철기시대로 연대가 소급되었다. 논 두아Non Dua의 경우, 선사 층이 한 앙코르 사원 아래에 위치해 있다. 비슷한 유적이 당 라엑 산맥 남쪽에서 캄보디아까지 흩어져 있는데, 로비아Lovea는 앙코르 서북쪽으로 불과 몇 킬로미터 떨어진 그런 주거지 가운데 하나다. 박세이 참끄롱Baksei Chamkrong을 발굴하자 철기시대 유물이 나왔으며, 한편 앙코르에서 서쪽으로 약 80km 지점의 품 스나이Phum Snay에서는 대규모 철기시대 공동묘지가 조사 중에 있다.

문강 유역의 저지대 습한 환경에 있는 넌 우 로께 주거 유적(그림-3·4)은 12헥타르의 면적에 걸쳐 있다. 철은 초기부터 등장한다. 공동묘지에서는 철로 만든 목걸이와 팔찌 세 개를 찬 여인이 발견되었으며, 한 남자는 철제 괭이와 큰 창과 함께 매장돼 있었다. 남자의 목둘레에는 청동 목걸이 몇 줄과 호랑이 이빨로 만든 목걸이 한 줄이 걸려 있었다. 그의 양쪽 귓불은 절단되어 원반형 조개껍질 귀고리가 채워져 있었고, 청동 팔찌를 착용하고 있었다. 그의 도기 그릇 가운데 하나에는 물고기 뼈가 들어 있고, 그릇과 나란히 두 개의 청동 창이 놓여 있었다.

이런 식의 초기 매장의 숫자는 많지 않으며 분산되어 있다. 그러나 후기 단계로 가면 독특한 매장 군락이 나오게 되는데, 이들이 무덤에 들이는 정력이 극적으로 증가했기 때문이다. 죽은 자 가운데 일부는 탄화미로 채운 무덤에 안치되었으며, 역시 안을 채운 뒤 그 위에 진흙 관을 올린 무덤도 있었다. 각 무덤 군락에는 바짝 붙여 배치된 남자, 여자, 어린이, 유아의 유해가 포함되어 있었다. 일부의 경우, 어떤 집

그림-3 | 넌 우 로께에서 출토된 부유한 남자 무덤. 동남아시아의 선사 사회가 국가로 전이되며 점차
　　　　복잡해지는 과정을 보여준다.

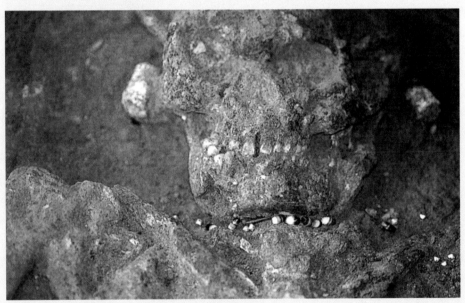

그림-4 | 넌 우 로께 113호 무덤. 부유한 여자가 매장된 이곳에서 부장품으로 도기 그릇, 청동 제품, 금 및 마노 구
　　　　슬 목걸이가 나왔다.

단과 관련한 독특한 특징을 추적할 수 있는 것으로 판명되었다. 거의 모든 무덤 군락에서 홍옥 장신구와 많은 양의 쌀이 발견되었다. 또한 가락바퀴가 많이 나오는 군락, 진흙을 채운 관이 많이 나오는 군락도 있었다.

무덤 군락 가운데 세 군데에서는 돋보일 정도로 부유한 성인도 나왔다. 그 가운데 한 남자는 세 개의 청동제 허리띠를 차고 있었는데, 허리띠에는 그것을 제자리에 고정시켜주는 띠쇠가 달려 있었다. 그리고 두 팔에는 약 75개의 청동 팔찌를 차고 있었고, 수많은 청동제 손가락지와 발가락지, 목과 발목에 두른 유리구슬, 금박이 달린 고리형 은銀 귀고리 등이 나왔다. 또 다른 남자는 네 개의 청동제 허리띠, 큰 청동제 원반형 귀고리, 다수의 청동제 팔찌와 손가락지, 발가락지를 착용하고 있었다.

세 번째 사람은 여성인데, 청동제 팔찌, 청동제와 은제의 손가락지와 발가락지, 금과 마노瑪瑙로 된 구슬이 달린 목걸이 차림으로 발견되었다. 세 경우 모두 부장품으로 훌륭한 검은색 도기 그릇과 철제 칼이 있었으며, 철제 칼 가운데 하나에는 옷의 흔적이 묻어 있었다. 이러한 호화로운 매장은 일부 개인의 지위가 높았을 가능성뿐만 아니라, 사회적 계급이 존재했을 가능성을 시사한다. 이러한 경향은 주거지를 제방과 해자로 에워싸기 위한 노동이 조직되면서 커져갔다. 전투가 있었다는 증거도 있다. 엎드려 누워 있는 한 남자의 등뼈에 꽂혀 있는 화살촉을 포함하여, 철제 화살촉과 창의 발견은 이러한 추측을 뒷받침한다.

구리와 주석은 태국 중부의 광산에서 수입해야 했던 반면, 철은 현지에서 제련하고 주조했다. 제철 직공은 자신의 기술을 장식물과 무기

뿐만 아니라 농업에도 적용하였다. 한 무덤에는 아직도 쌀로 덮여 있는 철제 삽이 들어 있었다. 철기시대의 마지막 매장 기에는 철제 낫이 일부 매장지에서 발견되며, 괭이는 비교적 흔했다. 넌 우 로께의 장인들은 숙련된 유리 제조 기술자였을 가능성도 있다. 그렇지만 요업에 대한 증거는 거의 나온 것이 없다. 죽은 자의 부장품으로 들어 있던 달걀껍질만큼 얇은 그릇은 전업 장인의 공방에서 입수되었을 가능성이 높다.

넌 우 로께 발굴은 이곳이 제조와 농업 생산 확대에 뛰어난, 활발하고 혁신적인 공동체였음을 시사해준다. 그렇지만 이곳은 문 계곡에 자리한 그러한 주거지 가운데 하나에 불과하며, 앙코르 쪽으로 더 남쪽으로 내려가면 훨씬 더 많이 있다. 발굴이 이루어진 곳이라면 어디든지, 유사한 사회 변화 패턴이 발견되었다. 넌 우 로께에서와 동일한 진흙 채운 관, 그리고 홍옥수, 마노, 금과 유리 등을 포함하는 이국적인 부장품이 보인다. 철 제련로와 소금 생산 시설은 널려 있다. 철제 무기와 도구가 확산되었고, 발견되는 청동제 장식품의 엄청난 수적 증가를 고려할 때 구리와 주석 생산이 늘었음은 분명하다. 일부 강 유역에서는 해자로 에워싸인 주거지가 서로 소리가 닿을 만큼 몰려 있었다.

문강 유역과 캄보디아 북부 너머로 눈길을 돌려도, 사회 구조가 점차 복잡해져갔다는 비슷한 증거가 발견된다. 태국 중부의 반 돈 따 펫 Ban Don Ta Phet은 기원전 4세기경 태동한 인도와의 교역 관계를 이해하는 데 대단히 중요하다. 그곳 매장지의 부장품으로는 장식된 청동제 주발, 식각蝕刻된 홍옥수 구슬, 그리고 홍옥수로 만든 뛰어오르는 사자상이 있는데, 이들은 모두 인도에서 들어온 것이다. 이곳과 이와 관련된 다른 주거지에서 나온 장식품을 보면, 철기시대 공동체가 자신들을 동남아시아 도서 지역과 뉴기니, 필리핀, 더 너머 중국 및 인도와 연결 시키는 해상 무역에 어떻게 가담했는지 드러난다.

이러한 양상은 동남아시아의 다른 지역에서도 특징적으로 나타난다. 중부 베트남의 해안 지역에는 호사스러운 납골 묘역이 있는데, 사람의 재가 담긴 뚜껑 달린 단지와 함께 이국적인 장식품, 철제 도구와 무기 가 부장되어 있다. 역사의 여명기에 있던 이곳 사람들은 우리에게 참파 Champa 문명으로 알려져 있다. 운남성에서부터 중국 남부의 광동성에 이르기까지, 그리고 홍강 삼각주에서, 부유하고 호전적인 족장 사회가 부상하는 가운데 기원전 첫 1000년은 그 끝이 다가왔다. 그렇지만 이 들의 내적 발달은 중국 한나라에 통합되면서 돌연 종말을 고했다.

앙코르의 철기시대 사람들은 겁 많은 토착민이나 가난한 야만인이 기는커녕, 큰 공동체에서 생활하고, 일부 개인의 경우 남녀 모두 풍성 한 매장품과 많은 의식을 곁들여 매장되었다. 철을 사용하여 농업 효 율성을 높였을 뿐만 아니라 전쟁 무기를 주조하였다. 소금 가공은 산 업적 규모에 이르렀고, 장인은 자신의 지도자를 위해 뛰어난 도기 그 릇과 청동, 유리, 금, 은, 홍옥수, 마노 등으로 만든 장식품을 생산했 다. 숙련된 그리고 용맹한 항해사들이 국제 무역을 벌이는 가운데, 경 쟁과 알력은 늘어갔다. 철기시대 족장 사회는 이제 국가로 전이할 태 세를 갖추게 된 것이다.

제 3 장

동남아시아 최초의 문명

기원후 150년~550년

메콩강은 동남아시아 중심부를 관통한다. 메콩강은 최초의 침입 경작인 그리고 구리 및 주석 무역을 포함하여, 태고부터 사람·물자·지식의 이동 통로 구실을 해왔다. 철기시대에는 의례용의 큰 청동제 북drum을 운남성과 베트남에서 남쪽으로 운반하는 데 이용되었다. 1644년 네덜란드 상인 게릿 반 우이스토프Geritt van Wuystoff는 메콩강을 따라 라오스의 비엔띠안Vientiane까지 여행하였으며, 19세기 프랑스 탐험가들은 메콩강 수로를 따라 삼각주에서 운남성까지 답사했다. 앙코르 문명의 형성과 절정 그 두 기간 동안, 메콩강의 절대적 중요성은 아무리 강조해도 지나치지 않다.

프놈펜에서 강은 먼저 메콩강과 바삭강Bassac 지류들로, 그 다음 수많은 수로로 갈라지면서 남중국해로 흘러들어간다. 여기서 강은 침적물을 내려놓으며 평평하고 더운 삼각주를 형성한다. 강과 해안에 의해 형성된 삼각주는 무역의 훌륭한 기회를 제공했다. 세도프는 다음의 글에서 또다시 선사시대의 상황에 대한 몰이해를 드러냈다. "인도 이민자, 식민지 개척자, 상인은 행정과 관습, 유행, 종교적 상징을 들여왔다. 이들은 원주민에게 토지 매립 방법을 포함한 다양한 기술과 수공예, 전쟁 기술을 알려주었다."(Sedov, 1978 : 111)

우리는 이제 태국 중부 지역의 철기시대 공동체가 기원전 380년경 이미 인도와 교역 관계를 열었음을 알고 있다. 베트남 해안의 사 후인Sa Huynh인은 기원전 약 500년경 남쪽의 도서 지역에서 그곳으로 도래했을 것으로 추정되는데, 대단히 강력한 항해자였다. 기원후 첫 천 년의 동남아시아 선박들은 숙련된 오랜 전통의 조선술을 증거하는데, 선박 뼈대의 외판外板들은 물림쇠로 서로 단단히 고정하고, 클립[1]과 밧

줄을 더하여 견고하게 하였다. 말레이시아 폰티안Pontian에 있는 그러한 배들은 방사선 탄소 연대 측정법으로 알아본 결과 기원후 3세기에서 5세기의 것으로 나타났다. 연대가 두 세기 더 뒤로 가는 또 다른 예가 빨렘방Palembang에서 발굴되었다. 중국 초기 기록에 따르면, 기원후 1세기로 연대가 소급되는 항해용 동남아시아 선박은 길이가 최고 50m, 무게는 600톤을 상회하는 것도 있었다. 이러한 철기시대 해상 무역의 강력한 전통은 더욱 자극을 받으면서, 동남아시아는 동양과 서양의 제국을 이어주는 일련의 무역항에서 핵심적인 연결 고리를 제공하였다.

삼각주 국가 부남扶南__

중국 왕조의 기록에는 우 황제의 사신인 캉타이康泰와 주잉朱應[2]의 주목할 만한 기록이 포함되어 있다. 이들은 기원후 3세기에 동남아시아를 여행했는데, 아마 중국과 로마 사이의 해상 비단길을 개설할 수 있는지 조사하기 위해서였을 것이다. 이들은 메콩강 삼각주에 있는 한 국가에 대해 기술하였는데, 국명은 부남이며, 여기서 나무 말뚝으로

---

1) 강재鋼材 또는 강판鋼板 따위를 이어 맞출 때에 쓰는 짧은 L자형 재료.
2) 캉타이康泰(?~?)와 주잉朱應(?~?)은 중국 오吳나라 사신으로 동남아시아를 방문, 『부남전扶南傳』 등의 기록을 남겼다. 한편, 본문의 '우 황제'는 손권孫權(182~252)을 가리키는데, '우'는 황제의 이름이 아니라 기원후 222~229년까지의 연호年號인 황무黃武로서, '무武'(중국발음 '우') 앞에 '황黃'을 실수로 빠뜨린 듯하다. 손권은 229년(황무 8년) 4월 황제라 칭하고 국호를 동오東吳로 바꾸면서 연호도 황룡黃龍으로 바꾸었다.

둘러싸인 거주지와 궁전, 각주脚柱[3] 위에 얹혀 있는 가옥, 벼농사를 발견했다고 썼다. 이들 중국 쪽 인사는 장식품에 새김이 있으며, 금 · 은 · 진주 · 향수에는 세금이 있다고 기록하였다. 문자는 알려져 있었으며, 자체字體가 인도의 영향을 받은 호胡나라 사람 것과 비슷하였다. 그리고 시죄법試罪法[4]에 의한 용의자의 재판을 포함하는 법률 제도가 있었다.

기원후 6세기 전반에 세워진 양梁나라의 역사를 기술한 『양서梁書』는 아마 캉타이의 기록을 그 자료 중 하나로 사용했을 것이다. 이 사서는 판 쉬 만Fan Shih Man이라는 지도자가 어떻게 휘하 군사를 부려서 이웃한 통치자들을 정복했는지 적고 있다. 이 인물은 또한 해상으로 다른 주거지를 공격하여, 자신의 아들들로 하여금 정복한 족장 사회를 다스리게 하였다. 그는 '대왕'이라는 호칭을 취하고, 수도를 바다에서 500리里 떨어진 내륙에 두었다. 리의 길이는 시대에 따라 바뀌기 때문에 길이를 추산하기 쉽지 않으나, 앙코르 보레이 유적이 아마 실제 수도 자리였을 것이다.

왕위를 둘러싼 분쟁이 있었던 것은 분명하다. 판 쉬 만 왕의 서거 후 조카가 무력으로 왕권을 차지했으나, 이번에는 그가 더 어린 판 쉬 만의 아들에 의해 폐위를 당하였다. 그 뒤 또 다른 지도자가 다시 쿠데타로 권력을 쥐었다. 부남의 통치자들은 기원후 226년과 649년 사이 중

---

3) 수상 가옥을 얹는 데 사용하는 다리 기둥.
4) 원시적인 재판 형식의 하나로, 용의자를 뜨거운 물이나 쇠에 닿게 하거나, 독을 마시게 하거나, 또는 다른 위험에 처하게 하여 유죄, 무죄를 결정하는 방법. 이렇게 해도 해를 입지 않는 자는 결백한 것으로 믿었고, 이 심판의 결과는 신의 뜻 또는 초자연적인 의지에 의한 것으로 간주되었다.

국에 적어도 23명의 사신을 파견했으며, 이들은 상아·거북·침향나무뿐만 아니라 금·은·주석과 구리, 귀한 물총새 깃털, 코끼리와 하마와 같은 진귀한 동물을 가져왔다. 이러한 품목 대부분은 삼각주 영역 너머, 메콩강 상류에 살고 있는 공동체에서 입수해야 했을 것이다.

이러한 무역 접촉은 사회 엘리트 집단, 즉 상업적 교역 활동을 조직할 능력이 있는 사람들의 출현을 가속화했을 것이다. 그러한 추세로 인해 새로운 일련의 교역 상품이 발굴되고, 아울러 수출품 공급을 위한 현지 생산이 독려된다. 더구나 동남아시아 선원들은 낯선 사회, 사상, 기술, 언어를 경험했을 것이다. 진보의 새로운 기회는 또한 경쟁을 낳았으며, 그리하여 알력과 사회 변화를 야기했다.

무역항 옥 에오_

도시, 왕, 궁전 등에 대한 캉타이의 기술은 고고학적 검증을 요한다. 1920년대 메콩강 상공에서 찍은 항공사진에 고대 수로망이 드러났는데, 수로 가운데 하나는 450헥타르 면적의 한 고대 도시의 한 가운데를 지나고 있었다. 프랑스 고고학자 루이 말레레Louis Malleret는 지상에서 그 도시의 외벽과 해자를 발견할 수 있었다. 그 수로에서 갈라져 나오는 지류들은 도시 영내에서 일정한 패턴을 이루었는데, 일부는 직사각형의 구조물을 둘러싸고 있었다. 그 구조물 가운데 하나가 옥 에오Oc Eo라고 알려졌다. 이 이름은 말레레가 그 도시 유적 전체에 붙인 것이다. 앞서의 중국 사신들이 이 도시를 방문했을 가능성이 있을까?

발굴은 1944년 10월에 시작되었으며, 말레레는 1800년 전 캉타이가 기술한 활동 가운데 상당 부분에 대한 고고학적 증거를 발견하는 놀라운 성과를 거두었다. B구역에서 그는 약 1미터의 깊이에서 벽돌, 타일, 유리구슬, 도기 그릇 등의 유물을 찾아냈다. D구역에서는 몇 조각의 금, 구리, 주석 장식품 주조용 거푸집을 포함하는 장신구 작업장의 유물이 나왔다. 그는 Q구역에서 인골들을 만났지만, 축축한 모래층으로 덮여 있었기 때문에 그 배치는 알아볼 수가 없었다. 그러나 두 개의 문화 퇴적 단계가 존재한다는 사실은 확인되었는데, 그 가운데 하나는 이 지점 2미터 깊이에 있었다. 물에 잠긴 하층토下層土에는 건물을 범람한 물 위로 들어올렸을 나무 기둥들도 보존돼 있었다.

다음으로 그는 중앙에 있는 토루土壘[5] 가운데 하나를 발굴하여, 여기서 사자, 일각수unicorn 닮은 동물, 괴물 상이 장식된 벽돌 기단과 벽이 드러났다. 한 타일에는 코브라가 장식되어 있었다. 벽돌에는 또한 얕은 부조浮彫 형식의 기하학적 문양이 장식되어 있기도 했다. 그는 이 건축물의 기능에 대해 추측해 보았다. 사원의 사당이었을까? 아니면 매장을 위한 구조물이었을까? 장식된 타일과 벽돌, 동물상은 어떤 종교적 내지 의례적 기능을 시사하며, 이러한 가능성은 석조 링가의 발견에 의해 뒷받침된다.

말레레는 동남아시아의 사회 구조가 복잡해져 가는 추세를 이해하는 데 대단히 중요한 장소를 찾아낸 것이다. 그 면적은 이전의 그 어떤 주거지보다 단연코 넓었다. 큰 구조물에 벽돌을 사용한 것은 하나의

---

5) 흙더미나 돌무더기로서, 고대에 무덤 위나 방어용으로 쌓아올린 것.

혁신이었다. 가옥 기초의 형태, 도기 파편, 거북과 물고기의 잔해, 소와 돼지 등 가축의 뼈 등을 통해 가족적 요소도 엿볼 수 있었다. 옥 에오에는 장신구 제작 전문가도 거주했다. 말레레가 그들이 쓰던 청동제 송곳과 망치를 발견했기 때문이다. 다량의 금박金箔과 일부만 완성된 물품은 이 지역에 금세공이 있었음을 보여주며, 최종 완성품 가운데 하나는 레푸세repoussé 기법[6]으로 새김이나 장식이 된, 자그마한 금 장식판이었다. 한 여인은 다리를 꼰 채 하프 타고 있는 모습을 하고 있다. 또 다른 금 장식판에는 한 팔을 몸에 붙이고 연꽃을 머리 옆에 꽂은 채 아주 우아한 자세로 서 있는 여인이 담겨 있다. 그녀는 공들인 헤어스타일에, 품위 있어 보이는 품이 다소 낙낙한 치마 차림을 하고 있다.

또한 현지의 금 세공인들은 아마 로마의 주조 화폐를 잘 알고 있었을 것이다. 말레레는 두 가지 화폐를 사례로 내놓았는데, 이 화폐는 현지 도굴꾼에게 입수했을 개연성이 많다. 하나는 기원후 약 152년으로 소급되는, 안토니누스 피우스Antoninus Pius 황제의 모습이 들어 있는 것으로 목걸이로 변형돼 있었다. 다른 하나는 마르쿠스 아우렐리우스 Marcus Aurelius 황제 통치기의 것인데, 모조품으로 보인다. 왜냐하면 뒷면이 비어 있는 상태이기 때문이다. 말레레는 이 주화가 애초부터 목걸이로 쓰려고 주조한 것이 아닐까 하는 견해를 피력했다. 현지의 화폐 주조는 발달했으며, 도안의 주된 소재는 태양, 조개 등이었다. 그러나 부남의 역사가 다하기 전에 중단되었다.

---

6) 금속의 안쪽을 쳐서 겉으로 무늬가 도드라지게 하는 기법.

말레레는 옥 에오에 보석 세공사가 있었다는 설득력 있는 증거—미완성 장신구의 형태로 된—를 발견했다. 보석 및 준보석의 범위는 상당한 무역 교류가 있었음을 시사한다. 삼각주 지역에는 그와 같은 보석 자원이 거의 없기 때문이다. 홍옥수, 마노, 자수정, 녹주석, 사파이어, 지르콘, 수정, 다이아몬드, 루비, 감람석, 옥, 공작석과 자철광 같은 광물, 이 모두가 장신구 제작에 사용되었다. 장인들은 또한 홍옥수를 재료로 하는 도장도 제작했는데, 이 역시 미완성 제품을 통해 알 수 있다. 그 가운데 하나에는 승리를 의미하는 산스크리트어 자야jaya가 인도 브라흐미Brahmi 글자[7] 체로 새겨져 있다. 사람 이름이 새겨진 것도 있고, '관심(attention)'이라는 단어가 새겨진 것도 있다. 사람 모습도 묘사되어 있다. 한 여인은 불꽃이 나오는 그릇 앞에 앉아 있는 모습을 하고 있다. 이것이 의례 활동을 나타내는 것인지, 아니면 가사의 한 장면을 나타내는 것인지는 안타깝게도 판단하기가 어렵다. 또 다른 샘플에는 의심할 바 없이 지중해 출신으로 보이는, 턱수염을 한 로마인의 모습이 들어 있다. 소, 돼지, 개, 사자 등이 새겨진 것도 있다. 교역을 통해 먼 곳에서 입수된 로마 주화 및 기타 물품은 캉타이가 부남을 방문했을 당시, 옥 에오가 이미 터를 잡고 있었음을 의미한다.

이렇듯 많은 중요한 발견에도 불구하고, 전쟁으로 연구가 중단되는 바람에 미진한 상태로 버려둬야만 했다. 최근 피에르 이브 망겡과 보시 카이가 옥 에오와 근처 바 테Ba The 산山 기슭에 산재해 있는 많은 주거 유적을 다시 방문했다. 이들의 연구 목적은 해자, 수로, 외벽을 포

7) 브라흐미 문자는 기원전 7세기경의 아람어 자모Aramaic alphabet를 빌어다 쓴 것으로 생각되는 인도 문자로서, 그 후의 인도 문자 대부분은 이것에서 발전했다.

함하여, 바 테 산 아래의 평원에 자리 잡은 많은 주거 유적을 조사, 이 장소에 터를 잡은 결정적 시기에 대한 확실한 연대 측정 기반을 얻고, 그곳 문화 발전의 주요 단계를 밝히는 것이다. 린 손Linh Son과 고 짜이 티Go Cay Thi에서의 초기 조사 결과는 기본적인 문화 연쇄cultural sequence의 요소를 보여준다. 기원후 1세기나 2세기, 주거지의 집들은 기둥 위에 올려져 있었으며, 본질적으로 삼각주 지역의 후기 선사시대 주거 양식을 나타내고 있었다. 이어서 5세기와 7세기 사이에는 벽돌 구조물이 세워졌다. 해자, 수로, 외벽은 아마 이 시기의 것일 가능성이 있지만, 연대 측정을 해봐야 한다. 주거지는 버리고 떠났다가 이후 9세 기와 10세기, 그러니까 초기 앙코르 시기에 다시 들어와 살게 되었다.

앙코르 보레이__

캉타이와 주잉은 내륙의 수도에 대해서도 기술했다. 수로를 통해 옥 에오와 연결되는 곳으로 앙코르 보레이가 있었다. 외벽으로 둘러싸인, 약 300헥타르 면적의 도시로, 북쪽으로 90km 떨어진 삼각주 언저리 에 있었다. 미리암 스타크는 최근 그곳에 대한 본격적인 고고학 조사 에 착수했는데, 먼저 가시적인 표층 유물들로 현장 평면도를 꼼꼼히 준비하고, 그런 다음 문화 연쇄를 기록하고 연표를 세웠다. 현재 중요 한 새 정보가 공개되고 있다. 시험 구획에서는 5미터가 넘는 문화 연 쇄층이 드러났다.

기층基層에 대한 방사선 탄소 연대는, 광택을 내고 무늬를 새긴 초기

도기류의 유형과 관련해서 볼 때 앙코르 보레이 정착 시기가 적어도 기원전 4세기였음을 보여준다. 토장土葬 무덤을 포함하는 철기시대의 공동묘지가 문화 연쇄의 바닥층에서 확인되었다. 이어서 두께가 얇은 주황색 도기로 특징짓는 일련의 주거 유물이 나왔는데, 도기의 연대는 기원전 1세기와 기원후 6세기 사이로 보인다. 이곳의 점유가 앙코르 시기(기원후 800~1430년)에 일어났다는 증거도 일부 있다.

이렇게 볼 때, 에워싸고 있는 외벽과 해자의 연대를 재는 일이 현재로선 시급하다. 외벽과 해자는 부남 시기에 시작된 것일까? 아니면 몇 세기 후대일까? 이를 축조하는 데 얼마만큼의 힘이 들었을지는 노출된 부분을 놓고 볼 때 외벽의 경우 폭은 2.4m, 높이는 4.5m이며, 해자는 폭이 22m라는 사실에서 알 수 있을 것이다. 많은 토루가 외벽 안에 있으며, 외벽 가운데 하나에서는 규모가 최소 19×20m나 되며 윗부분에 다수의 둥근 기둥구멍이 나 있는 직사각형 벽돌 구조물이 나왔다. 아마 그 벽돌 기단은 목조 건물을 떠받치고 있었을 것이다.

또한 수많은 직사각형의 저수지나 웅덩이도 있다. 동東 바라이Baray, 곧 동 저수지는 약 200×100m의 면적을 가지고 있다. 오랜 건기로 인해 물 보존은 도시 생활의 필수 요소다. 심지어 선사·철기시대에 조차 주거지에는 물을 담아 놓을 목적으로 제방을 둘러놓았다. 바라이도 같은 원리에 따라 직사각형의 제방을 쌓아놓았다. 비록 바라이의 기능은 자세히 알려져 있지 않고 아마 시대에 따라 달라졌겠지만, 주거하는 데 필요했을 것임은 의심할 바 없다.

삼각주의 최근 고고학적 조사__

삼각주의 전후 조사에 힘입어, 유적물의 범위와 이 초기 문명의 연표에 대해 더 많이 알게 되었다. 기원전 첫 1000년의 말엽에는 이미 교역 공동체가 세워져 있었다. 그 근거는 고 항Go Hang에서 넌 우 로께의 것과 비교하여 전혀 손색없는 유리, 마노, 홍옥수로 만든 일련의 구슬이 발견되었으며, 방사선 탄소 연대가 기원전 54년에서 기원후 130년으로 나왔다는 점이다.

그런데 고고학적 기록은 주요한 변화를 보여준다. 예를 들면 넨 추아Nen Chua에서 발굴된 규모 25.7×16.3m의 직사각형 석조 벽돌 구조물은 두 개의 내실로 보이는 방을 포함하고 있었다. 링가와 금 장신구의 존재는 이곳이 주로 종교적 목적에 사용되었음을 시사한다. 넨 추아는 토장이라는 오랜 선사시대의 전통과 비교할 때, 매장 의식에 급격한 변화가 있었다는 증거를 제공해주었다. 바닥 아래로 2.5m까지 파내 만든, 안쪽에 벽돌을 댄 작은 방에는 화장한 유골이 있었다. 그와 함께 오른손을 치켜든 사람의 형상으로 장식된 직사각형 또는 타원형의 금박이 나왔다. 그런 형상 가운데 하나는 팔이 넷인 듯한데, 시바와 비슈누의 합성 모습인 하리하라Harihara를 나타낸 것으로 보인다. 방사선 탄소 연대에 따르면, 기원후 450년에서 650년 사이에 사람들이 이곳에 들어와 살았던 것으로 보인다.

6세기의 산스크리트어 비문 발견으로 잘 알려진 고 탑Go Thap에서는 여덟 기의 비슷한 무덤이 발굴되었다. 선사시대 초기의 주거지 위에 들어선 1헥타르 면적의 매장지에서, 무덤은 7×10m의 벽돌담으로

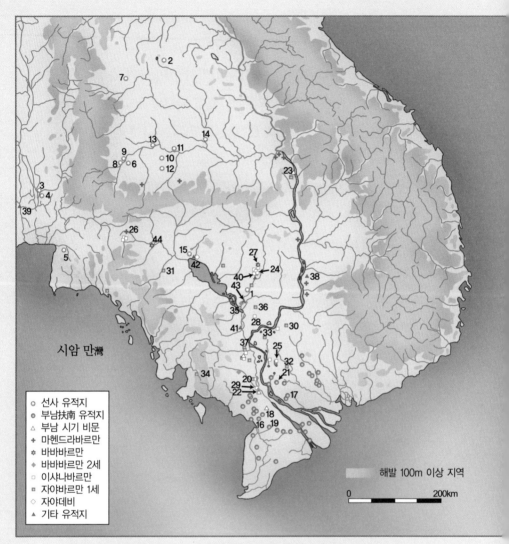

시암 만灣

범례
- ○ 선사 유적지
- ◉ 부남扶南 유적지
- △ 부남 시기 비문
- ✚ 마헨드라바르만
- ✿ 바바바르만
- ✦ 바바바르만 2세
- □ 이샤나바르만
- ▣ 자야바르만 1세
- ◇ 자야데비
- ▲ 기타 유적지

해발 100m 이상 지역

0   200km

지도-2 | **초기 삼각주 국가인 부남 관련 유적지와 초기 왕국들 유적지의 분포**
1 삼롱 센 2 반 나 디 3 논 빠 와이 4 닐 캄 하엥 5 농 노르 6 반 룸 카우 7 논 녹 타 8 논 므앙 까우 9 년 우 로께 10 반 돈 플롱 11 논 양 12 반 따콩 13 반 끄라브앙 녹 14 논 두아 15 로비아 16 넨 추아 17 고 탑 18 옥 에오 19 다 노이 20 앙코르 보레이, 프놈 다 21 고 항 22 낙 따 담방 덱 23 왓 푸 24 삼보르 쁘레이 꾹, 이샤나쁘라 25 왓 끄데이 앙, 왓 차끄렛 26 아라냐쁘라텟 27 로 반 로마스 28 꾹 쁘라 꼿 29 왓 뽀 30 뚜올 꼭 쁘라 31 왓 뽀 발 32 왓 쁘레이 발 33 뚜올 쁘라 탓 34 쁘라 꾸하 루온 35 딴 끄란 36 왓 바라이 37 뚜올 낙 따 박 까 38 왓 따사르 모로이 39 아 유타야 40 왓 엔 크나 41 론벡 42 왓 크낫 43 암벨 롤룸 44 품 스나이

64 |

둘러싸여 있었다. 안쪽에 벽돌을 댄 구덩이에는 사람의 재와 장례 제물이 들어 있었다. 제물의 구성을 보면 322개의 금박, 5개의 둥근 금판, 3개의 금반지, 금제 꽃 하나, 보석 여덟 점, 유리 일곱 점이다. 금박은 신神, 비슈누와 그의 탈 것mount을 상징하는 거북, 가루다,[8] 물소, 코끼리, 뱀, 소라 조개, 태양, 화초, 기둥 위의 집 등으로 장식되어 있었다. 이러한 상징물의 상당수는 힌두 신과 관련되어 있다.

발굴자가 입에 막대기를 문 물소라고 묘사한 것이 있는데, 막대기는 흔히 보이듯 물소의 코에 꿰어 쟁기질할 때 부리는 고삐를 나타낸 것일 수도 있다. 또 다른 장면은 한 남자가 두 쌍의 상징적인 뿔로 이어져 있는, 어떤 종류의 마구馬具 같은 것을 들고 있는 모습을 묘사하고 있다. 그런데 이 역시 쟁기를 묘사한 것으로 볼 수 있다. 두 점의 방사선 탄소 연대는 공동묘지가 기원후 400~600년에 들어섰음을 말해준다.

고 짜이 뜨롬Go Cay Trom에서는 발굴 결과 900평방미터 면적 구조물의 벽돌 기단이 나왔으며, 링가도 함께 출토되었다. 발굴자는 이 구조물의 연대를 기원후 5세기에서 6세기로 잡았다. 고 조아이Go Xoai의 벽돌 사원에서는 추가로 금박들이 발견되었는데, 그 가운데 하나에는 5세기로 추정되는 산스크리트어 명문이 새겨져 있었다. 짜이 가우Cay Gao에서 나온 두 동의 직사각형 벽돌 건물은 기원후 240~440년이라는 단일 방사선 탄소 연대로 연결되지만, 그 선후 관계가 확정되려면 연대 측정을 더 해볼 필요가 있다. 매장과 종교 유적의 발견은 차치하고라도, 부처를 포함하는 몇몇 목제 신상은 대형 공예품 제작 기술이

---

8) 신화상의 동물로, 반은 사람이고 반은 새의 형상을 하고 있다. 비슈누를 태운다고 한다.

점차 능숙해졌음을 반영한다.

비문__

기원후 5세기 말엽, 삼각주 지역의 왕은 자신의 종교적 기반을 기록할 목적으로 비문을 새기기 시작했다. 현재 남아 있는 것은 얼마 되지 않지만, 그 산스크리트어 텍스트들은 중요한 정보를 제공해준다. 예를 들어, 고 탑에서 나온 명문의 첫 몇 행—일부가 훼손된—에는 '자Ja'로 시작되는 이름 하나가 인용되어 있다. '자'는 아마 자야바르만Jayavarman을 말하는 것으로 보이며, 그는 이름이 '비라Vira'로 시작하는 왕을 상대로 한 전쟁에서 승리를 거두었던 인물이다. 바르만varman은 왕명王名에서 남다른 의미가 있는 부분이다. 산스크리트어로 그것은 방패 또는 보호자를 의미하기 때문이다.

이 인물은 비슈누에게 바쳐진 많은 사원을 세웠다. 아들 구나바르만 Gunavarman에게 맡긴 것도 그 가운데 하나다. 이 사원은 '진흙과 싸우며 고생해서 빼내었는데'(wrested from the mud), 이 표현은 사원이 세워진 갈대 평원(Plain of the Reeds)의 배수 공사를 비유적으로 말한 것인 듯하다. 이 사원의 헌당식獻堂式은 성전聖典에 조예가 깊은 브라만 승려에 의해 주재되었다.

낙 따 담방 덱Nak Ta Dambang Dek에서 나온 비문은 부처를 기려서 새긴 것이다. 비문은 시바의 보호를 받는 자야바르만 왕과 그의 아들 루드라바르만Rudravarma을 인용하며, 왕이 브라만 승려인 아들을 자신의 재산 감독인으로 삼았음에 대해 기술하고 있다. 자야바르만 왕이 나오는 비문은 또 있다. 그의 이름과 함께 경쟁자에게서 거둔 승리를 언급하고 있다. 그렇지만 이 비문을 새긴 주요 목적은 자신의 왕비 꿀라쁘라바바띠Kulaprabhavati가 사원, 저수지, 주택을 건설한 일을 기록하는 것이었다. 꿀라kula는 가족을 의미하며, 산스크리트어 쁘라바바띠prabhavati는 왕비에게 붙이는 호칭인 황후 정도로 옮겨볼 수 있을 것이다.

이렇게 해서 우리는 480~520년 사이 경쟁 관계에 있는 왕들이 서로 얽혀 있는 전쟁, 주로 이국적인 인도의 신들을 모신 종교 시설물의 설립, 교육받은 사제司祭의 존재, 아버지로부터 아들로의 왕위 계승 등이 있었음을 알게 된다. 앙코르 보레이 부근에서 나온 두 건의 비문은 이곳이 이 지역의 기록상 마지막 왕인 부남의 루드라바르만의 수도였음을 암시하고 있다. 하나는 프놈 다Phnom Da에서 나온 것으로, 그의 이름을 여러 차례 언급하고 있다. 쁘라 꾸하 루온Prah Kuha Luon에서 나온 다른 하나는 연대가 674년이며, 루드라바르만에 의한 지역의 한 건설 공사에 대해 기술하고 있다.

농업__

메콩강 삼각주가 남쪽 비단길을 이용하기에 좋은 위치이지만, 연례적인 홍수는 벼농사를 어렵게 만들었을 것이다. 그래서 삼각주의 평야 지대에서 발견된 선사 주거지는 이제껏 없다. 우리는 부남 사람이 벼

농사를 지었다는 사실을 캉타이의 기록에서 알고 있지만, 그것이 어떻게 이루어졌는지는 알지 못한다. 그렇지만 벼 경작인들이 홍수를 활용했을 수는 있다. 먼저 홍수는 주기적으로 침적토를 내려놓았는데, 이것은 농토를 비옥하게 만들어주었으며, 심지어 쟁기질이나 괭이질을 하지 않아도 되었다.

범람하는 물의 일부를 인공 제방이나 자연적인 웅덩이 안에 가두어둘 수 있다면, 홍수가 끝나고 농사지을 수 있었을 것이다. 이러한 방법은 아직도 캄보디아 남부 지역에서 볼 수 있는데, 저장된 물을 건기 초기에 논에 주기적으로 방류해주어야 한다. 이렇게 해서 도시 생활에 매우 필수적인 많은 수확량을 확보한 것으로 추정할 수 있다.

기원후 약 150년을 시작으로 메콩강 삼각주에 대규모 문화 변화가 일어났다. 수세기 동안 동남아시아 내륙 사회는 점차 먼 나라들과의 무역 접촉을 늘려왔으며, 이러한 경향은 그들의 항해술에 의해 지속되었다. 메콩강 삼각주 지역만이 그런 것은 아니었다. 태국 중부 지역과 베트남 해안 지역에서 발달하고 있던 유사한 항만 사회들이 중국과 로마제국을 이어주는 연결 고리를 형성한 사례가 발견되기 때문이다. 이들 항만 사회의 출발에는 경쟁국 사이에 전쟁이 수반되었다.

사회 구조가 점차 복잡해지면서 옥 에오와 앙코르 보레이처럼 배수를 용이하게 하고 교역 물자의 이동을 가능하게 해주었을 일련의 수로로 연결된 대규모 거주지의 설립이 이루어졌다. 대형 벽돌 및 석조 건축물들은 6세기경에는 확실히 세워지고 있었다. 그 시기를 200년 정도 앞당길 수도 있다. 한편으로는 석조상이 거주지 안에 세워졌는데, 주로 인도 신 비슈누를 새긴 것이었다.

이 거주지에서 상당수의 이국적인 물건이 발견되긴 하지만, 이곳은 또한 장인들이 제작 활동을 하는 중심지이기도 했다. 모든 거주지는 잉여 쌀에 의해 유지되었다. 이러한 식량 자원을 조직적으로 운영하는 데에는 중앙 행정부의 역할이 필요했을 것이다. 중국 기록에 따르면 판fan이라는 칭호를 가진 지도자가 있었지만, 5세기경에는 -바르만이라는 경칭도 사용되었다.

기원후 150년과 550년 사이, 삼각주 지역에 통일 국가가 존속했는지 여부는, 아니 그보다는 지배권을 놓고 다투는 소규모의 경쟁력 있는 일련의 정치 조직이 있었는지 여부는 아직 명확히 말할 수 없다. 옥에오, 다 노이Da Noi, 앙코르 보레이 정도 되는 규모의 주거지들을 연결해주는 수로망의 존재는 충분히 있었을 수 있다. 그러나 단일한 정치 통일체의 존재를 뒷받침하는 결정적 증거는 없다. 사실이 어떠하건, 사회 엘리트 출현의 주된 자극제는 국제 무역망에 대한 참여였던 것이 분명하다.

이것이 지도자들에게 무역을 통제해서 부와 지위를 쌓아나갈 수 있는 기회를 부여했기 때문이다. 이러한 경향은 고립적으로 나타나지 않았다. 왜냐하면 교역을 위한 많은 자원은 배후 지역에서 끌어왔으며, 이 지역에서의 생산과 경쟁의 증가는 지도력 발전에 부분적인 자극제 역할을 했을 것이기 때문이다. 기원후 약 400년까지 사람이 살던 넌우 로께는 삼각주 지역의 발전에 영향을 받은 내륙 저지대의 사회 구조가 점차 복잡해지는 양상을 추적할 수 있는 장소다.

그렇지만 삼각주 지역의 체제는 교역 활동의 지속에 의존할 정도로 취약했다. 교역의 침체는 체제의 생존을 위협했을 것이다. 스타크는 앙코르 보레이에서 옥 에오 거주기 동안 문화 활동이 절정에 이르렀다가, 이어서 명문과 조상彫像의 숫자 감소로 뒷받침되는 뚜렷한 변화가 있었다는 사실을 확인하였다. 그는 이것이 중앙에 있던 정치권력이 북쪽 내륙으로 이동한 결과가 아닐까 하는 견해를 내놓았다. 이러한 변화는 중국과 서양을 연결하는 바닷길의 변경—자료로 입증되는—과도 관련되어 있을 수 있다.

변화는 메콩강 삼각주 지역을 팽개치는 대신 자와Java(자바섬)와 직접 연결이 확립된 5세기에 시작되었다. 무역 관리에 의존하는 국가에게 이것은 큰 타격이었다. 옥 에오 같은 곳은 6세기나 7세기경 버려졌다. 그러나 그와 같은 새로운 상황에 의해 마침내 앙코르 문명이 시작되었다기보다는, 메콩강 유역 상류와 톤레삽 호수 옆으로 주요 변화가 일어날 수 있는 무대가 마련되었다고 봐야 할 것이다.

제 4 장

진랍眞臘의 초기 왕국들

550년~800년

중국인 작가 마두안린馬端臨[1]이 13세기에 편찬한 자료 문서에는 이샤나바르만Ishanavarman 왕일 가능성이 높은 7세기 초의 한 통치자에 대한 기술이 들어 있다. 거기에는 무장한 호위들이 보호하는 화려한 궁정의 모습이 그려져 있다. 왕은 무늬를 아로새긴 나무 원주圓柱와 훌륭한 직물로 꾸민 옥좌가 있는 홀에서 사흘마다 조회를 했다. 그는 금과 보석으로 장식된 왕관과 금제 귀고리를 하고 있었다. 조정의 신하와 관리는 머리를 옥좌로 오르는 계단 아래쪽으로 향한 채 바닥을 세 번 만졌다. 조회가 끝나면 모두 바닥에 엎드렸다.

이 궁정의 위치는 오늘날 삼보르 쁘레이 꾹Sambor Prei Kuk으로 알려진 곳일 가능성이 높다. 캄보디아 중부 똔레삽 호수 동쪽의 센Sen강 유역이다. 문명의 구성 요소인 부富와 의식儀式에 흠뻑 빠져 있던 복잡한 위계 구조를 가진 것으로 기술되어 있다. 마두안린에 따르면 대신大臣의 숫자는 다섯이며 그 아래로 많은 신하가 있다. 벽으로 둘러싸인 사원군群과 저수지는 오늘날에도 여전히 사람들을 경탄케 만들 정도다. 중앙에는 세 개의 주된 사원 단지와 큰 저수지가 있다. 그리고 성벽 밖에도 많은 사원이 있다.

비문의 기록에 따르면 이 중심 지역의 이전 이름은 이샤나뿌라 Ishanapura였다(그림-5). 이샤나바르만의 도시라는 뜻이다. 마두안린의 기술은 이 사회의 모습을 생생히 보여준다. 주민들은 포플러 나무로 만든 이쑤시개로 열심히 이를 닦고, 치렁치렁한 귀걸이를 하고 다니는

---

1) 마두안린馬端臨(?~?)은 13세기에 활약한 중국의 역사가. 보편적인 지식을 집대성한 백과사전 『문헌통고文獻通考』를 저술. 송대宋代의 두 사학자 정초鄭樵(1108~1166), 사마광司馬光(1019~1086)의 저서와 함께 중국의 가장 위대한 제도사서制度史書로 간주된다.

그림-5 | 이샤나뿌라 C군群 안의 사원. 안을 홍토紅土로 바른 저수지가 딸려 있었다.

'활기차고 강건한 기질'의 소유자였다. 이들은 언제나 무기를 휴대하고 다녔는데, 말다툼이 싸움으로 번지는 때가 잦았다.

중국 사료를 보면 메콩강 삼각주에 있던 부남의 몰락은, 내륙 지역의 지도자들이 독립적 권력을 주장하고 나섬과 아울러 그 내륙 국가를 진랍으로 부르면서 시작된 듯하다. 그렇지만 고고학적 조사와 비문에 대한 연구를 통해 내륙 지역의 여러 왕국이 드러났는데, 그 가운데 하나는 부남 시기일 때에도 두각을 보였다. 메콩강은 그 삼각주에서 북쪽으로 550km 떨어진 지점에서 산봉우리를 하나 지나간다. 꼭대기는 링가, 즉 우뚝 선 남근의 형상을 하고 있다.

이 예사롭지 않은 산에는 800년을 시점으로 하는 앙코르 시기에 왓 푸Wat Phu로 알려진 사원 단지가 건설되었을 뿐만 아니라, 그 훨씬 이전에도 주요한 중심지였다. 왓 푸에서 나온 5세기 후반 연대의 비문에는 데바니까Devanika라는 이름의 왕이 나온다. 그 이름은 '하늘의 보호 또는 신의 감화'를 뜻한다. 그는 수많은 적을 상대로 승리를 거둔 끝에 왕 중의 왕으로서 그곳을 통치하게 되었다. 그는 자신의 축하 의식에는 수천 마리의 소가 헌납된다고 말하였다. 이 비문이 나온 곳에서는 직사각형으로 된 초기 도시의 윤곽도 함께 발굴되었다.

귀족 가문__

이어지는 두 세기 동안, 내륙의 강 유역 및 메콩강을 끼고 있는 지역에서 주요한 발전이 일어났다. 에티앙 아이모니에Étienne Aymonier와 앙리 파르망티에Henri Parmentier 등 몇몇 프랑스인은 이 지역에 대한 광범위한 답사를 통하여 진랍의 많은 벽돌 사원과 그에 딸려 있는 비문에 대해 기록했다. 667년에 세워진 작은 사원 끄데이 앙Kdei Ang에서 나온 그런 비문 가운데 하나는 부남에서 진랍으로의 변혁이 원만하게 이루어졌음을 암시한다.

그 비문에는 한 엘리트 가문의 후손과 이들이 섬긴 왕에 대해 언급되어 있다. 맨 먼저 등장하는 인물은 부남의 루드라바르만 왕(약 514~550)[2]의 가신家臣 브라흐마닷따Brahmadatta이다. 이어 바바바르만 Bhavavarman 1세와 마헨드라바르만Mahendravarman 왕을 모셨던 그의 외조카 다르마데바Dharmadeva와 심하데바Simhadeva가 나온다. 심하데바는 다르마데바의 외조카로서, 이샤나바르만 왕의 신하로 있었다. 끝으로 심하닷따Simhadatta는 자야바르만 1세를 섬겼다. 이샤나바르만 왕은 이 가문에서 왕비를 취하여 두 아들을 두었는데, 하나는 뒤에 왕에 오른 바바바르만 2세이고 다른 하나는 제스타뿌라Jyesthapura의 총독으로 임명된 쉬바닷따Shivadatta이다.

이 비문의 내용은 기록이 남아 있는 부남의 마지막 왕에게서 그 다음 왕으로 순조롭게 통치권이 넘어갔음을 시사해줄 뿐만 아니라, 왕조의 계승을 보여주고 있다. 바바바르만 1세에 대해서 알려진 바는 거의 없다. 그는 비라바르만Viravarman 1세의 아들이며 사르바바우마 Sarvabhauma의 손자로 보인다. 로반 로마스Roban Romas 유적에서 나온 비문에서는 인드라뿌라Indrapura의 왕 나라심하굽따Narasimhagupta의

2) 부남 왕국의 마지막 왕.

대군주大君主로 언급하고 있다.

그의 궁정은 이샤나뿌라나 또는 그 근처에 위치해 있었으며, 사망 시기는 약 600년이었던 것 같다. 문강 유역에서 발견된 일련의 짧은 산스크리트어 비문에는 그와 형제 사이인 마헨드라바르만이 여러 차례 승리를 거두었다고 나와 있다. 7세기 처음 몇 십 년간 이 지역의 점령자는 사회 구조를 더욱 복잡하게 만드는 데 기여했으며, 신흥 통치자는 쌀, 소금, 철 생산에 기반하여 부를 증대해 나갔다. 앞서 언급한 마헨드라바르만의 비문에 나와 있는 승리는 탐사나 침략을 목적으로 한 원정 그 이상으로 보기는 어렵다. 그리고 영구적인 점령과 점령지에 대한 중앙권력의 행사가 포함되었다는 증거는 없다. 그렇지만 그가 영토를 확장하려는 야심의 소유자였으며, 충분한 군사력을 동원하여 센강 유역을 기반으로 한 자신의 근거지 훨씬 너머까지 원정했다는 것은 분명하다.

사회구조에 중요한 변화가 일어난 것은 그의 아들 이샤나바르만의 치세에서였다. 왕도의 실제 이름은 말할 것도 없고, 그의 왕도에 헌정비가 몰려 있다는 것은 왕도의 건축물 대부분이 그의 치세 때 세워졌음을 보여준다. 이샤나뿌라의 규모를 보면 열정과 노동력이 얼마나 동원되었는지 알 수 있다. 또한 이샤나바르만이 전략 지역에 대해 일정한 형태의 패권을 확립했다는 일관된 증거도 있다.

멀리 서쪽 지역의 경우, 이샤나바르만은 자신의 아들을 졔스타뿌라의 통치자로 임명했다. 본거지에 더 가까운 지역의 경우, 로반 로마스에서 나온 비문은 인드라뿌라의 통치자 나라심하굽따가 어떻게 살아남아 마헨드라바르만과 이샤나바르만의 봉신封臣이 되었는지 기술한다.

이샤나바르만은 삼각주 지역에 있었던 것으로 보이는 따만다라뿌라 Tamandarapura의 통치자를 임명했으며, 꾹 쁘라 꼿Kuk Prah Kot의 뽄 pon 바드라윳다Bhadrayuddha는 이샤나바르만의 패권을 인정하였다. 땀 라뿌라Tamrapura의 통치자도 이샤나바르만의 대군주 지위를 인정하 고, 이 사실을 627년 왓 차끄렛Wat Chakret에 있는 비문에 기록하였다.

이샤나바르만은 또한 한 왕자의 반역을 진압한 후 다른 세 곳, 곧 짜 끄란까뿌라Cakrankapura, 아모가뿌라Amoghapura, 비마뿌라Bhimapura의 지배자로 나서기도 했다. 이 대목에서 우리는 이샤나바르만에서부터 땀라뿌라와 세 속령에 이르기까지 적어도 세 층의 정치 권력과 만나게 된다. 왓 뽀Wat Po는 이샤나뿌라에서 남쪽으로 약 250km 떨어진 곳 으로, 이샤나닷따Ishanadatta가 쓴 비문이 나온 곳이다. 이 비문은 탁월 한 공적을 세운 영웅적인 이샤나바르만을 언급한 후, 그가 부모님을 위한 조상을 세운 일과 뽄pon이라는 존칭어를 달고 있는 여러 높은 신 분의 사람들로부터 많은 구획의 토지를 기증받은 일 등을 기록하고 있 다. 이샤나뿌라에서 나온 어떤 비문에는 '부모님의 영토를 확장한' 왕 이샤나바르만의 용맹과 군사적 위용이 기술되어 있다.

비록 지역의 군주들이 일상적인 업무에서는 어느 정도의 독립성을 계속 행사했다고는 하나, 637년 직후 사망한 이샤나바르만은 메콩강 과 방 빠꽁Bang Pakong강을 경유하여 해상에 이르는 통로를 포함, 상당 한 영토를 지배했다. 그의 뒤를 이은 사람은 아들 바바바르만 2세다. 그에 관해서는 이샤나뿌라 지역에서 선왕의 영지 대부분을 계속 다스 렸다는 사실을 제외하고는 거의 알려진 것이 없다. 그렇기는 하나 여 러 비문에서는 이 왕은 언급조차 하지 않고 지역 지도자들의 건설 업적을 기록하고 있는데, 이것은 지역 군주가 독립적인 경제력을 가지고 있었음을 충분히 추론할 수 있게 해준다.

자야바르만 1세__

자야바르만 1세(약 635~680년)는 이샤나바르만 1세의 증손자다. 그에 대한 비문은 메콩강에 접해 있는 저지대―폰레삽 호수 북쪽부터 서쪽으로 풍요로운 곡창지대인 밧땀방Battambang까지 뻗어 있는―에 집중되어 있다. 여러 비문에서는 그와 관련하여 중앙 권력과 넓은 지역에 대한 통제의 강화, 새로운 호칭과 행정관의 신설, 국방과 파괴의 수단인 군대 동원 능력을 지적하고 있다. 자야바르만 1세는 행정 조직을 통하여 토지 소유 및 세금 납부에 관한 명령을 내릴 수 있었다. 비록 그의 수도인 뿌란다라뿌라Purandarapura의 소재는 아직 확인되지 않고 있지만, 비커리는 뚜올 꼭 쁘라Tuol Kok Prah에서 나온 비문이 이 왕도와 가까운 곳일 거라는 견해를 피력했다.

비문은 자야바르만을 모든 적을 굴복시킨 정복자로 묘사하고 있으며, 좋은 집안 출신의 관리(아마땨amatya) 즈나나짠드라Jnanacandra가 암라따께스바라Amratakesvara 신상을 세운 경위에 대해 자세히 말하고 있다. 이 신상을 모신 사원의 자산은 왕명에 의해 또 다른 신, 즉 존귀한 고대의 신 루드라마할라야Rudramahalaya의 상을 모신 사원의 자산과 합쳐졌다. 왓 뽀 발Wat Po Val 비문은 이 비문에서 일직선으로 300km 남짓하는 거리다. 그러나 쾨데는 이 비문이 출처를 알 수 없는 곳에서 그곳으로 옮겨져 왔을 수 있다고 말했다. 이런 비문 텍스트 장르에 나타나는 전형적인 과장을 걷어내고 나면, 이 비문의 내용은 전쟁에 대한 기록이다. 자야바르만 왕의 명령에 복종한 "봉신의 숫자는 셀 수 없을 정도였다. 전투에서 그는 살아 있는 승리의 화신이며, 그의 적에게는 불행의 근원이며, 그의 조상에게 물려받은 땅의 주인이며, 아직 더 많은 땅을 정복할 분이시다."

왓 쁘레이 발Wat Prei Val은 뚜올 꼭 쁘라 남쪽에 위치해 있다. 그곳에서 나온 비문에는 영광스런 왕 자야바르만에 대한 언급과 함께, 그가 바바바르만 1세와 마헨드라바르만 왕의 종손從孫 수바끼르띠Subhakirti에게 가축, 노예와 땅, 숲과 들판을 포함, 그 종조부의 헌납물에 대한 독점권을 주라는 명을 내렸다고 구체적으로 기술되어 있다. "본 왕명에 거역하는 자는 처벌을 받을 것이니라." 한편 중앙 권력의 존재가 뚜올 쁘라 탓Tuol Prah That에서 나온 비문에 반영되어 있다. 이 비문에는 자야바르만을 자신의 적을 파멸시키는 인물로 묘사하고 있다. 왕은 이 비문의 작성자를 라자사바빠디rajasabhapadi, 즉 궁정 의장으로 임명하며 그에게 흰 일산과 금 화병을 하사하였다. 그는 께다레스바라Kedaresvara라고 불리는 큰 링가를 세웠다. 왕은 자신의 조카들과 어울려 이 상을 모신 사원에 논, 정원, 소, 많은 물소, 노예를 헌납했다.

자야바르만은 또한 법령을 강화하였다. 쁘라 꾸하 루온Prah Kuha Luon 동굴에서는 700년으로 소급되는 비문이 나왔다. 이 비문을 통해 뿌란다라뿌라Purandarapura의 왕궁에서 나온 자야바르만 왕의 칙령(라자나rajana)에 의해 논, 소, 물소, 노예, 정원은 수도자가 소유하며, 개인

이 사적으로 소유하지 못했음을 확인할 수 있다. 비문에는 왕이 처벌을 내린, 매우 다양한 범죄행위에 대한 경고가 실려 있다. "연세금年稅金을 부과하는 자, 짐마차·배·노예·소·물소를 강탈하는 자, 왕명에 이의를 제기하는 자는 처벌을 받을 것이니라."

왓 끄데이 앙Wat Kdei Ang에서 나온 중요한 비문에는 한 왕실 가신家臣의 명문 집안이 등장한다. 이 가문은 적어도 네 세대에 걸쳐 부남의 루드라바르만 왕부터 자야바르만 왕까지 섬겼다. 딴 끄란Tan Kran에서 나온 또 다른 비문은 다르마뿌라Dharmapura 출신의 다르마스바미Dharmasvami라는 이름의 브라만 승려가 어떻게 궁정에 들어갔는지 기술하고 있다. 이 브라만의 가계는 호따르hotar라는 사제 직분을 가지고 있었다. 그의 장남은 기병대 대장으로서 왕을 모셨으며, 흰 일산을 포함한 많은 하사품과 더불어 스레스타뿌라Sresthapura의 총독직을 제수 받았다. 그 후 그는 끔찍한 숲과 야만인의 지역인 드루바뿌라Dhruvapura의 총독이 되어, 그곳에서 강화조약을 체결하였다. 그의 동생은 일련의 고위직에 올라, 왕실 근위대 장교, 왕실 보기實器[3] 관리인, 사공장沙工長, 마지막으로 왕명에 의해 단비뿌라Dhanvipura 출신 병사 1,000명의 사령관에 임명되었다.

왓 바라이Wat Baray에서 나온 비문에는 사만따가자빠디samanta-gajapadi, 즉 코끼리대隊 대장의 임명에 대한 언급도 있다. 전시에 코끼리의 역할은 이후의 문서를 통해서 잘 입증돼 있다. 따라서 이 인물은 군사 지도자일 가능성이 높다. 왕은 또한 므라딴(고위 관리)과 뽄을 국

---

3) 왕관이나 홀笏같은 왕가의 증표로, 왕위 즉위 등에 사용된다.

가 평의회(사바sabha)에 임명하였다. 다냐까라빠띠dhanyakarapati(왕실 곡물 창고장)에 대해 언급하고 있는 또 다른 비문은 불행히도 연대도 출처도 모두 불명이지만, 비문의 양식은 연대가 대충 이 시기임을 말해준다. 이 관리는 공덕을 쌓기 위한 목적으로 사원에 넉넉히 시주할 만큼 부유하였는데, 그 시주물 가운데는 임무가 구체적으로 나와 있는 일꾼도 있었다. 한 명은 직공들의 지휘자인 듯하며, 다른 사람들 가운데는 농부, 방적공, 직공, 가수, 무희, 악사, 요리사, 대장장이, (향료)가는 사람 등이 들어 있었다.

사원 측에서는 미래의 노동력 공급에 관심이 있었을 수도 있다. 왜냐하면 거기에는 여성 일꾼의 자녀, 심지어 아주 어린 아이들까지 목록에 올려놓았기 때문이다. 마지막으로 필시 자야바르만 1세 통치 당시로 연대가 소급되는, 뚜올 낙 따 박 까Tuol Nak Ta Bak Ka에서 나온 비문은 바지선으로 여러 사원에 배급할 소금의 양을 규정하고 있으며, 강을 오르내리는 배에 과세하는 것을 금지하고 있다.

이러한 자료들을 보면, 자야바르만 1세는 자신의 증조부 이샤나바르만 1세에 의해 시작된 속령에 대한 왕실 지배를 강화한 듯 보인다. 그는 또한 똔레삽 호수 북쪽 지역에 점점 더 관심을 증대시킨 것 같다. 이 지역에 그의 승계자이며 딸인 자야데비Jayadevi 여왕에 대한 증거가 있기 때문이다. 이후 이 왕가는 역사 기록에 나타나지 않는다. 그러나 그렇다고 꼭 끝난 것은 아니었다. 이 왕가에 대한 정보를 얻을 수 있는 8세기 말엽의 비문이 매우 드물게 나오기 때문이다.

기타 왕조__

이샤나뿌라의 왕과 그 계승자의 대군주 지위를 인정했던 지역들이 어딘지 정확히 지적할 수 있지만, 독립적인 왕국도 있었다. 그 가운데 하나는 스뜽 뜨렝Stung Treng을 중심으로, 메콩강 수로를 따라 멀리 북쪽으로는 문강과의 합수점까지 뻗어 있었다. 왓 따사르 모로이Wat Tasar Moroy에서 나온 803년 비문은 인드라로까Indraloka 왕에서 시작하여 그의 딸 느르뻰드라데비Nrpendradevi, 손녀 자옌드라…바Jayendra…bha,[4] 그리고 그녀의 딸 제스타르야Jyestharya에 의해 계승된 왕조에 대해 기술하고 있다. 당연히 이들의 독립성과 부는 강의 수로와 무역을 관리하는 것에서 나왔다. 짜나사뿌라Canasapura로 알려진 또 다른 왕국은 문강 상류 지역에 자리 잡고 있었다. 아유타야에서 나온 비문은 바가닷따Bhagadatta라는 이름의 왕과 그 승계자인 순다라빠라끄라마Sundaraparakrama, 순다라바르만Sundaravarman, 나라빠띠심하바르만Narapatisimhavarman 망갈라바르만Mangalavarman을 언급하고 있다. 이들은 모두 여러 세대에 걸친, 동일 가문의 구성원이다.

사회 계층 구조__

7세기와 8세기에 지어진 벽돌 사원들은 지역 엘리트와 왕실의 통치

---

4) 가운데 있는 점 부분(…)은 비문에 이 부분이 소실되어 있기 때문에 이렇게 표기한 것으로 보인다.

자와 관련되어 있었다. 왓 엔 크나Wat En Khna에서 나온 상인방上引榜[5]에는 왕이 자신의 집무실에서 조신들에게 둘러싸여 있는 모습이 담겨 있다. 이러한 사람들의 사회적 지위와 역할을 판단하려 할 때, 비문은 매우 중요한 자료다. 개개인의 이름, 그들의 다양한 호칭과 임무, 사원이라는 맥락 안에서 발생한 경제활동의 세세한 내용을 제공하기 때문이다. 많은 왕명은 자야jaya(승리) 또는 마헨드라mahendra(위대한 인드라)와 같은 고상한 산스크리트 단어 뒤에 -바르만이라는 호칭을 결합해 지어졌다. 이 호칭은 산스크리트어 라자raja(왕) 또는 마하라자 maharaja(위대한 왕), 그리고 크메르어 브라 깜라뗀 안vrah kamraten an(고귀하고 신성한)과 관련되어 있다. -아디땨aditya(떠오르는 태양), -이스바라 isbara(군주) 같은 표현도 왕명에 사용되었다.

산스크리트 이름과 호칭은 언제나 높은 신분의 몫이었다. 그러나 크메르어 호칭 브라 깜라뗀 안은 항상 신에 대해서 사용되었다. 이것은 왕의 역할에는 강력한 의례와 조상을 대표하는 요소가 존재함을 시사한다. 조신과 기타 고위직 인사에게는 다양한 호칭이 주어졌다. 므라딴이라는 존칭어는 오직 남성에게만 사용되었다. 이샤나바르만의 사위와 자야데비 여왕의 사위가 그 예다. 이 호칭이 세습되었다는 증거는 없다. 그러나 상당히 책임 있는 자리에 주어져서, 므라딴 끌론 mratan klon은 공적인 영토 임무를 맡고, 더 고위직인 므라딴 꾸룬 mratan kurun은 한 영토의 통치자였다. 이들과 왕의 관계는 므라딴 끌론을 이샤나바르만 치하의 제쓰타뿌라 지역을 통치하도록 근무지를

5) 창 또는 문짝 위에 가로질러서 윗부분의 하중을 떠받치게 한 가로대.

이동 배치한 것에서 나타난다. 그곳은 전략적으로 중요하지만, 먼 지역으로 임명한 것이다. 사원의 창건자나 기부자에게 므라딴이 붙은 경우도 있는데, 그들은 모두 산스크리트 이름을 가지고 있었다.

뽄pon이라는 호칭은 캉타이와 주잉이 언급한 판fan과 동일한 호칭으로 보이며, 719년까지 소급되는 가장 초기의 크메르어 비문들에 나타난다. 이 호칭은 세습되며, 따라서 개인이 뽄과 므라딴 둘 다 취할 수 있었다. 이렇게 되면 뽄은 자신의 지위와 부에 따라서 폭넓은 사회 계층대를 차지할 수 있었다. 이샤나바르만의 아들 쉬바닷따 역시 세습에 의해 이 호칭을 받았다. 일부 뽄은 왕을 대신하여 사원을 지었으며, 자신의 주도로 그렇게 한 이도 있었다. 비문을 보면, 뽄이 어떻게 지역 문제에서 정치적·종교적 지도력을 갖게 되었는지 드러난다. 이들은 벼 생산 조직과 잉여생산물의 배치를 관장하고, 토지의 권리와 경계에 예민한 관심을 가지며, 자기 관할 사원의 물리적·의례적 필요 충족에 노동력을 공급하는 일을 감독하였다.

흔히 뽄은 오랜 건기를 앞두고 지금과 마찬가지로 당시에도 캄보디아 농촌 지역에서 대단히 중요했던 웅덩이와 늪지를 관장한 것으로 인용된다. 비커리의 자세한 비문 조사에 따르면 이 호칭은 모계를 통해서 세습되었다. 이와 같은 체제에서 어떤 뽄은 자기 여형제의 아들에게 계승되었다. 이 호칭은 자야바르만 1세 치세에 확립된 새로운 호칭과 관료 직책이 비문에 등장하기 시작하면서 찾아보기 어려워진다.

왕실 심장부와 내륙 오지에서는 세습 지위를 인정하는 사회체제가 7세기 초 무렵 등장했다. 왕 자신은 분명 자신의 정치력과 의례의 힘을 이러한 구조 내부로부터 이끌어냈다. 그러나 사회라고 하는 것은 왕과 신하, 지역의 통치자로만 이루어질 수 없다. 사회의 다른 구성원들은 비문에 어떻게 나와 있을까?

여성은 의례에서 중추적인 역할을 하였다. 딴tan(하급 관리)이라는 호칭을 가진 이도 있고, 높은 지위를 가리키는 호칭을 붙여 명명되는 이도 있었다. 대장장이, 금박사金箔師, 목부牧夫, 요리사, 향료 가는 사람, 방적공, 직공 등 남·여 장인들이 수행하는 대단히 다양한 기술 분야도 발견된다. 한 가지 독특한 용어로는 '상像의 형틀 만드는 사람'을 들 수 있다. 장인에게 붙여진 이름은 '바구니 만드는 사람'처럼, 이들의 기술이 무엇이었는지 알 수 있는 단서를 제공한다. 그리고 특정 상품에 대한 언급에서는 어떤 제품을 전문적으로 생산하는지도 드러난다. 예를 들면, 금, 청동, 구리 징, 왕관, 일산, 많은 종류의 도기 그릇, 다양한 직물 등이다. 농부가 가장 빈번하게 언급되는데, 그 이유는 결국 분석하면 사회의 원동력을 제공하는 것이 쌀이기 때문이다. 엘리트층은 산스크리트 이름을 가지고 있었던 반면, 대다수는 크메르 이름으로 통했다.

사회는 이와 같이 엘리트와 그 하위 계층으로 점차 나뉘어져 갔으며, 후자 쪽은 이미 평민이 되었거나 곧 그렇게 바뀔 예정이었다. 지도자들은 조상의 영혼이나 신을 모시는 사원 건립을 책임졌다. 조상신이나 지역신은 여성인 경우가 많았는데, 끄뽄kpon으로 불렸다. 그 사회의 모든 구성원이 참가하는 의례와 제사 행사에는 뽄이 관련되어 있었다. 비문에 따르면 이들은 사원에 공동 토지를 기증할 위치에 있었으며, 자신의 하급자를 시켜 잉여농산물과 수공품을 공급케 했다. 그러나 사원을 세우고 유지한 것은 뽄이었기 때문에, 이것은 곧 그들 역시 잉여생산물의 배치를 담당했음을 의미한다. 엘리트 계층에게 이 제도는 쌀, 천, 토지 형태의 부의 축적을 수반했다. 이 제도는 산스크리트 이름을 획득할 지위가 되지 않는 대다수 사회 구성원의 경우 사원 및 조상신을 위해 잉여생산물을 만들고, 그로부터 공덕을 쌓는다는 관념적 대가를 얻게 만들었다. 주목해야 할 중요한 사실은 사회 엘리트 계층의 경제적 및 사상적 지배의 고착화는 국가 건설에 필수적인 요소라는 점이다.

사원__

대부분의 사원은 단 위에 세워졌으며, 정사각형, 직사각형, 때로는 팔각형 방이 들어섰다. 벽돌로 된 상부구조는 올라가면서 좁아지는 코벨corbel[6] 양식의 둥근 천장에 이른다. 그리고 내부에는 링가와 신상神像이 안치되어 있다. 석조 남근상 링가의 존재는 이 시기에 힌두 신, 특히 시바를 지속적으로 받아들였다는 것을 반영한다. 사원 외부도 대개 장식이 되어 있었는데, 가장 눈에 띄는 것은 조각 장식의 석조 지주支柱 입구 위에 걸쳐 있는 사암砂岩 재질의 대형 상인방이다. 초기의 상인방은 대개 인드라 신을 나타내는 원형 돋을새김과 더불어, 마까라makara로 알려진 신비로운 괴물로 장식되었다. 후기로 가면, 마까라는 꽃무늬 장식으로 대체되었다.

---

6) 조적組積 구조에서, 상부의 중량을 지탱하기 위해 벽면에서 차차 돌출부를 내쌓아 가는 것. 특히, 벽돌이나 돌의 내쌓기를 말한다.

선호하는 건축재는 벽돌이었지만, 문과 창틀에는 돌을 사용했다. 목재 문을 매다는 구멍은 잘 망가지지 않아 벽기둥과 꽃이나 기하학적 무늬의 장식과 더불어 보존된 경우가 많다. 또 열리지 않는 가짜 문이 흔히 다른 벽에 끼워져 있었다. 건물을 축소한 모형이 벽기둥 사이의 창틀에 흔히 포함되었는데, 이것은 엘리트 계층의 집안 구조나 궁전의 성격을 어느 정도 보여준다. 단연코 이 시기 최대의 왕국 유적인 이샤나뿌라에서 나온 예는 멋지고 화려하게 장식된 누각에, 기둥으로 분리된 창문이 설치된 모습을 보여준다. 누각 안에는 사람의 형상도 보이는데, 추측컨대 귀족이 아니었나 싶다. 사원 중에는 단독으로 있는 것도 있고, 무리지어 있는 것도 있다. 이샤나뿌라의 경우 장식된 벽돌담을 둘러치고 그 안에 여러 사원과 물웅덩이가 있었다.

이러한 사원에 새겨진 비문은 뼈만 남아 있는 고고학 유물에 살을 입히는 귀중한 역할을 한다. 비문에는 대개 산스크리트어로 창건자의 이름이나 이름들,[7] 관장하는 신, 날짜 등이 들어 있다. 추가 정보는 크메르어로 이어진다. 왕 또는 시주자, 신의 이름이 반복되어 있다. 비록 힌두 신의 이름이 자주 거명되지만—시바의 빈도가 가장 높다— 상당히 오래된 듯한 토착 신들도 언급된다. 구름의 신, 나무의 신, 노인 신, 청년 신, 그리고 웅덩이 신이나 서방西方 신 등이 보인다. 많은 신 또는 끄뽄은 지역적으로 분포되어 있었으며, 이들은 조상 전래의 가족 신이었을 가능성도 있다. 그런데 통상적으로 사원의 비문이라면 그 사원에 귀속된 토지 규모, 그 경계, 가치와 생산력, 사원의 유지를 맡은 이의

---

7) 창건자가 둘 이상인 경우.

이름과 임무, 그리고 마지막에 가서 그 사원과 관계된 규칙을 위반할 경우에 대한 경고 등을 적어둘 것이다. 비록 이들 공동체의 살림살이와 일상행활에 대한 고고학적 기록은 나와 있지 않지만, 그럼에도 불구하고 비문을 통해 사원이라는 사회의 성격과 그 경제적 기반을 들여다볼 수 있다.

사원은 영구적인 자재로 지었기 때문에 지금까지 버텨왔다. 그렇지만 그 범위를 평가하기 위해 발굴이 필요한 건물도 있다. 왜냐하면 승려 및 기타 사원 소속 관리의 거처, 저장 시설, 관저 용도의 목조 건물이 있었을 것으로 예상할 수 있기 때문이다. 비문에 따르면 사원은 분명 신앙의 장소 그 이상이었다. 이 사실은 먼저 뽄과 그 인척, 다음에는 배치된 일꾼의 관점에서 사원을 생각해보면 금방 알 수 있다. 뽄과 그 인척의 경우 사원은 토속의 전래 조상신과 관련한 의례의 중심점이었다. 뿌리 깊은 가문을 이끌고 있는, 따라서 조상과 가장 가까이 있는 뽄은 신령과의 중재에 큰 역할을 했다. 이러한 중심적 역할은 아마 실용적인 서구의 독자들이 이해하기 어렵겠지만, 이러한 신령적 성격은 오늘날까지 이어진다. 고고학자는 오늘날 태국이나 캄보디아에서 발굴을 하려면, 그에 앞서 신령에게 제물을 올려야 한다. 신령의 집, 즉 사원은 도처에 있으며 음식과 꽃을 매일 바친다. 농부는 논에 성가신 게나 해충이 있을 경우 신령에게 호소한다.

토지가 개인 소유보다는 공동 소유였을 경우, 그것은 논리상 사원의 재산이었다. 만약 그 토지에서 최대한 생산성을 올리게 되면, 그것은 뽄에게 이점이 되곤 했다. 뽄과 그 주변 사람들은 잉여생산물로 생활을 영위해나가는 한편, 일부는 공덕을 위한 기부나 교역에 이용할 수 있었기 때문이다. 사원마다 어떤 곳은 쌀을 잉여생산물로, 어떤 곳은 천을, 또 어떤 곳은 과일이나 철물을 낼 수도 있다. 따라서 뿐은 사원을 매개로 하여 이들 잉여 생산물 교역을 기본 식품과 천에 대해서 뿐만 아니라 금, 은과 같은 환금성 자산에 대해서도 조직했다.

부유한 사원의 행정관은 이런 식으로 충분한 자본을 구축, 토지나 심지어 사원을 추가로 사들일 수 있었다. 또는 결혼 동맹을 통해 자신들의 자산을 합병할 수도 있었다. 야심 있는 지도자의 경우 이것은 상당한 부와 권력의 축적, 심지어 왕족의 지위로 가는 지름길일 수도 있었다. 이것은 왕이 사원 합병과 토지 소유권에 왜 그토록 첨예한 관심을 가졌는지를 알 수 있는 한 가지 이유다. 한편 토지는 충성에 대한 보상으로 사용될 수도 있었지만, 다른 한편으론 토지를 축적한 소유자가 잠재적 라이벌이 될 수도 있었다. 그렇지만 이 모든 것은 효율적 생산을 위한 충분한 노동력을 통제하는 데 달려 있었다. 삼림 개간, 논밭 조성, 철제 도구 제조, 가정용품 공급, 건기 중 가정의 필요를 충족하기 위한 물탱크 건립 등, 어떤 생산 활동에서건 말이다.

따라서 노동력은 필수요건으로서 일꾼과 그 숫자, 그리고 맡은 임무 등의 자세한 목록이 발견되는 것은 놀라운 일이 아니다. 이 일꾼 가운데 일부는 전쟁포로였을 수도 있다. 그러나 대다수는 뿐의 손아래 인척이었을 것이다. 이들이 뿐이 처분할 잉여 물품을 어떤 동기에서 생산했는지를 평가하려면 어느 정도의 추측이 따른다. 그렇지만 거의 확실한 것은 공덕을 쌓는다는 관념이 분명 작용했다는 점이다. 공덕을 쌓는 데는 콜린 렌프류Colin Renfrew의 요약적 표현처럼 '권위적 존재에 대한 투자'가 필요했다. 기본 생계에 필요한 것 이상으로 일하고,

그렇게 해서 조상신에게 잉여물을 바침으로써 끄눔knum(손아래 인척)은 스스로 공덕을 쌓아나간 것이다. 그 대가로 이들은 조상의 축복과 비가 오는 혜택을 받았으며, 그리고 흉작일 경우 뽄이 자신들의 곤궁을 헤아려 줄 것이라는―예를 들어 모아둔 귀중품을 더 풍족한 기관의 식량과 바꿈으로써― 확신을 가졌다.

따라서 이와 같은 농경사회에서 뽄이 관할하던 논의 경계와 관련한 수많은 텍스트가 존재한다는 것은 별로 이상할 바가 없다. 논 가운데 상당수는 뜨라반travan, 즉 인공적인 웅덩이나 도로, 또는 숲에 인접해 있었다. 한편 가축, 잉여농산물, 관리, 악사, 무희, 장인 등을 포함하는 사원의 자산 목록도 있다. 사원의 창건자나 기타 지명 승려beneficiary[8]는 사원에 바쳐지는 공물에 대한 권리를, 그리고 토지의 경우 그 용익권用益權[9]을 가지고 있었다. 비록 뽄이 재산을 축적하고 물물교환은 했지만, 아직 화폐 제도는 없었다. 상품의 가치는 은의 무게나, 쌀의 양, 또는 천의 길이와 질을 기준하여 매겨졌다. 론벡Lonvek에서 나온 비문에는 무희나 가수 17명, 23~24명의 기록 작성자, 금박사 19명, 도기공 1명, 방적공 15명, 직공 11명을 포함한 37명의 장인, 59명의 농부를 배정했으며, 이 59명 가운데 46명은 여자였다고 나와 있다.

농부들 사이에 이와 같은 성의 불균형은 어떻게 농사를 지었을까 하는 문제를 제기한다. 비문에는 관개에 대한 언급이 없다. 그렇기 때문에 홍수가 끝나고 농사짓거나 논둑을 친 논에 빗물이 찰 기다리는 천수답 시스템이 사용되었을 가능성이 있다. 농사를 지을 수 있도록

---

8) 국가에서 녹祿을 받는 승려.
9) 토지가 산출한 이익을 가져갈 수 있는 권리를 말한다.

토양을 준비하는 작업은 사람 손으로 이루어졌을까? 아니면 쟁기나 가축의 도움을 받았을까? 후자 쪽이 훨씬 더 생산적이지만, 비문에 쟁기에 대한 언급은 없다. 그렇지만 물소가 사원에 배당되었다는 언급은 많다. 멍에를 언급한 비문도 있다. 그리고 멍에를 메운 소로 쟁기질하는 모습이 780년의 보로부두르Borobudur 부조浮彫에 묘사되어 있다. 앞서 보았듯이 농부 숫자에 있어 여성이 남성에 비해 압도적으로 많았다는 사실은 또 다른 단서를 제공해줄 수도 있을 것이다. 만약 남자가 쟁기질이나 써레질을 하고, 여자는 오늘날처럼 모내기를 담당했다면, 앞서 비문에 장인으로 수록된 사람들 대부분은 남자―사실은 그렇지 않지만–였을 수도 있을 것이다.

우기에는 농사를 지을 수 없을 만큼 홍수가 오래가는 저지대에서는 아마 또 다른 방법이 사용되었을 것이다. 삼각주 국가 부남에 대한 장에서 이미 기술한 바 있는 홍수가 끝나고 농사짓는 방식은 역사 시대에 실시되었는데, 진랍 왕국 시기에 대규모 정착이 이루어진 지역에서는 이 방식을 썼다. 이 방법을 사용하려면 범람한 물을 자연 습지나 인공 제방 안에 가두어 두어야 한다. 가두어 둔 물은 건기에 논에 댄다. 매년 쌓이는 침적토는 논을 기름지게 할 뿐만 아니라 쟁기질하지 않아도 괜찮을 정도였다.

또한 비문을 보면, 경제활동은 땅과 그 땅에서 나는 생산물을 공동 사원에 단순히 헌납하여 엘리트 계층이 관리토록 하는 것보다는 훨씬 복잡하였다. 사원 운영층의 보호를 통하여 개인끼리 물물교환했다는 기록이 있다. 토지를 사원에 저당 잡히고 은이나 천을 받아갔으며, 땅에서 나오는 생산물을 이자 지급의 형태로 지정했다는 내용도 간혹 보인다. 기부자는 생산물을 사원에 바칠 수도 있지만, 그 대가로 다른 물품을 받거나 나중에 찾을 수 있도록 맡겨둘 수도 있었다. 당시 사원은 공동 재산을 이용하여 엘리트 계층 사이에 부유 품목wealth item을 창출하고 교환하는 데 핵심적인 역할을 하였다. 비문은 주요 상거래 내용을 보여주는 일부 기록에 불과하다. 사원 기록들은 내구성이 떨어지는 야자 잎사귀에 많이 작성되었기 때문이다.

권력의 집중__

지역 엘리트 계층에 경제적·이념적 권력 집중 현상이 더욱 강화되면서 세 가지 변화를 가져왔다. 첫째는 지위와 재산의 상속에 대한 사회 규범으로, 많은 점에서 가장 중요하다. 뿐이 사회적으로 큰 힘을 발휘하고 있던 시기의 상속 규칙에 대한 비커리의 자세한 분석에 따르면, 본질적으로 모계제에서는 부와 재산을 축적하는 데 큰 어려움이 있었다. 뿐의 호칭과 지위는 남자 쪽 승계자가 아니라 그 여형제의 아들에게 승계되었다. 따라서 어떤 지도자가 야심이 있다 해도 자신의 부를 직계자손에게 물려줄 수가 없었다.

이와 같은 승계 규칙은 대규모의 중앙통제 국가 형성에 반하는 것이었다. 그 틀이 깨진 것은 팽창해나가던 이샤나뿌라 왕조에서였다. 이 왕조에서 통치자는 남자 혈통으로 승계되었다. 그러나 남자의 외조카를 통한 상속은 심지어 엘리트 계층의 집안에서조차 수 세기 동안 계속되었다. 또 다른 해법은 삼부뿌라Sambhupura 왕국에서 보이는데, 여자 혈통을 통한 직접 승계를 허락하는 것이었다. 두 경우 모두 통치자의 여형제를 통해, 다음 세대로 재산과 통치권을 물려주는 방계 승계는 회피하였다.

두 번째는 중앙 왕권이 강해져 토지 및 그 생산물을 공동 소유로부터 분리한 것이다. 왕실의 지도자에게는 브라 깜라뗀 안이라는 신성한 호칭이 부여되었다. 한 비문은 바바바르만 1세, 마헨드라바르만, 이샤나바르만 1세를 이 호칭으로 부르고 있다. 그러나 이 비문이 작성되었던 당시에 이미 그들은 세상을 떠난 상태였다. 통치를 하고 있던 664년 당시의 자야바르만은 생시에 이 호칭을 부여받은 최초의 왕이었다. 따라서 그가 지역의 뿐을 물리치고 사원 재산의 처분 결정을 내리기도 했다는 사실을 발견하는 것은 놀랍지 않다. 이 호칭이 들어 있는 같은 비문에서, 그는 왓 쁘레이 발의 재산을 이 사원 창건자의 종손이 독점적으로 이용하게 하라는 명을 내렸다. 그로부터 17년 후 그는 또 다른 사원의 재산에 대해 창건자의 후손이 소유할 수 없다는 칙령을 내렸다. 이것은 바꿔 말하면, 재산의 처분을 왕이 통제할 수 있었다는 것이다.

권력이 이처럼 중앙집중화되면서, 비문의 숫자는 예술과 건축이 번성했던 시기인데도 급격히 감소했다. 따라서 720년과 770년 사이의 정치 발전에 대한 지식에는 공백이 있는데, 이 공백을 부분적으로 메워주는 것은 회고문retrospective texts이다. 시엠 리압Siem Reap의 왓 크낫Wat Khnat에서 나온 비문은 느르빠디땨Nrpaditya라는 이름의 왕을 언급하고 있는데, 자야바르만 1세의 통치 이후 얼마 안 되었을 당시 아직 생존해 있었다. 암삘 롤룸Ampil Rolum에서 나온 또 다른 비문에는 바바뿌라Bhavapura에서 통치했던 3명의 8세기 왕에 대해 기술되어 있는데,

이들 역시 -아디땨(떠오르는 태양)로 끝나는 이름을 가지고 있었다. 그렇지만 7세기 텍스트에 나오는 풍부한 세부 정보는 빠져 있다.

550년과 800년 사이의 기간에는 농업경제 국가에게 안성맞춤인 캄보디아 내륙 저지대에 일련의 국가가 형성되었다. 침적토가 매년 새로 덮이는 저지대 논에서 홍수가 끝나고 짓는 농사는 사회 엘리트 계층을 존속시키는 데 필요한 잉여농산물을 충분히 공급했을 것이다. 이 시기에는 부의 창출도 일어나 엘리트 계층은 공동 사원을 앞장세워 자신들에게 이득이 되는 쪽으로 부를 쌓아갔다. 천과 쌀 같은 잉여생산물, 그리고 은과 금은 물물교환을 위한 수단이었지만, 부남에서 보였던 화폐는 더 이상 통용되지 않았다. 전쟁은 비문의 반복되는 주제이며, 여러 왕조의 명암을 추적할 수 있다. 가장 성공적인 왕조는 일정 기간이긴 하나 센강 유역을 근거지로 했던 이샤나뿌라 왕조로 보인다. 후대의 중국 사료는 그 왕궁에 대해 기술하고 있으며, 많은 사원과 대규모 저수지는 아직도 남아 있다. 다른 국가들의 경우 이 왕조만큼 잘 기록되어 있지는 않다. 그러나 삼부뿌라를 연이어 통치한 세 명의 여왕은 알려져 있다.

611년부터 100년 동안, 크메르어 비문은 사회 고위 인사에 대한 세습 호칭인 뽄을 언급하고 있다. 뽄 가운데 일부는 사원에 토지, 노동력, 가축, 의례에 필요한 관리官吏를 대주었다. 이들은 산스크리트 이름을 가지고 있었는데 반해, 노동자는 크메르어 이름을 지니고 있었다. 뽄은 8세기 초반에 이르면 더 이상 언급되지 않는다. 이때는 왕이 내려주었음이 분명한 므라딴이라는 호칭이 점차 일반화되었기 때문이다. 자야바르만 1세는 상당한 영토에 자신의 권한을 행사하였다. 비문에 따르면 그는 많은 관직을 수여하고, 자신이 임명한 자에게는 흰 일산 같은 신물信物을 내렸다. 그는 또한 군을 장악하고 있었는데, 자신의 왕국을 유지하고 확장하는 데 사용하였다.

엘리트 계층의 개인 이름, 일부 호칭, 주요 중심지, 신 등에 대해 산스크리트어를 사용한 것은 진랍의 국가들에 인도 종교와 철학이 깊이 침투해 있었다는 잘못된 인상을 주어왔다. 오히려 인도라는 얇은 판을 들어내면 많은 토착 종교와 신이 발견되며, 개명은 이국적인 이름을 사용하여 개인의 위신을 높이려는 이기적인 성격이 강했다.

비문의 숫자는 8세기에 급격히 감소했으며, 자야바르만 1세의 왕조는 그의 딸 자야데비의 통치와 더불어 사라진다. 이러한 공백의 이유는 분명하지 않다. 그러나 이 시기를 회고하여 언급하는 후대의 기록을 보면 왕들은 계속되었고, 사원에서도 여전히 기부를 받고 있었으며, 알력은 예외적인 것이라기보다 일반적인 것이었음을 확실히 알 수 있다.

제 5 장

자야바르만 2세 왕조

800년~1000년

약 800년경 자야바르만 2세라는 이름의 왕은 이백 년 동안 지속된 국가와 왕조의 기초를 놓았다. 이 시기부터 이 국가는 깜부자데사 Kambujadesa(즉, 캄보디아)로 불리게 되었다. 그는 똔레삽 호수 북쪽 연안과 꿀렌 고원 사이의 땅에서부터 다스려 나갔다. 똔레삽 호수는 물고기의 무한정한 공급처 역할을 했으며, 그런 한편 주기적인 홍수는 벼 농사를 조장했다. 많은 점에서 자야바르만 2세와 새로운 왕조의 구성원은 전대 왕 자야바르만 1세의 목표를 성취하였다.

이들은 통일 왕국의 모습을 보여주었는데, 메콩강을 끼고 있는 저지대에서부터 삼각주 지역, 똔레삽 호수, 서쪽으로는 훌륭한 농업지역인 밧땀방까지 영역에 포함했기 때문이다. 똔레삽 호수의 범람 지역 너머로는 궁정 중심지가 잇따라 자리 잡았다. 여기에는 최고 군주와 그의 조상에게 바쳐진 사원들, 그리고 신성한 꿀렌 고지에서 발원하는 강에서 물을 공급받는 저수지가 있었다. 비록 재질이 나무라서 지금은 사라지고 없지만, 궁전과 비종교적인 건물도 있었다.

자야바르만 2세는 대단히 엄숙한 의례를 통하여 왕 중 왕에 오름으로써 후대 왕들이 따라야 할 선례를 세웠다. 그는 궁정 관리들로 둘러싸여 있었으며, 이들의 의례적 임무, 예를 들면 왕을 위한 부채나 파리 쫓는 채fly whisk를 들고 있는 따위의 역할을 그 후손들이 도맡으려고 안간힘을 썼다. 궁정은 왕국의 중심지이며 천국의 상징적 존재로 투영되었다.

그러나 궁정을 지탱케 하는 것은 잉여농산물이었다. 비문에는 엘리트 귀족과 이들의 보시 행위에 대한 언급이 가득하지만, 이밖에 토지 소유, 논의 경계, 가신家臣의 임무에 대한 세세한 내용도 들어 있다. 노예에 대한 언급도 상당히 많이 보이지만, 그렇다고 해서 노예에 기반한 사회로 간주하는 것은 옳지 않을 것이다. 지방 주민은 자신의 시간과 노동력의 일부를 그 지역의 사원을 유지하는 일에 바쳤다. 쌀, 버터, 꿀, 천, 가축 같은 생산물 일부는 수도로 올려졌다. 앙코르의 첫 왕조인 이 왕조에 대한 우리의 지식은 비문, 저수지, 남아 있는 석조 또는 벽돌 사원에서 나온다.

한편 자야바르만 2세 왕조에서 우리는 엘리트 귀족에서부터 생산활동을 하여 지배 계급을 먹여 살리는 평민에 이르기까지, 다양한 구성원을 통하여 점차 대규모로 권력을 구축, 확장한 왕들의 왕조를 만나게 된다. 그러나 다른 한편으로 승계를 통제할 분명한 규칙이 없었던 왕조에서 특유하게 나타나는, 분쟁에 뿌리를 둔 고질적인 불안정, 그리고 지방에 대한 통제 유지라는 지속적인 문제와도 만나게 된다.

자야바르만 2세와 왕권의 확립_

자야바르만 2세의 태생과 업적은 아직까지 안개 속에 가려져 있으며, 철저한 고고학적 조사와 비문의 추가 발견만이 그 안개를 거두어줄 것이다. 그에 대한 첫 언급은 8세기의 마지막 이십 년(780년대와 790년대) 시기의 두 비문에 보인다. 이샤나뿌라의 옛 궁전 중심지에서 얼마쯤 떨어진 메콩강 동쪽 기슭이 지리적 배경으로 나온다. 귀족 가문 출신인 그는 아마 반띠아이 쁘레이 노꼬르Banteay Prei Nokor(그림-6·7·8)의 브야다뿌라Vyadhapura나 또는 그 인근을 발판으로 권력을 잡았을 것이다.

　1936년, 프랑스 극동연구소 소속의 빅토르 골루뷰Victor Goloubew는
이 유적에 대한 일련의 항공촬영을 하였는데, 여기에는 사원, 제방, 해
자가 뚜렷이 나타나 있다. 그는 또한 다섯 개의 저수지가 같은 좌표
축-모두 해자 밖-에 있는 것을 확인하고, 유적을 서쪽의 메콩강과 연
결하는 도로 하나를 보았다. 오늘날 그 거대한 단지는 벽돌 사원이 중
앙에 우뚝 자리 잡은 채, 여전히 벽과 해자가 둘러싸 경계를 짓고 있
다. 이곳의 연대는 자야바르만 2세와 그 추종자들이 앙코르의 건립으
로 이어지는 대장정을 시작한 시기로 소급될 가능성이 있다. 그러나
이를 검증하기 위해서는 반드시 발굴이 이루어져야 한다. 자야바르만
2세에 대한 다음 언급은 로복 스롯Lobok Srot의 한 사원 헌당문에서 발
견되는데, 그를 대양에 둘러싸인 땅의 왕으로 묘사하고 있다. 이 유적
은 삼부뿌라 지역에 위치해 있는데, 그 지역 여왕과의 결혼 동맹을 반
영하고 있을 가능성이 높다.

　자야바르만 2세에 대한 추가 정보를 위해서는 태국 동부의 스독 깍
톰Sdok Kak Thom에서 발견되는 비문으로 눈을 돌려야 한다. 이 비문의
연대는 거기에 기술되어 있는 사건보다 200년 후이다. 작성자는 귀족
승려 가문의 일원이었던 사다시바Sadasiva로, 그는 자신의 선조를 자야
바르만 2세 시대로 소급하였다. 비문은 자야바르만 2세가 자와(자바섬)
에서 돌아와 성스러운 도시 인드라뿌라에서 통치하게 되는 과정을 기
술하고 있다. '자와'라는 용어에 크메르인과 자와인 사이의 전쟁을 그
려볼 수도 있겠지만, 아마 그 정도까지는 아닐 것이다. 비커리에 따르
면 크메르인은 가까운 이웃 국가인 참 왕국 사람을 체비아chvea라고

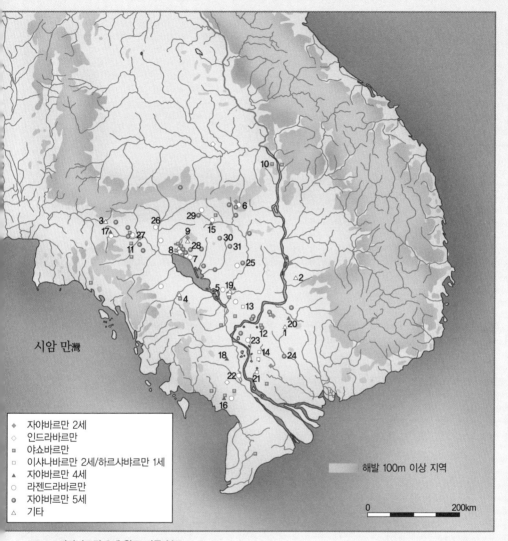

시암 만灣

◆ 자야바르만 2세
◇ 인드라바르만
▪ 야쇼바르만
▫ 이샤나바르만 2세/하르샤바르만 1세
▲ 자야바르만 4세
○ 라젠드라바르만
◉ 자야바르만 5세
△ 기타

해발 100m 이상 지역

0   200km

지도-3 | **자야바르만 2세 왕조 비문 분포**
 1. 반띠아이 쁘레이 노꼬르 2 로복 스롯 3 스독 깍 톰 4 빨할 5 트바르 끄데이 6 쁘라삿 깐뚭, 쁘라삿 트날 축 7 하리하랄라야 8 악 윰, 쁘레이 끄멩, 쁘라삿 꼭 뽀, 쁘라삿 크낫, 프놈 룽 9 롱 첸 10 왓 푸 11 쁘라삿 꾹 쁘라닥 12 품 미엔 13 뚜올 뻬이 14 쁘라 비히아르 꾹 15 쪽 가르갸르(링가 뿌라) 16 프놈 바양 17 농 빵 뿌에이 18 쁘라삿 난 크마우 19 암삘 롤룸 20 쫀 안 21 쁘라삿 안론 짜르 22 바 프놈 23 끄데이 스끼에 24 바삭 25 이샤나뿌라 26 뚝 쭘 27 프놈 깐바 28 반띠아이 스레이 29 쁘라삿 꼼푸스 30 프놈 므렉 31 뚜올 쁘라삿

그림-6 | 반띠아이 쁘레이 노꼬르 전경. 자야바르만 2세의 초기 수도였을 가능성이 높다. 지평선 위의 성벽들에서 그 거대한 규모를 짐작할 수 있다.

그림-7 | 두 벽돌 사당. 반띠아이 쁘레이 노꼬르 가운데 우뚝 서 있다.

그림-8 | 반띠아이 쁘레이. 반띠아이 쁘레이는 '숲의 성채城砦'라는 의미다. 자야바르만 7세에 의해 건립되었으며, 밀집된 구조를 가지고 있다. 특히 첫 번째 담의 동쪽 고뿌라는 자야바르만 시대의 전형을 보여준다.

불렀다. 반띠아이 쁘레이 노꼬르는 캄보디아 동쪽 경계에 있다. 따라서 위의 비문 내용은 멀리 떨어진 자와에서의 장기 체류보다는 참 왕국 사람과의 작은 충돌로 해석하는 것이 타당하다.

쉬바까이발야Shivakaivalya는 비문에 기술되어 있는 가문의 선조로, 인드라뿌라 지역의 바드라요기Bhadrayogi에서 링가를 담당하기도 하였던 왕실 사제였다. 자야바르만 2세는 쉬바까이발야에게 본인과 가족, 그리고 (추측컨대) 그의 종자從者를 뿌르바디사Purvadisa로 이주시킬 것을 명하였다. 여기서 이들은 토지를 하사받아 꾸띠Kuti라고 불리는 정착지를 세웠다. 그 위치는 알려져 있지 않지만, 브다야뿌라Vdhayapura에서 상당히 먼 거리였다.

이 이주에 아무 탈이 없었던 것은 아니었다. 밧땀방 지역 빨할Palhal에서 나온 1069년의 비문에 따르면, 자야바르만의 통치 초기에는 많은 알력이 있었다. 그는 므라딴 쁘리티비나렌드라Prithivinarendra에게 모든 지역을 평정하라는 명을 내렸다. 그는 다른 두 명의 지휘자를 대동한 채 지금의 밧땀방인 말양Malyang의 저항을 잠재웠다. 자야바르만은 상으로 장군들에게 높은 지위를 내렸으며, 쁘리티비나렌드라를 수행한 두 지휘자는 가족과 함께 그곳에 정착하였다.

이 사건이 있고 150년 후, 꼼뽕 톰 지역의 트바르 끄데이Thvar Kdei에서 나온 비문은 왕이 사하까라Sahakara 스룩sruk[1]의 시종장侍從長 밥vap 자따베다Jataveda에게 토지를 하사한 과정을 기록하고 있다. 밥vap은 그 이전의 어떠한 기록에도 나오지 않는 경칭으로서, 그 문자적 의

---

1) 마을village 규모의 작은 행정 구획 단위.

미는 아마 '아버지' 정도였을 것이다. 쁘라삿 깐똡Prasat Kantop에서 나온 또 다른 회고문은, 자야바르만의 부인 가운데 하나가 이 지역에서 토지를 하사받고는 마을을 세워 자신의 가족과 종자를 정착시켰다고 적고 있다.

한편 자야바르만은 똔레삽 호수 북쪽 가장자리의 하리하랄라야 Hariharalaya에 자리를 잡는데, 홍수가 끝나고 농사를 지었을 가능성이 많은 곳이다. 뜨라뻬앙 퐁Trapeang Phong에 있는 벽돌 사원은 그가 그 지역에 체류하면서 세웠을 가능성이 높다. 그의 여정을 따라 조금 더 이동하면 아마렌드라뿌라Amarerndrapura가 나온다. 마찬가지로 그 정확한 위치는 알려져 있지 않다. 그러나 앙코르 서 바라이Western Baray(그림-9·10)의 서쪽 끝에 밀집해 있는, 그 시대 양식으로 지어진 웅장한 사원들 가운데 일부는 이곳에 편입돼 있었던 것 같다. 서쪽 끝 지역에 대한 발굴 결과 악 윰Ak Yum에서 큰 사원 유적이 나왔는데, 저수지의 제방 흙에 부분적으로 덮여 있었다. 이 사원은 반띠아이 초에우Banteay Choeu로 알려진 큰 직사각형의 울타리 벽 안에 있다. 골루 뷰(1936)는 서 바라이의 각각 서쪽과 북쪽에 있는 쁘레이 끄멩Prei Kmeng과 프놈 룽Phnom Rung의 사원도 벽으로 둘러싸여 있음을 기록 하였다.

독방獨房 벽돌 사원에서 일련의 층계식 단 위에 여러 개의 탑을 세운 구조로 변화한 것은 아마 자야바르만 2세의 치세에서였을 것이다. 악 윰이 그런 사원이다. 1935년 조르쥬 트루베George Trouvé의 발굴에서 중앙 구조의 상당 부분이 드러났다. 제일 아래의 단은 흙으로 쌓아 올렸으며, 그 주요 통로는 벽돌로 막혀 있었다. 면적은 사방 100미터

그림-9 | 서 바라이. 크메르 왕국은 전통적으로 인공 저수지를 축조하여 농업에 이바지했다. 치수를 위한 여러 인공 저수지 가운데서 바라이는 가장 큰 규모를 자랑한다. 무려 8×2.2km에 이른다. 깊이도 동 바라이에 비해 평균 7m 더 깊게 만들었다. 덕분에 지금까지도 메워지지 않고 남아 있다.

그림-10 | 서 바라이에서 나오는 수로.

에 높이는 2.6미터였다. 이층으로 가는 길은 계단을 이용하는데, 2.4미터를 올라가면 각 변의 길이가 42미터인 벽돌로 지은 단이 나온다. 벽은 전 시대의 독방 구조물 경우처럼, 미니어처 궁전으로 장식되어 있었다.

사암 재질의 가짜 문과 상인방上引榜으로 꾸며진 일련의 전탑塼塔이 들어 있는 곳은 이 두 번째 층이다. 동남쪽 모서리 탑 근처의 한 석조 조각의 비문에는 1001년 감히레스바라Gamhiresvara 신에게 바친다고 기록되어 있다. 이 심연深淵의 신은 이샤나뿌라에서 널리 숭배되었다. 상기 비문은 이 사원이 적어도 2세기에 걸쳐 성소로 자리매김해왔음을 보여준다.

삼층의 본전에는 동쪽으로 입구가 하나 있었다. 그러나 나중에 나머지 세 군데 벽에 따로 문을 냈다. 원래의 상인방과 기둥은 8세기 말로 소급된다. 중앙 탑의 재사용된 두 비문은 연대가 704년과 717년이다. 나중 것은 므라딴 끼르띠가나Kirtigana가 감히레스바라 신에게 바친 사원에 대한 기록으로, 쌀, 견인용 소(役畜), 천, 일꾼 등의 시주물 목록이 있다. 장래 앙코르의 중심지와 매우 가까운 이 지역은 8세기 초엽에 사람이 들어와 농사를 지었다는 데 의문의 여지가 없다.

중앙의 방에서는 여섯 개의 청동상이 나왔다. 두 개는 힌두 신상이고 네 개는 부처상인데, 높이는 9cm에서 35cm까지 다양하며, 대형 석조 링가의 일부를 차지하고 있던 것들이다. 당시 발굴자는 지하방으로 이어지는 특별한 공간과 마주쳤는데, 중앙 탑의 바닥에서 12미터 아래에 있었다. 그곳에는 심연의 신을 모신 것이 분명한 벽돌 사당이 있었으며, 금박을 씌운 코끼리 두 마리와 키 1.5미터의 남자 입상立像

이 있었다.

악 윰 사원의 연대를 보여주는 것은, 먼저 8세기 초보다는 더 늦은 시기에 건축되었음을 가리키는 비문이고, 두 번째는 건축 양식이다. 건축 양식과 관련해서는 대체로 8세기 후반으로 보고 있다. 이것은 악 윰 사원이 자야바르만 2세로 소급되는, 그리고 아마 그에 의해 조장되었을 사원 규모 확장의 대표적 사례일 가능성을 열어준다.

악 윰은 서 바라이 서쪽 끝 주위에 밀집해 있는 여러 사원 가운데 하나였다. 쁘라삭 꼭 뽀Prasak Kok Po에 있는 북쪽 제방 너머의 네 군데는 조사가 이루어졌는데, C 유적은 악 윰과 같은 양식의 건축물로 밝혀졌다. 이곳의 B, A, D 유적은 양식으로 보면 약간 후기에 지어진 것이다.

1936년 프랑스 고고학자 필립 스테른Philippe Stern은 위대한 인드라의 산山 마헨드라빠르바따Mahendraparvata로 비문에 묘사되어 있는 꿀렌 고원을 탐사하였다. 5주 동안 그는 그때까지 알려지지 않았던 사원, 떨어진 상인방, 비슈누 상 등을 조사하였다. 그는 중앙 성소가 3단 구조물 기반 위에 올려져 있는 롱 첸Rong Chen 사원을 최초의 진정한 피라미드형 사원으로 기술하였다. 자야바르만은 꿀렌 고원의 성스러운 성격에 끌렸을 가능성이 있다. 왜냐하면 그가 시바 상 앞에서 지고한 왕이 되는 즉위식을 한 곳이 바로 이 산이기 때문이다.

시바는 신의 왕이란 뜻의 깜라뗀 자갓 떼 라자kamraten jagat te raja, 또는 데바라자devaraja라는 이름으로 불리었다. 이 이미지는 후임 왕들의 행차 때 붙어 다녔다. 기록에는 이처럼 시바 신 앞에서 엄숙한 즉위식을 가진 것은, 캄보디아가 자와(이웃 국가인 참Cham으로 보이는)에 더이상 종속되지 않으며, 차끄라바르띤chakravartin 즉 만유萬有의 대군주가 되실 단 한 분만의 '하계下界 군주'가 존재함을 확실히 하기 위해서였다고 적고 있다.

이 고원은 맑은 날 앙코르에서 보이는데, 남쪽 톤레삽 호수로 흐르는 강들의 풍부한 수원水源이다. 그러나 풍성한 곡창지대와는 떨어져 있어, 궁정과 그 신하를 먹여 살리기는 분명 어려웠을 것이다. 마침내 자야바르만은 하리하랄라야로 내려옴으로써 여정을 마감하였다. 그는 835년 이곳에서 세상을 떠났다.

자야바르만 3세__

자야바르만의 아들이자 계승자인 자야바르만 3세에 대해서는 사실상 알려진 것이 없다. 시엠 리압 바로 북쪽에 두 군데의 벽돌 사원을 안고 있는 쁘라삿 착Prasat Chak의 비문은 이 사원의 건립 시기를 자야바르만 3세가 왕위에 오른 해로 기록하고 있다. 그가 코끼리를 잡는 데 실패하자, 한 신께서 사당을 지으면 코끼리를 잡을 수 있다고 약속하였다. 연대가 자야바르만 3세 통치기로 소급되는 사원은 이것만이 아니고 여러 개가 있다. 이것은 앙코르 지역에 대한 관심이 지속적이었음을 보여준다.

악 윰에서는 정북正北 방향에, 그러나 서 저수지에서는 그 반대쪽에 쁘라삿 꼭 뽀Prasat Kok Po 사원이 있다. 비문은 왕의 스승인 쁘리티빈드라빤디따Prithivindrapandita가 857년 이곳에 비슈누 상을 세웠음을 기록하고 있다. 자야바르만 3세 역시 하리하랄라야의 바꽁Bakong 사원

의 건립을 주도했을 수도 있다. 그는 877년 생을 마감하였으며 인드라
바르만 1세가 뒤를 이었다.

인드라바르만 1세__

인드라바르만에 대한 공식적인 족보에서 자야바르만 2세나 3세와의
관계에 대한 언급은 일절 없다. 그러나 인드라바르만은 자신의 쁘리아
꼬Preah Ko 사원에 아버지와 외할아버지 내외를 모시는 사당과 더불어
자야바르만 2세 내외를 모시는 사당도 건립하였다.[2] 승계에 관한 불확
실한 규칙을 고려하면, 인드라바르만의 승계를 놓고 다툼이 있었다는
것은 거의 당연하다. 그에 관한 비문 가운데 하나는 다음과 같이 적고
있다. "이 왕자의 길고도 힘찬 오른손이 검을 적에게 무섭게 내려칠
때, 적들은 사방으로 흩어졌다. 당할 자 없는 그는 항복하고 도망치는
자나 그의 보호 아래 스스로 들어오는 자에게만 노여움을 가라앉혔
다." 이 같은 주장은 879년 쁘리아 꼬 창건 석비에 새겨져 있었다. 그
의 즉위에 관한 약속이 그 뒤를 이었다. "이로부터 5일 후, 나는 파기
digging[3]를 시작할 것이니라."

---

2) 자야바르만 2세의 계승자인 자야바르만 3세는 왕위를 물려줄 만한 자식이 없었다. 그리하
여 자신을 보좌해 왕조 창업에 공헌한 외손자를 왕위에 올렸다. 그 외손자가 인드라바르만
이다. 즉, 인드라바르만은 외할아버지인 자야바르만 3세(루드라바르만Rudravarman)의 딸과
그녀의 남편(쁘리띠빈드라데비Pritivindradevi) 사이에 태어난 자식이다.

3) 이 책의 저자인 히검은 원문의 어휘—여기서는 소개하고 있지 않지만—를 영어 'digging'
으로 옮겼다. 'dig'는 '(땅 등을) 파다'를 의미한다. 그러나 한편으로 'dig'는 '거처하다,'
'자리를 잡다'의 뜻을 가지고 있다. 따라서 '파기를 시작하다'는 것은 '왕위에

인드라바르만은 대규모 저수지를 축조함으로써 자신의 약속을 이행했는데, 또 다른 비문에는 다음과 같은 기록이 있다. "그는 자신의 영광을 비추어줄 인드라따따까Indratataka를 바다와 같이 만들었다." 지금은 말랐지만 공중에서는 분명히 보이는 이 저수지는 유례없는 규모로, 길이 3,800미터 폭이 800미터였다. 저수지 축조는 꿀렌 고원에서 남쪽으로 흐르는 물을 가두는 제방을 쌓음으로써 이루어졌다. 수량 유입을 늘리기 위해 그는 롤루오스Roluos강 일부에 운하를 파 저수지 방향으로 물길을 돌려놓았다. 북쪽 제방과 메본mebon(섬 사원island temple)으로 알려져 있는 저수지 중앙의 롤레이Lolei 사원은 그의 아들에 의해 완공되었다.

이러한 저수지의 목적은 여전히 논쟁거리다. 많은 서양 학자들은 그 규모로 볼 때 논 관개에 사용되지 않았겠나 하는 견해를 가지고 있다. 그러나 이런 식의 용도에 대해 딱히 언급하는 비문은 없다. 궁전과 사원에 지속적으로 물을 공급하는 역할은 차치하고라도, 신들의 거처인 메루산을 둘러싸고 있는 바다를 상징하는 것이었을 수도 있다. 이렇게 본다면, 왕실의 조상께 바쳐진 점점 그 규모가 웅장해진 사원은 메루산 자체를 상징하는 셈이다.

인드라바르만은 자신이 새로 축조한 저수지 남쪽 하리하랄라야에 두 개의 큰 사원을 세웠다. 그곳에 딸려 있는 웅덩이와 해자는 아마 저수지에서 물을 공급받았을 것이다. 두 사원은 각각 쁘리아 꼬(그림-11)와 바꽁으로 알려져 있다. 쁘리아 꼬는 최근 이름으로 입구를 지키는

오르다' 란 뜻으로 보아야 할 것이다. 그리고 그 다음 단락의 첫 문장에 나오는 '저수지를 축조함으로써 약속을 지켰다' 에서 '저수지 축조' 는 결국 '(땅을) 팠다' 는 의미이다.

그림-11 | 쁘리아 꼬(신성한 황소) 사원. 인드라바르만의 외할아버지와 아버지에 해당하는 루드라바르만과 쁘리티빈
드라데비를 모신 사당이다. 중앙 탑은 자야바르만을 모신 곳이다. 각 왕실 선조의 이름은 시바의 이름과
합성하여 신격화된 조상의 이미지를 자아냈다. 그 뒷줄에 있는 성소 세 곳은 이들 세 군주의 본부인을
모셨다.

그림-12 | 쁘리아 꼬 사원의 정면 탑 앞에 있는 난디 상.

'신성한 소'라는 뜻인데, 난디Nandi(시바가 타고 다니는 성스런 소) 상像 이름을 따서 지은 것이다(그림-12). 쁘리아 꼬 사원 단지는 폭 50미터의 해자로 둘러져 있으며, 이 해자가 에워싸고 있는 부지 면적은 600×550미터에 달한다. 그 동쪽에 사방 100미터 규모의 웅덩이인 스라 안다웅 쁘렝Srah Andaung Preng이 있다. 쁘리아 꼬의 경우 그 해자와 담 사이의 빈 터는 고고학자들에 의해 조사가 이루어지지 않았지만, 구내 서쪽의 남-북 축에 있는 직사각형의 단壇은 궁전의 기초 부분이었을 가능성이 높다. 인드라바르만 자신이 쓴 비문은 강렬한 용어로 그의 '지고한 옥좌, 탈 것vehicle, 인드라비마나까Indravimanaka 궁전, 황금의 누각'에 대해 언급하고 있다.

쁘리아 꼬 경내로 들어가려면 홍토紅土[4]와 사암으로 된 고뿌라 gopura[5]를 통한다. 이것은 사원 통로를 포함하고 있는 탑 형태의 입구다. 내부를 압도하는 것은 여섯 개의 사당이 올려져 있는 제단이다. 규모와 조화미는 지금도 압도적이지만, 새로 완공되었을 당시에는 분명 두 배나 더 그랬을 것이다. 왜냐하면 당시엔 전벽磚壁이 여러 겹의 채색된 스타코stucco[6]로 덮여 있었기 때문이다(그림-13). 이곳의 비문에는 종교적 목적뿐만 아니라 정치적 목적도 드러나 있다. 앞줄의 세 탑은 가운데 탑의 자야바르만 2세를 비롯하여, 각각 인드라바르만의 외할아버지와 아버지인 루드라바르만과 쁘리티빈드라바르만 Prithivindravarman을 모신 것이다.

4) 열대지방에서 암석의 풍화에 의해 붉은 색을 띤, 철분을 포함한 토양.
5) 부조로 장식된 성이나 사원 입구, 또는 입구의 문에 세운 탑. 앙코르 톰의 남문이 전형적인 고뿌라이다.
6) 벽체 마감 미장공사에 쓰는 질 좋은 회반죽(벽토).

그림-13 | 쁘리아 꼬의 벽돌 사원. 한때 채색 스타코로 덮여 있었다. 아직도 흔적이 남아, 인드라바르만에 의해 완공되었을 당시엔 얼마나 화려했을지 보여준다.

인드라바르만은 누구이며, 선대왕과의 관계는 어떠하였을까? 그는 자신의 창건 석비에서, 어머니는 루드라바르만의 딸이자 느르빠띤드라바르만Nrpatindravarman의 손녀라고 말하였다. 그의 아버지는 귀족 혈통으로, 그 이름은 쁘리티빈드라바르만이었다. 더 자세한 것을 위해서는, 한 귀족 가문에서 작성한 왓 삼롱Wat Samrong 소재의 비문을 살펴봐야 한다. 자야바르만 2세 치세 당시 이 가문 출신의 남자 한 사람과 여자 두 사람이 있었는데, 각각 군 사령관, 바다뿌라Bhavapura의 여왕, 어떤 장군의 아내였다. 자야바르만은 이들에게 앙코르 지역으로 가는 길에 동행할 것을 요구하고, 첫 번째 여자와 결혼하였다. 둘 사이에서 난 자녀 가운데 한 딸은 그 후 높은 신분의 남자와 결혼하여, 거기서 딸 나렌드라Narendra가 태어났다. 따라서 나렌드라는 자야바르만 2세의 외손녀인 셈이다. 그녀는 인드라바르만의 부인이 되었다.

비문 속에 펼쳐져 있는 복잡한 관계는 여기서 끝이 아니다. 인드라바르만의 어머니의 남자형제 한 사람은 자야바르만의 딸과 혼인하였다.[7] 따라서 인드라바르만은 자신의 사촌과 결혼한 것이 된다. 한편 인드라바르만의 부계 쪽 할머니는 자야바르만 2세 부인의 여동생이었다. 이렇게 되면 그는 자야바르만 3세의 사촌 조카뻘이 된다.

비문에 나와 있는 각 왕실 조상의 이름은 시바의 이름과 합쳐져 있는데, 이로 인해 신격화된 조상의 이미지를 준다. 두 번째 줄에 나와 있는 세 개의 사당은 각 군주의 배우자인 느렌드라데비Narendradevi, 쁘리티빈드라데비Prithivindradevi, 다라닌드라데비Dharanindradevi를 모셨다.

---

7) 따라서 나렌드라의 아버지와 인드라바르만 어머니의 남형제, 즉 인드라바르만의 외삼촌은 동서지간이 된다.

각 사당에는 조상의 상이 안치돼 있었을 것이며, 인드라바르만 왕이 헌납한 물품을 보면 이곳이 얼마나 호화로웠는지 어렴풋이 짐작된다.

'왕 중의 왕 중의 이 지고한 왕'의 헌납품은 다음과 같다. 팔란퀸,[8] 일산, 아름답게 제작된 다양한 형태의 금·은 그릇, 금제 받침대가 있는 거울, 파리 쫓는 채, 금·은 상자, 은제 부채와 항아리, 금제 손잡이가 달린 칼, 헌주獻酒 그릇, 귀한 향수, 의복과 은으로 장식된 창. 그는 또한 소, 물소, 염소, 코끼리, 말 등의 동물 수천 마리뿐만 아니라 무희, 가수, 악사—이들 가운데 상당수는 남성으로, 잘 차려 입었으며 재능이 훌륭했다—여러 마을 출신으로 구성된 수천 명의 남·녀 농부, 그리고 위치가 좋은 논까지도 바쳤다.

쁘리아 꼬는 아마 대대로 내려오는 왕실 사원이었을 것이다. 한편 인접한 바꽁은 규모가 훨씬 더 크며, 건축과 디자인을 달리하고 있다. 이 사원은 아마 자야바르만 3세 당시 홍토 구조물로 출발한 듯하다. 그러나 그 완공은 인드라바르만 1세 치세에 이루어졌다. 그 혁신성의 첫째는 설계의 규모다. 사방 800미터 넓이의 이중 해자로 둘러쳐진 단지 구내에, 중앙의 사원 건물이 다섯 층계 구조로 우뚝 서 있다. 안쪽의 해자 측면에는 아래쪽 물로 이어지는 가파른 계단이 있다. 네 개의 고뿌라가 경내로 들어가는 통로 구실을 하며, 주문인 동문은 방죽길에 의해 사원 건물과 연결되어 있다.

그 규모에서 받는 압도감은 거대한 석조 건축과 처음 세 층계에 세워져 있는 수호 코끼리 상에게서도 그렇지만, 지상 14미터 높이로 솟

---

8) 인도나 동양 여러 나라에서 사용한 1인승 가마. 가마에 달린 막대를 여러 사람이 메고 날랐다.

아있는 일련의 층계식 단壇에서도 받는다. 불행히도 맨 위의 성소는 지금 남아 있지 않다. 다음은 인드라바르만의 말이다. "881년 신과 같은 왕이자 재물의 시여자施興者는 여기에 인드레스바라Indresvara라는 이름의 링가를 세웠도다." 이 이름은 인드라바르만 왕의 이름과 시바 신(에스바라esvara)을 합친 것인데, 이는 왕이 시바 신 안으로 잠겨 들어가 단일 신앙 대상이 됨을 의미한다.

사원 건물의 기단 둘레에는 여덟 곳의 작은 성소가 자리 잡고 있으며, 인드라바르만의 남·녀 조상들을 모신 곳으로 보인다. 왜냐하면 동쪽 성소에는 벽감壁龕[9]에 남자상이 들어 있으며, 서쪽 성소에는 여자상이 들어 있기 때문이다. 건립 석비에는 "여기, 인드라바르만의 뜰, 보는 자에게 기쁨과 하늘 세우신 이의 무한한 경이를 가져다주는 그 뜰에, 그가 왕실의 관례에 따라 시바의 8대 요소, 즉 흙, 바람, 불, 달, 태양, 물, 에테르, 희생을 따라 이름 붙여진 8개의 링가를 세웠노라"고 적혀 있다.

오늘날에도 여전히 경외감을 불러일으키지만, 힌두 경전을 잘 알고 있던 당시 사람들에게 그 사원은 왕권의 장엄한 상징이었음에 틀림없다. 지금은 흔적만 남아 있는 부조 조각상을 당시에는 볼 수 있었을 것이기 때문이다. 제일 윗층의 벽에는 아수라 즉 악신惡神들이 얽힌 전투 장면을 묘사했다. 인드라바르만의 건축가는 또한 신비의 뱀이며 재물의 수호자인 나가를 처음으로 사용하였다. 나가는 인간 세계와 신의 영역을 연결하는 다리인 무지개를 상징한다. 나가가 지키고 있는 다리

---

9) 벽면의 움푹 들어간 공간. 도자기 따위의 장식품을 두는 곳으로 사용된다.

는 세속에서 신성으로 들어가는 문턱을 나타냈다. 무엇보다 의미심장한 사실은 사원 내부를 압도하고 있는 것은 왕과 그 조상들의 성상聖像이라는 점이다.

야쇼바르만 1세__

야쇼바르만 1세는 889년에 부왕을 승계하였다. 그의 즉위도 평화롭지는 않았을 것이다. 그의 비문 가운데 하나에 똔레삽 호수에서 일어났을 개연성이 높은 한 해전海戰에 관한 기록이 있기 때문이다. 그는 또한 강력한 승리의 전사로 자주 묘사되었다. 그의 아버지는 하리하랄라야에 자신의 건축물을 더함으로써 도시 경관의 규모에 새로운 차원을 연 바 있다.

그러나 이것도 야쇼바르만 1세의 업적 앞에서는 빛을 바랜다. 그는 북쪽 제방을 건설함으로써 인드라따따까를 처음으로 완공하고, 또한 롤레이 사원(그림-14 · 15)도 그에 의해 완공되었다. 그 사원에 있는 네 군데의 사당은 자신의 아버지, 외할아버지, 어머니, 외할머니를 모신 것이다. 각자의 이름은 왕실 가문의 이름을 신과 합쳐 놓은 것이다.

쁘리아 꼬에 있는 인드라바르만의 석비 부록에는 그가 롤레이 사원에 내린 물품과 사람이 자세히 나와 있다. 여기에는 금, 은, 삼롱Samrong 스룩 출신의 하인들이 포함되어 있으며, 그밖에 젠 따란Jen Taran 쁘라만praman의 아비나바그라마Abhinavagrama 스룩과 말얀Malyan 쁘라만의 땀빨Tampal 스룩 출신의 가축 관리인 다섯 사람도 있

그림-14 | 롤레이 사원. 인드라바르만 1세는 연중 물을 사용하고 싶어 하는 백성들의 소망을 이루어주고자 인공 저수지 축조를 생각해냈다. 이것이 바로 최초의 인공 저수지 인드라따따까Indratataka다. 인드라바르만 1 세의 아들인 야쇼바르만 1세는 이런 아버지의 업적을 기려 저수지 한가운데에 인공 섬을 쌓고 그 위에 사원을 지어 시바 신에게 헌정했다. 이것이 바로 롤레이 사원이다. 롤레이의 탑은 대부분 훼손이 심한 상태다.

그림-15 | 롤레이 사원 안에 있는 한 탑의 출입구와 상인방 장식 부조. 상인방 조각은 대단히 숙련된 기술로 구도와 균형을 잡아 놓았다.

다. 쁘라만이라는 용어가 흥미를 끄는데, 그 이유는 '왕의 관할을 받는 지역'[10]을 지칭하기 때문이다. 앞서 언급한 영토 가운데 일부는 하리하랄라야와 얼마간 떨어져 있기 때문에, 야쇼바르만은 필요한 권한을 행사하여 물품과 인력을 이용 및 배치하였던 것으로 보인다.

야쇼바르만의 비문 분포를 살펴보면, 그의 왕국은 남쪽으로는 자야바르만 1세의 옛 중심지와 북동쪽으로는 전략 요충지 왓 푸Wat Phu까지 포함하였다. 이럴 경우, 대단히 중요한 메콩강 수로를 어느 정도 확실히 장악하고 있었을 것이다. 똔레삽 호수 서쪽 지역에는 정착이 굳어지고, 북동쪽 지역에서는 새로운 주거지가 들어서고 있었다는 사실도 주목할 만하다.

인력과 잉여농산물의 이용은 야쇼바르만의 건설 계획에 꼭 필요한 것이었다. 그가 물려받은 왕도에서 서북쪽으로 약 18km 지점에 바켕Bakheng으로 알려진 낮은 언덕이 있다. 그는 자기 국가의 중앙 사원을 이 언덕에 세우기로 정하고(그림-16·17·18), 사원 단지를 650×436미터의 해자로 두르고, 네 개의 고뿌라를 설치하였다. 산꼭대기의 사원은 가파른 계단을 통해 올라가지만, 언덕 정상은 부분적으로 평평하게 되어 있다. 그래서 6단 구조의 사원이 마치 왕관처럼 언덕 위에서 솟아오른다. 사원 탑의 하부와 단 위에는 수많은 벽돌 사원이 있다. 맨 위쪽 단에는 가장 큰 것이 중앙에, 그리고 나머지 네 개는 각 모서리에 위치한 다섯 개의 사원이 5점형quincunx으로 들어서 있다.

이 새 도시 야쇼다라뿌라Yashodharapura는 방죽길로 하리하랄라야와

---

10) 쁘라만praman은 스룩sruk보다 큰 행정구획 단위다.

그림-16 | 바켕. 해발 67m에 위치한 바켕은 앙코르 지역에서 가장 높은 곳에 자리하고 있다. 889년 야쇼바르만 1
세는 외적의 침입에 대비하고 더 넓은 곡창지대를 확보하기 위해 왕도王都 롤루오스를 버리고 북서쪽으
로 이동해 바켕산山을 둘러 성채도시를 건립하였다. 그리고 그 산 정상에 웅장한 사원을 건립하여 바쳤
는데, 이것이 바켕 사원이다. 사진은 시바를 모신 사당의 모습이다.

그림-17 | 바켕의 탑. 바켕 사원 꼭대기 테라스의 모퉁이 탑.

그림-18 | 링가 상. 바켕 사원 꼭대기 테라스의 탑과 링가linga 상像.

연결되어 있으며, 방죽길은 동쪽으로 일직선으로 나아가다 꼬부라지면서 바켕까지 곧장 나아간다. 골루뷰(1933)는 바꽁과 바켕 사이의 물리적·양식적 유대 관계에 주목하며, 바켕이 야쇼다라뿌라의 중심지임을 확인하였다. 중앙 사원과 그 주위의 해자를 공중에서 살펴본 후, 그는 바꽁에서 출발하는 도로를 사방으로 답사하였다. 그의 발굴 결과, 동쪽에서 옆에 물웅덩이들을 끼고 있는 홍토 벽돌이 줄지어 깔린 옛날 길이 드러났다. 코끼리를 타고 이 지점에서 무성한 숲 지대를 뚫고 들어가던 그는 탁 트인 논으로 나왔다가 다시 이 길의 흔적을 발견하였다.

그런 다음, 골루뷰는 바켕을 에워싸고 있던 해자뿐만 아니라 바켕의 기슭에서 서쪽, 남쪽 그리고 북쪽으로 나 있는 도로를 확인하였다. 추가 발굴로 지붕 기와가 나왔는데, 이것은 엘리트 계층의 주거지가 있었음을 암시한다. 우리는 그 안에서 사람들이 거주한 면적뿐만 아니라 인구가 얼마였는지도 알지 못한다. 그렇지만 모든 관점에서 볼 때, 바켕의 주 탑은 왕의 거대한 권력과 위엄성을 시각적으로 부각시켰을 것이다.

도시 단지는 국가 사원인 바켕의 규모를 넘어선다. 야쇼바르만은 제방 규모가 7.5×1.8km나 되는 거대한 야쇼다라따따까Yashodhara-tataka, 즉 동東 바라이(저수지)의 축조를 명하였다. 저수지 각 모퉁이에 세워진 비문에는 만수일 경우 오천만 입방미터의 물을 담았을 이 놀라운 업적물에 대해 기록하고 있다. 저수지의 수원은 시엠 리압강과 연결된 수로였다. 왕은 또한 적어도 네 곳의 수도원을 이 동 바라이의 남쪽에 짓게 하였으며, 프놈 데이Phnom Dei, 프놈 끄롬Phnom Krom 프놈 복Phnom Bok 등 주변 산에 사원을 세우게 하였다. 그의 명으로 100군데의 아쉬라마ashrama, 즉 수행자를 위한 피정소避靜所[11]— 각각의 수행 규칙이 돌에 새겨져 있는—도 건립되었다.

중앙과 지방에 대한 왕의 지배_

여러 비문의 텍스트는 행정 및 사회 제도의 양상을 보여주고 있으며, 중앙과 지방의 관계도 말해준다.

형벌에는 사회적 계급에 따라 그 금액을 감해주는 벌금 납부도 있었다. 가장 높은 계층은 왕족이고, 그 아래로는 왕의 고문관, 금제 손잡이가 달린 흰 일산을 받을 자격이 있는 고위 인사, 주요 상인, 비슈누와 시바 신도信徒, 마지막으로 평민 순이었다.

일부 지방의 비문에는 토지 소유의 자세한 내용을 적고 있다. 수도에서 서쪽에 있는 밧땀방 지방의 쁘라삿 꾹 쁘라닥Prasat Kuk Pradak에서 나온 비문은, 야쇼바르만이 사원을 헌납할 때 젠 따란 쁘라만에 소재한 감란Gamran의 논 5필지를 므라딴 클론 루드라스와미Rudraswami에게 하사한 경위에 대해 말하고 있다. 2년 후 루드라스와미는 왕에게 뿌르바디사Purvadisa 쁘라만에 있는 땀본Tamvon 숲과 땅을 하사하는 은총을 자신에게 내려달라고 청하였다. 이에 왕은 명을 내려 2품 브야빠라vyapara(관리) 므라딴 비끄라마유다Vikramayudha로 하여금 뿌르바디

---

11) 종교적인 수행이나 묵상을 위해 틀어박혀 있는 곳.

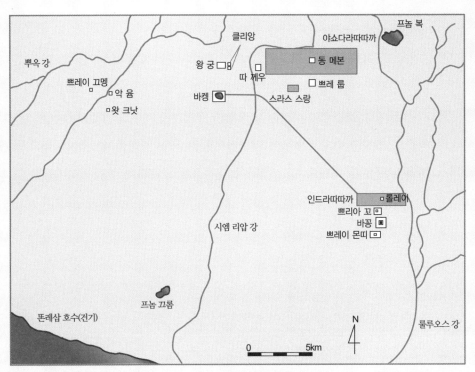

지도-4 | 야쇼바르만 치세부터 왕도(王都)인 야쇼다라뿌라 건설은 형태를 갖추기 시작했다. 그는 바켕 사원과 동 바라이를 축조했다. 라젠드라바르만은 쁘레 룹 사원과 동 메본을 세웠으며, 자야바르만 5세는 피라미드형의 따 께우 사원을 건립했다.

사로 가서 현지 주민들을 만나보도록 하였다. 그들은 서로 협의하여 구획을 정하고는 그 땅을 루드라스와미에게 넘겨주었다. 그는 대신 구장蒟醬나무[12]와 코코넛 나무를 사원에 제공하였으며, 라마Rama 탄신 축제용 물과 구장을 제공해 달라는 부탁을 제외하고는 어느 누구도 사원에서 일하는 사람에게 일을 맡기지 못하게 하였다.

왕은 토지를 분배할 권한을, 그리고 브야빠라란 호칭의 관리들은 토지의 구획을 세우고 결정하는 권한을 가지고 있었다. 지역의 고위 인사는 잉여생산물 축적의 경제적 역할을 수행하는 사원을 세웠다. 이런 식으로 토지를 배당함으로써 야쇼바르만은 경작 면적을 확장하는 데 친히 관여하게 되었으며, 그리하여 생산물에 과세하여 중앙 세수稅收를 늘렸다. 그는 또한 토지 하사를 충성에 대한 포상 수단으로 활용하기도 했다.

당시의 왕국은 쁘라만이라는 행정단위로 나뉘어 있었다는 사실도 주목할 만하다. 단지 왕만 언급할 뿐 야쇼바르만을 들먹이지는 않는다는 점만 제외하면, 연대가 야쇼바르만 시대로 충분히 소급될 수 있는 비문이 품 미엔Phum Mien 사원에서 나왔다. 이 사원의 전탑塼塔은 해자와 큰 저수지로 둘러싸인 채 아직도 남아 있다. 왕은 명을 내려 므라딴 스리 비끄라마산나하Sri Vikramasannaha에게 인드라뿌라 쁘라만에 사원을 세우도록 하였다. 비문은 이어서 그 사원에 독점적으로 주어지는 재산 목록으로, 토지와 논, 일꾼을 적고 있다. 그리고 마지막 행에 가서는 이 같은 조정調整을 위반하는 자는 참수할 것이라고 경고한다.

---

12) 동인도산産 후추과科의 덩굴성 나무. 동인도나 대만의 원주민은 그 잎에 빈랑자檳榔子(빈랑나무의 열매)와 소량의 석회를 싸서 상습적으로 씹는다.

왕의 은총은 중앙에 거주하는 사람들에게도 내려졌다. 왕실 점성술사 므라딴 스리 사띠아스라야Sri Satyasraya가 므라딴 클론 스리 사띠아디빠띠바르만Sri Satyadhipativarman으로 승진했다는 내용의 비문이 야쇼다라뿌라 안에서 발견되었다. 그는 비슈누 상을 세우고, 비슈누에게 일꾼, 논, 일용할 쌀을 바쳤다. 수도에서 바로 서쪽 쁘라삿 따사르 스담Prasat Tasar Sdam에서는 참파와 그 밖의 나라를 정복한 스리 자야유다Sri Jayayudha에 관한 비문을 볼 수 있는데, 그는 사원을 세우고 롤레이 사원에 집, 꽃, 그 밖에도 많은 재물을 바쳤다.

국가의 정착_

위에서 언급한 비문들은 인상적인 국가의 그림을 드러낸다. 먼저 왕실 링가를 모신 사원이 압도적인 자태로 서 있는 수도 중심지가 존재했다. 도시의 해자에 물을 공급하는 거대한 저수지가 있고, 현 수도를 옛 수도와 연결하는 방죽길이 깔려 있었다. 곳곳에 새로운 사원이 들어서 있었다. 왕은 지체 높은 가문의 출신으로 구성된 행정부를 이끌었는데, 이들 가운데 상당수는 자야바르만 2세의 초기 충신 가문의 후손이었다. 관료에는 참 왕국 사람과의 전쟁에 경험이 많은 군 지휘관들이 포함되었으며, 이밖에 승려와 토지 구획 담당관도 관료에 들어갔다. 특히 토지 구획을 정리하는 역할은 지방과 중앙의 매우 긴요한 관계에 주목하게 해준다. 야쇼바르만의 건설 계획은 많은, 잘 조직된 노동력을 필요로 하였다. 기본적인 수치를 보면, 바켕 사원 건립에 850

만 입방미터의 사암이 소요되었다. 사암은 꿀렌 고원일 개연성이 높은 채석지로부터 잘라내, 옮기고 다듬어 제자리에 배치해야만 했다. 또한 벽돌은 450만 개가 들었는데, 진흙을 파내 반죽하여 틀에 넣고 형태를 잡은 다음 구워야 했다. 게다가 대규모 가마에 불을 때기 위해서는 수많은 나무를 베어야 했을 것이다.

도시를 에워싸고 있는 해자에 물을 담아 두고, 해자와 저수지, 더 너머 시엠 리압강까지 연결하는 수로를 건설하기 위해서는 제방을 축조해야 했다. 동 저수지의 제방을 쌓는 데는 8백만여 입방미터의 흙이 사용되었다. 이어 인드라따따까 저수지를 완공하고, 그 저수지의 섬에 롤레이 사원을 건립하며, 새 수도와 옛 수도 사이의 연결 도로를 완공하였다. 또한 왕명으로 왕국 전역에 아쉬라마가 세워졌다.

이처럼 거대한 건축 업적의 핵심적인 요소는 노동력 관리다. 전문적인 건축가, 설계사, 석공, 벽돌공을 수용·유지해야 했다. 그리고 오랜 건설 기간 동안 수많은 노동자를 동원하여 먹이며 지휘해야 했다. 건기에 건설 작업을 했던 이들 노동자는 아마 우기의 시작과 함께 농사일로 복귀했을 것이다. 이러한 계절적 주기는 지금도 마찬가지다. 그렇지만 국가 상부 계층은 근본적으로 잉여농산물에 의존하였는데, 이러한 상황은 토지 보유와 농업 생산을 중시했음을 잘 보여준다.

야쇼바르만의 아들들＿

야쇼바르만의 아들이 뚜렷이 부각되어 있는 비문은 922년의 뚜올 삐이Tuol Pei 비문이다. 야쇼바르만의 아들이자 직계 계승자인 하르샤바르만Harshavarman 1세의 것이다. 비문 내용에는 소속 일꾼들이 다른 노역에서 면제되어 있기 때문에 물자 보급을 보장받는 사원 재단財團과 관련하여 므라딴 스리 나렌드라리마타나Sri Narendrarimathana에게 전달한 명령이 들어 있다. 사원 기부 품목에는 의례용품, 장식품, 가축, 논이 포함되어 있었다. 가장 중요한 것은, 비문에 하르샤바르만이 라자꿀라마하만뜨리rajakulamahamantri[13]라는 낯선 호칭을 가진 관리에게 내린 명령이 기술되어 있다는 사실이다. 내용은 사원의 쌀에 대해서는 세금을 매기지 말라는 것이다. 여기서 잠깐, 세금에 대한 산스크리트어는 브리하vriha인데, 벼를 뜻하는 단어에서 유래했을 가능성이 높다.

비문은 수도에서 떨어진 지역에서 중앙행정부의 역할에 대해 알려줄 뿐만 아니라, 벼를 포함하는 중앙 과세 담당 관리가 실제 존재했음을 분명히 해준다. 또한 비문을 통해 알 수 있는 것은, 지방에서 노동력을 제공하도록 요구받은 사람의 경우 다른 노역을 면제받을 수 있었다는 사실이다. 하르샤바르만 1세 통치 당시 다른 두 비문에도 지방 문제에 대한 왕실의 개입이 기술되어 있다. 쁘라 비히아르 꾹Prah Vihear Kuk에서 나온 비문은 여성 일꾼들이 지역의 고위 인사에게 바친 선물에 대해 적고 있으며, 다른 하나는 물소 한 쌍, 코끼리 두 쌍, 일꾼을 시주받은 한 피정소에 대해 기록하고 있다.

야쇼바르만의 아들 및 계승자인 하르샤바르만 1세와 이샤나바르만

---

13) 위대한 조언자란 뜻이다.

그림-19 | 박세이 참끄롱. 박세이 참끄롱이란 캄보디아 전설에서 기인한 성조聖鳥다. 전설에 의하면 앙코르 왕국이
적의 침략으로 위기에 처했을 때, 커다란 새가 날아와 날개를 펼쳐 왕을 보호했다고 한다. 박쎄이 참끄
롱은 이 새에서 이름을 딴 것이다. 사원의 출입문 기둥과 아치에 이 사원의 건축 연대와 시바에 대한
찬양 문구 등이 새겨져 있다.

그림-20 | 박세이 참끄롱 중앙탑의 비문. 947년까지 캄보디아 왕의 계보가 적혀 있다.

2세에 대해서는 별로 알려진 것이 없다. 야쇼다라뿌라에 세워진 박세이 참끄롱Baksei Chamkrong 사원(그림-19·20)에는 하르샤바르만 1세의 조상인 자야바르만 3세, 인드라바르만 1세와 그의 아버지가 모셔져 있다. 이런 점에서 이 사원의 건설은 하르샤바르만 1세가 시작했을 개연성이 크다. 사원의 규모는 바켕 사원과 비교하면 작은 편이지만, 그 디자인은 정교하다. 벽돌 사당은 3단 홍토 구조물 위에 올려져 있다. 쁘라삿 끄라반Prasat Kravan으로 알려져 있는 당대의 한 사원은 921년에 헌당된 것이다(그림-21). 직선으로 배치된 다섯 개의 전탑으로 되어 있으며, 독특한 실내 부조들은 비슈누를 묘사한 것이다.

그렇지만 오늘날 앙코르로 알려진 곳에 최초의 왕궁 지구, 즉 왕도를 세운 사람은 이들의 아버지 야쇼바르만이었다. 바켕 산 정상에 있는 그의 중앙 사원은 멀리서 봐도 위엄의 상징으로 우뚝 솟아 있었을 것이다. 동 저수지가 꿀렌 고원에서 흘러내리는 신성한 물에 대한 그의 치수 능력을 보란 듯이 반영한 것처럼 말이다.

자야바르만 4세__

야쇼바르만의 아들들이 야쇼다라뿌라에서 계속 통치해 나가던 와중인데도, 또 한 사람의 왕권 주장자 자야바르만 4세가 북동쪽 촉 가르갸르Chok Gargyar, 즉 링가뿌라에 대항 수도를 세워 921년에 건설이 시작되었다.

많은 전문가들은 그를 왕권 찬탈자로 간주한다. 그러나 실상은 훨씬

그림-21 | 쁘라삿 끄라반. AD 921년에 헌정되었다. 선형으로 배치된 다섯 개의 전탑塼塔으로 구성되어 있다. 독특한 내부 벽돌 부조는 비슈누를 묘사한 것이다.

더 복잡하며, 승계의 성격에 대한 인식이 필요하다. 마이클 비커리는 승계의 기본 요소를 다음과 같이 정리했다. "자야바르만 4세는 인드라바르만의 딸 마헨드라데비의 아들이다. 그에게는 형님인 라젠드라바르만Rajendravarman과 아들인 하르샤바르만 2세가 있었다. 자야바르만은 야쇼바르만의 배다른 누이인 자신의 이모 자야데비와 결혼하였다. 그는 이렇게 해서 왕권에 대한 합법적 권리를 물려받았으며, 이 권리를 행사하여 자신의 수도를 세웠다." 과장에서 사실을 걸러내기는 쉽지 않지만, 여러 비문은 자야바르만이 범상치 않은 용맹의 소유자였던 것으로 전한다.

링가뿌라에 세운 그의 왕도 설계는 그의 할아버지 인드라바르만이 하리하랄라야에 세운 왕도 설계의 전통을 따랐다. 사방 1,200미터 규모의 도시는 성벽으로 두르고, 안에는 담을 친 내부 구역을 두었다. 이곳에는 쁘라삿 톰Prasat Thom으로 알려진 국가 사원 단지가 들어서 있었다. 내부에 담을 두른 장소가 두 곳 있으며, 그 동쪽으로 큰 십자형의 고뿌라가 위치하고, 그 뒤에는 때론 궁궐로 보기도 하지만 사실 그 기능을 알 수 없는 다실multi-roomed 구조물 두 곳이 있다. 첫째 장소에 들어가려면 먼저 쁘라삿 끄라함Prasat Kraham을 지나, 그 다음 해자 위에 걸린 나가 상像 장식의 다리를 건너야 한다. 다리를 지나면 일련의 도서관(그림-22)과 링가를 모신 벽돌 사당이 있다. 해자를 또 하나 건너고 작은 규모의 고뿌라를 통과하면 거대한 주 사원 탑이 나온다.

사원 탑은 단일 계단으로 관통되어 있는, 7단 경사 구조물 위에 올려져 있다. 이 사원은 자야바르만 4세가 링가뿌라로 가져온 데바라자devaraja 상을 모신 곳인 듯하다. 한 비문은 이 사원에 시주하고 이름을

그림-22 | 앙코르 사원의 도서관. 도서관은 항상 등장한다. 그러나 도서관은 책을 쌓아두는 곳이 아니었다. 건물의
벽, 문, 상인방 등 곳곳에 신화, 역사, 교훈을 비문으로 새겨 모든 사람들이 쉽게 이해하도록 만들었다.
따라서 건물 자체가 도서관 역할을 한 것이다.

적은 두 인물에 대해 기술하고 있다. 이 두 번째 장소의 담을 지나가면 그 역할을 알 수 없는 높은 토루가 나타난다. 바로 동남쪽에는 라할 Rahal 저수지가 있다. 1,200×560m 규모로, 자야바르만 4세의 숙부 야쇼바르만 1세의 야쇼다라따따까 저수지만큼 거대하지는 않지만, 많은 노동력이 소요되었다. 암석을 부분적으로 깎아내야 했기 때문이다. 링가뿌라 주위에는 사방 35킬로미터의 면적에 걸쳐 들어선 일련의 위성 사원이 있다.

불과 20년의 통치 기간 동안 새로운 수도를 건설하기 위해서는 분명 수많은 인력이 필요했을 것이다. 다행히도 수도 건설자들은 사원에 많은 비문을 새겼으며, 이를 통해 그 노동력이 어떻게 조직되고 유지되었는지를 엿볼 수 있다. 링가뿌라의 위성 사원 가운데 하나인 쁘라삿 끄라삽Prasat Krasap의 서쪽 고뿌라에 새겨진 일련의 비문은 아이모니에가 '신성한 일꾼들의 지루한 목록'이라고 묘사한 바 있다. 그의 편견에 상관없이, 이 목록은 당시의 사회 계급 구조를 볼 수 있게 해주는 귀중한 자료다. 왜냐하면 목록에는 일꾼의 이름이 출생 신분별로 분류되어 나열되어 있기 때문이다.

921년에 자야바르만 4세가 거대한 링가 뜨리부바네스바라 Tribhuvanesvara를 세웠다는 사실도 비문에서 읽을 수 있다. 링가뿌라 건설이 시작되었던 해와 같은 연도에는, 므라딴 클론 스리 비렌드라디빠띠바르만Sri Virendradhipativarman이라는 인물이 쁘라삿 끄라반에 일꾼을 시주하였다.

이러한 비문은 링가뿌라가 지방의 많은 노동력을 동원하여 건설되었으며, 이 인력을 유지하기 위해 돈 대신에 물품으로, 특히 쌀로 세금을 내는 물납세物納稅가 행해졌다는 것을 보여준다. 자야바르만 4세 통치 당시 수도 밖 지역에서 나온 몇몇 비문에서는 토지 보유와 과세에 대한 지방의 강한 관심을 읽을 수 있다. 자야바르만 4세의 아들이자 승계자인 하르샤바르만 2세의 통치 원년元年인 941년 연대의 프놈 바양Phnom Bayang 비문에는 자야바르만에 대한 찬사가 들어 있다. 자란가Jaranga 비사야visaya[14]의 지역장이 바친 이 찬사문은 자야바르만을 전장에서 적을 파멸시킨 위대한 전사로 묘사하고 있다.

태국 아라냐쁘라텟Aranyaprathet 부근 농 빵 뿌에이Nong Pang Puey에서 발견된 같은 연도의 또 다른 비문에는 두 사원을 합친 합사合寺에 링가뿌라의 신을 모셨다는 내용이 나온다. 자야바르만 4세에게 바나뿌라Vanapura 스룩에 소재한 아짜르야acarya(영적 지도자) 빠라마짜르야Paramacarya의 사원 인력을 왕실 사원과 합병해 달라는 주청이 들어왔다. 왕명으로 이를 승인하여 (세금으로) 바쳐야 할 쌀과 기름의 양을 명기하고, 명을 어기는 자는 그 지역 원로에 의해 구금되어 왕 앞에서 재판을 받게 될 것이라고 경고하였다. 이 지역은 링가뿌라에서 300km 떨어진 곳이라 자야바르만의 권한은 고위 관리이자 형제인 라젠드라바르만을 통해 행사되었지만, 멀리 떨어진 지역의 물자를 어떻게 세제稅制 안에 편입시켰는지를 보여준다.

심지어 한 세기 전에도 쁘라삿 난 크마우Prasat Nan Khmau(검은 여자의 탑이란 뜻)의 신성스러움과 영적인 분위기는 어떤 관리도 그 앞을 지

---

14) 비사야visaya는 행정구획적 측면의 영토 지역territorial area을 뜻하며, 자란가Jayanga는 고유 지역명이다. 예를 들어 대전시에서 대전에 해당하는 것이 자란가이고, 시에 해당하는 것이 비사야로 이해하면 된다. 앞서 나왔던 쁘라만praman이나 스룩sruk도 비사야와 성격이 같다.

나가지 않으려 했을 만큼 지역민에게 외경심을 심어주었다. 방죽길은 해자를 지나, 두 개의 전탑과 또 다른 탑의 기단으로 이어진다. 이들 탑은 10세기 초 양식으로 되어 있으며, 기존의 기단 위에다 세웠을 개연성이 높다. 928년의 비문에는 자야바르만 4세에 대한 찬양이 들어 있는데, 그를 캄보디아의 왕으로 부르고 있다. "전투에서 무서운 이 왕의 화살은 하늘을 가리고 그의 오만한 적들의 눈을 밤의 어두움으로 채우도다." 암삘 롤룸에서 나온 또 다른 비문 역시 그를 가장 축복받은 왕, 유례없는 영광을 타고난 통치자로 언급하고 있다.

쫀 안Con An 비문에는 젠 온Jen On 사원을 더 큰 규모의 국가 사원인 짬뻬스바라Campesvara 신사와 합치라는 왕명과 함께, (세금으로 내야 할) 연간 납부물로 쌀, 버터, 여덟 벌의 옷, 소 100마리, 그리고 의례용 그릇이 적혀 있다. 이것은 사원의 현대 이름과 앙코르 시대의 이름이 동일한 몇 안 되는 경우 가운데 하나다. 사원의 시주자는 달이 이지러지는 '어두운 2주週'에 당번 남·녀 노예 117명, 그리고 달이 차는 '밝은 2주'에 당번 130명을 바쳤으며, 각 집단에 한 명의 책임자를 두었다.[15]

자야바르만의 석비 대부분은 그의 훌륭한 새 수도 링가뿌라에 새겨졌다. 주요 사원 탑의 규모, 저수지에서 보이는 토목 기술, 밀집한 사원은 얼마나 큰 정력을 쏟아부었는지 웅변적으로 말해준다. 돌에 새겨진 사원 비문들은 왕국의 모든 지역이 일정량의 노동력과 물자를 대도록 요청받았음을 고통스러운 기록으로 전하고 있다. 그러나 서쪽 끝자

---

15) 이것은 매달 보름씩 돌아가며 일을 했다는 것이다. 이 얘기는 뒤에 가면 되풀이되어 나온다.

락 아라냐쁘라텟Aranyaprathet과 남쪽 프놈 바양에서 나온 것으로, 자야바르만의 권위를 기록하며 권력과 합법성을 그리는 비문도 있다. 권력과 합법성은 둘 다 그의 건설 프로젝트에 투영되어 있는데, 이는 왕권 찬탈자란 개념과는 상반된다.

하르샤바르만 2세와 라젠드라바르만 1세__

자야바르만 4세를 승계한 사람은 그의 아들 하르샤바르만 2세다. 링가뿌라에서의 그의 짧은 통치 기간은 알력으로 특징지을 수 있다. 남쪽 끝 쁘라삿 안론 짜르Prasat Anlon Car에서 나온 비문은 그가 사뱌디빠sabhyadhipa[16] 짜이따냐쉬바Caitanyashiva라는 자로 하여금 자신을 모시게 했다고 적고 있다.

미로처럼 복잡하게 얽혀 있는 역동적 관계의 세계에서, 그는 자신의 삼촌이자 동시에 사촌인 라젠드라바르만 1세에 의해 승계되었다. 새 왕은 궁전을 야쇼다라뿌라로 다시 천도하였다. 그가 세운 주요 사원 탑 두 곳은 야쇼바르만 1세의 수도였던 하리하랄라야 동쪽에 위치해 있다. 동 메본Eastern Mebon 사원(그림-23)은 동 바라이Eastern Baray 한 가운데 섬에 자리 잡고 있고, 반면 쁘레 룹Pre Rup 사원은 남쪽에 있다.

쁘레 룹 사원(그림-24)에서 나온 비문의 내용이 사실이라면, 그의 승계는 평화롭게 이루어지지 않은 셈이다. 비문은 라젠드라바르만에 대

---

16) 신하臣下 가운데 우두머리 되는 자를 의미한다. 우리나라로 치면 영의정 정도에 해당한다.

그림-23 | 동 메본 사원. 시바 신에게 헌정된 사원이지만 실제로는 라젠드라바르만 2세가 자신의 부모를 기리기 위해 건립한 곳이다. 당시 동 메본은 넓이 2×7km, 깊이 3m의 저수지 안에 섬의 형태로 서 있었다. 한편, 인공 저수지는 지금은 물이 다 말라버리고 육지로 변해 있다. 사진은 중앙탑과 두 개의 모퉁이 탑.

한 찬양을 담고 있는데, 캄보디아의 신화적 건국자까지 거슬러 올라가며 그의 빛나는 왕가 혈통을 꼬치꼬치 열거하고 있다. 이러한 얘기는 역사적 사실이기는커녕, 왕권에 대한 그의 권리를 보여주기 위한 것이었다. 기술된 바에 따르면 뿌스까락사Puskaraksa라는 이름의 왕이 있었는데, 그는 마헨드라 산 정상에 수도를 세운 왕으로 자야바르만 2세의 외삼촌의 외삼촌이었다. 이 왕가 혈통의 일원인 자야바르만의 어머니 마헨드라데비Mahendradevi는 여신, 신들의 아내로 묘사되어 있다.

라젠드라바르만 그 자신은 왕 중 왕이었다. 그의 신하들은 그가 어떻게 적의 계획을 무너뜨렸는지 기술하고 있다. 큰 쇠막대기를 마치 바나나 줄기인 양 검으로 가볍게 한 번 내려쳐 세 동강을 내는 일은 그에겐 장난이었다. 그의 몸은 다이아몬드만큼 단단했다. 그는 오만한 적을 돕는 무리를 자신의 검으로 베어버리고 재로 만들었으며, 머리를 잘라버렸다. 그의 전쟁은 인드라Indra[17]가 지키는 동쪽 지역 참파까지 확대되었다. 그의 병사는 코끼리와 말과 함께 군대에 집결하였는데, 이들은 마치 전투를 열망하는 천군天軍 같은 위용이었다. 라젠드라바르만은 이런 병사를 이끌고 진격하여 적을 정복하였다.

비문은 적의 피로 물든 검을 든 전투 때의 왕 모습을 생생하게 그리고 있다. 유례없이 심한 과장 표현이 간헐적으로 나오기는 하지만, 우리는 여기서 잘못한 자는 벌하고 결백한 자에겐 한없는 아량을 베풀었던 왕, 보름달처럼 빛났던 왕, 라젠드라바르만의 영광에 대해 읽을 수 있다.

---

17) 전쟁과 폭풍의 힌두 신. 특히 동쪽 방위와 관련되어 있다.

그림-24 | 프레 룹 사원. 시바에 헌정된 사원이다. 쁘레 룹은 시바 신의 거처인 메루산을 형상화해 뾰쪽한 형태로 건립되었다. 사원은 사각형 구조이며, 이중벽으로 둘러싸여 있고 각 방향으로 고뿌라가 들어서 있다. 중앙 사원은 평지에서 하늘로 솟구치는 형상을 취하고 있다. 사진은 본전으로 올라가는 계단의 모습.

선대와 마찬가지로 국가 사원인 쁘레 룹의 목적은 시바 신의 맥락 안에서 왕과 그의 조상을 모시는 것이었다. 조화미가 뛰어난 디자인으로 되어 있는데, 다섯 개의 주 탑이 홍토로 지은 이단 구조물 위에 솟아 있다. 스타코를 바르고 채색을 했을 당시에는 새 수도에서 위풍당당함을 자랑했을 것이다. 가장 큰 가운데 전탑에는 라젠드라바드레스바라Rajendrabhadresvara, 즉 왕실 링가를 모셔 두었다. 주 탑이 아닌 나머지 네 탑에는, 먼저 국왕을 형상화한 이스바라 라젠드라바르메스바라 Isvara Rajendravarmesvara, 그의 먼 조상인 브라만 승려 비슈바루빠 Vishvarupa, 그의 고모 자야데비, 그의 선대왕 하르샤바르만 2세를 모셨다. 사원에는 또한 수많은 위성 사당, 도서관, 고뿌라도 들어서 있었다.

라젠드라바르만 왕은 이미 건축가 까빈드라리마타나Kavindra-rimathana에게 조금 작지만 매우 비슷한 사원을 동 바라이 가운데에 있는 섬에 짓도록 명을 내린 바 있었다. 이는 본인과 조상을 널리 알리기 위해서였다. 주 탑에는 라젠드레스바라Rajendresvara라는 이름의 링가를 안치했으며, 네 위성 탑에는 왕의 조상을 모셨다. 저수지에서 들어가려면, 먼저 테라스로 올라가는 네 열列의 계단을 올랐다. 각 열의 계단 정면 외벽은 뚫어서 십자형의 고뿌라를 내었다. 방문객은 그러고 나면 길게 늘어선 회랑으로 나누어진 단壇에 이르게 된다.

이어서 한 열의 계단을 따라 올라가면 또 하나의 테라스가 나오는데, 이곳에는 전탑과 홍토 구조물들이 들어서 있다. 그리고 양옆으로 돌사자가 있는 또 한 열의 계단을 오르면 5개의 상층 탑에 이르게 된다. 라젠드라바르만 치세에는 또한 시바의 황금 상을 안치한 박세이 참끄롱Baksei Chamkrong 사원과 동 바라이 남쪽에 두 군데의 불교 사원이 건립되었다.

야쇼다라뿌라 바로 동쪽의 새 수도 건설은 라젠드라바르만 왕국의 한 측면에 지나지 않는다. 지방의 유적에 새겨진 비문은 사회의 전체적 구조라는 또 다른 면을 보여준다. 이들 비문의 분포로부터 최대한 판단컨대, 라젠드라바르만이 다스렸던 지역은 그의 선대왕인 야쇼바르만 1세와 자야바르만 4세의 통치 면적을 넘어섰다. 여기에는 똔레삽 호수 북쪽, 시소폰Sisophon의 동쪽 지역, 프놈펜에서부터 삼각주 위쪽까지의 메콩강 유역이 포함되었다. 으뜸가는 벼 경작지인 밧땀방에 대한 정착도 아마 강화되었을 것이다.

대부분의 사원 비문은 군주의 덕을 칭송하는 기존의 과정을 따르고 있지만, 비문의 주된 목적은 토지를 사서 기부하는 등의 공덕 행위, 논소유, 토지의 경계 구획, 일꾼의 임무를 기록하는 것이었다. 분쟁이 있거나 지방 사원을 국가 사원으로 예속시키는 경우, 또는 왕실 재산을 관리하는 경우에도 관료가 움직이는 것을 볼 수 있다. 비문들은 대개 사원 재산을 훔치거나 침해하는 자에 대한 무서운 경고로 끝을 맺는데, 이것은 역설적으로 절도가 횡행했다는 확실한 지표다.

중앙과 지방의 관계는 남단南端의 바 프놈Ba Phnom에서 나온 비문에서 보인다. 비문은 왕에 대한 전통적 찬사에 이어 만뜨린mantrin[18] 마헨드라디빠띠바르만Mahendradhipativarman에게 내린 하사품을 열거하는데, 금으로 된 침상 가마litter,[19] 흰 일산, 공작 깃털이 달린 일산

----

18) 왕의 고문 또는 대신.
19) 어깨에 메는 가마의 일종으로, 침대 또는 누워 잘 수 있는 의자를 긴 자루가 떠받쳐 나르는 탈 것.

등이었다. 그의 딸 나렌드라데비Narendradevi는 라젠드라바르만의 왕비였다. 비록 본문의 주요 부분이 훼손되어 세세한 내용을 파악하는 데 어려움이 있지만, 비문에는 많은 사원, 야쇼다라뿌라의 비슈누 상 등 마헨드라디빠띠바르만이 시주했을 개연성이 높은 물품이 열거되어 있다.

그는 삼림지대를 마을로 바꾸고, 가자뿌라Gajapura에서는 상像을 만들어 바치고 저수지를 만들었다. 뿌란다라뿌라Purandarapura에서는 기존의 저수지를 확장하고, 비슈누 상 북쪽에 벽돌 사당을 지었다. "물을 얻기 어려운 목초지와 삼림이 우거진 습지에 그가 세 군데의 강에서 물을 공급받는 저수지를 만들었으니, 타인을 위해 해야 할 마땅한 일이었다." 여기서 우리는 딸과 왕의 관계를 통해 궁정과 연결되어 있는 지역의 한 고관이 삼림 벌채 및 저수지 준공과 더불어 종교시설을 세움으로써 공덕을 쌓는 모습을 본다.

크메르어로 된 이 비문에는 논의 경계가 기술되어 있는데, 예를 들면 란시 그발Ransi Gval에 소재한 논의 경우 동쪽으로는 모든 웅덩이, 남쪽으로는 수로까지, 그리고 빤린Panlin에 소재한 논의 경우 북쪽으로는 수로까지를 그 경계로 한다고 나와 있다. 쾨데는 이 대목에서 '수로'로 사용된 단어가 '관개irrigation 할 때 사용'이라는 의미를 내포한다고 시사한 바 있다. 더구나 경계를 정한 논 가운데 상당수는 '물 저장소'로 기술되어 있다.

끄데이 스끼에Kdei Skie 비문에서 지방의 구조를 더 잘 들여다볼 수 있다. 비문의 저자는 라젠드라바르만의 전투 명성을 칭송한 뒤, 그가 비슈누와 락쉬미Lakshmi[20] 상을 세운 경위에 대해 기술하고 있다. 그런 다음 비문은 북쪽으로는 수바바Subhava로 이어지는 수로까지, 남쪽으로는 마다바뿌라Madhavapura에서 나오는 길까지, 서쪽으로는 감랸Gamryan 저수지 바로 동북 모서리로 해서 벽돌 건물 있는 데까지로 이들 두 신의 영토 경계를 정하고 있다. 논 경계의 일부로 언급된 수로는 또다시 물을 관개하는 것을 암시한다.

수도는 차치하고라도, 바삭Basak에서 나온 비문은 왕이 어떻게 적을 무찔렀으며 그런 뒤 야쇼다라뿌라의 손상된 건물을 복구했는지에 대해 기술하고 있다. 이어서 비문은 야쇼다라Yashodhara 저수지에 스타코를 바른 탑 다섯이 있는 동 메본, 즉 섬 사원 건립에 대해 언급하고 있다. 침상 가마를 하사받은 왕의 충신 므라딴 스리 느르뻰드라유다Sri Nrpendrayudha 얘기도 나온다. 그는, 이 크메르어 비문에 따르면, 느르뻰드라유다스바미Nrpendrayudhasvami란 이름의 신에게 금, 은 등의 귀금속과 코끼리, 물소, 젖소, 말, 인부, 마을, 논, 토지 수입, 그밖에 많은 물품을 바쳤다.

쌀은 지방 사원에 내는 세금 가운데 가장 흔하게 올라 있다. 그러나 바삭에서 나온 또 다른 비문은 라젠드라바르만이 자신의 브라 구루 vrah guru[21]에게 칙령을 내려, 왕실 금고와 기타 사용자를 위해 수집하는 버터로 된 성유聖油의 공급 규칙을 세웠다고 전하고 있다. 칙령은 사원 의례에 충당되는 기름 수집을 담당할 사람 넷을 두게 하였으며, 그렇게 하지 않을 경우 그 처벌은 젖소 두 마리였다. 남·여 15명을 지명해 매달 보름씩 신성한 젖소를 지키고, 또한 젖소들을 제대로 관

---

20) 시바의 아내이자 미의 여신.
21) 특히 사원 등의 종교 재단을 담당했던 고위 각료.

리·유지케 하였다. 인력은 이지러지는 달과 차는 달에 따라 두 집단으로 나누어 당번을 정했는데, 이는 사원의 봉사활동에 개인 시간의 절반을 요구받았음을 시사한다.

토지와 사원의 관계도 마찬가지였음이 북부 지역에서 보인다. 북부 쁘라삿 트날 축Prasat Thnal Chuk 소재 비문은 라젠드라바르만이 깜스뗀 안 라자꿀라마하만뜨리kamsten an Rajakulamahamantri[22]와 세 명의 므라딴에게 내린 명령에 대해 기술하고 있다. 벽돌 건물 일곱 채로 된 이 사원은 서쪽 면을 제외하곤 각 면이 $32 \times 26m$의 벽으로 둘러싸여 있다. 동쪽 벽에 나 있는 간단한 입구는 두 개의 회랑과 중앙에 있는 세 곳의 사당으로 이어지며, 그 너머에는 더 작은 구조물 두 개가 있다. 비문에는 이 사원의 소유자 빤짜가브야Pancagavya와 그의 시주에 대해 언급되어 있다. 그는 산띠빠다Santipada 사원에 노예, 가축, 논을 바쳤으며, 아울러 링가뿌라 국가 사원의 신에게는 일용할 쌀을 바쳤다. 그 달의 밝은 날과 어두운 날[23]로 당번이 정해져 있는 남·녀 일꾼의 이름이 자녀와 함께 자세히 열거되어 있으며, 이어서 젖소 100마리, 물소 20마리, 강변 습지 남쪽에 위치한 '신께 바칠 쌀'을 생산하는 논, '링가뿌라의 신께 바칠 쌀'을 재배하는 논이 나열된다.

이샤나바르만의 옛 수도 이샤나뿌라에 소재한 북부의 사원 비문에는 전쟁과 그 직후 상황이 기록되어 있다. 이샤나뿌라에서는 비끄라마싱하Vikramasingha란 이름의 전사戰士가 참파 원정에서 돌아오자마자

---

22) 깜스뗀 안kamsten an은 종교적 호칭이며, 라자꿀라마하만뜨리Rajakulamahamantri는 위대한 조언자를 의미한다.

23) 밝은 날(light days)은 달이 차는(waxing moon) 보름의 기간을, 어두운 날(dark days)은 달이 이지러지는(waning moon) 보름의 기간을 말한다.

자신의 재산을 왕에게 바쳤으며, 하사받은 토지와 일꾼을 이용해 여러 사원을 세웠다. 그는 귀족 가문의 일원이었다. 왜냐하면 그의 아버지는 야쇼바르만의 신하 가운데 한 사람이었으며, 그의 할아버지는 비렌드라바르만Virendravarman이라는 이름을 가지고 있었기 때문이다. 그는 감비레스바라Gambhiresvara 신을 섬기는 지역 신앙을 부흥시켰다.

꾹 슬라 껫Kuk Sla Ket은 야쇼다라뿌라 바로 남쪽에 있는, 일련의 사당으로 이루어진 사원이다. 왕실 가신 가문에서 세웠으며, 이 가문의 마지막 인물인 끄세뜨라즈나Ksetrajna는 라젠드라바르만의 이발사로 임명되어 마헨드로빠깔빠mahendropakalpa란 호칭을 받았다. 이 사원의 비문에는 인드라바르만 1세부터 지금의 라젠드라바르만에 이르는 왕과 그들의 관계를 적은 목록이 나오며, 다음으로 자신의 족보와 이들 왕을 섬겼던 사실이 나열되어 있다. 남자 형제 둘은 자야바르만 3세와 인드라바르만을 모시고, 이들의 조카는 야쇼바르만 1세를 섬겼다. 끄세뜨라즈나 자신은 임무에 대한 공으로 흰 일산과 수장綬章[24]을 하사받았다. 그는 주 사당에 비슈누 상을 안치했으며, 그와 나란히 남쪽과 북쪽에 사당 두 곳을 지었다.

뚝 쯤Tuk Cum은 물로 둘러싸여 있는데, 앙코르 도로를 앙코르 서쪽에서 스뚱 스렝Stung Sreng 너머까지 이어주는 큰 석조 다리 바로 동쪽에 있다. 작은 해자로 에워싸인 벽돌 사당이 있다. 949년, 바젠드라짜르야Bajendracarya와 그의 조카 밥vap 두Dhu가 공덕 행위로 그곳에 상을 하나 세웠다. 이들은 일꾼, 마을, 논, 농장을 사원에 지정 배치했다. 이

---

24) 어깨에서 겨드랑이 밑으로 걸치는 장식 끈.

들의 비문에는 논을 더 획득하게 된 과정이 기술되어 있다. 가령 이들은 소, 상아, 천을 주고 논을 사고, 그 경계를 정한 뒤 사원에 바쳤다. 사원에 배속된 일꾼도 열거되어 있다. 그 달의 밝은 15일 동안에 일하는 사람은 요리사 둘, 금박사, 신께 드릴 향료 및 벼를 찧는 사람 등이었다. 이 비문에는 그 어떤 형태의 왕실 승인도 언급되어 있지 않다.

일꾼과 이들이 묶여 있는 사원의 관계는 밧땀방 지역 프놈 깐바Phnom Kanva의 한 동굴에서 발견된 석비의 비문을 보면 분명해진다. 비문은 신성한 영역에서 태어난 비루나Viruna라는 이름의 한 남자 일꾼이, 그곳에서 도망쳤다가 잡힌 후 두 눈이 도려내지고 코가 잘리게 된 사건에 대해 기술하고 있다. 이 비참한 남자와 그 가족은 그 사원의 전속으로 재배속되었다.

자야바르만 5세__

968년 라젠드라바르만을 승계한 것은 열 살 된 그의 아들 자야바르만 5세였다. 왕이 어린 시절, 국가는 귀족 관리들에게 국정 운영의 키를 잡도록 요청하지 않을 수 없었다. 비문에는 사원의 창건자와 토지 소유자로 여러 명이 나온다. 정부는 야쇼다라뿌라를 계속 도읍지로 했지만, 자야바르만 5세는 자신의 국가 사원을 갖는 전통을 유지하여, 그가 17세에 이르렀을 무렵에는 건립 중에 있었다. 사원은 당시 '꼭대기가 황금으로 된 산'이란 뜻의 헤마스링가기리Hemasringagiri로 알려져 있었지만, 오늘날에는 찬란함이 떨어지는 따 께우Ta Keo(그림-25)로 불린다.

신들의 거처인 메루산을 형상하기 위해 지어진 이 사원은 동 저수지 바로 서쪽에 위치해 있다. 쁘레 룹과 마찬가지로 위로 갈수록 좁아지는 층계식 3단 피라미드 구조물, 그 위에 세워진 다섯 곳의 사당, 그리고 주변을 두른 이중벽과 해자로 이루어져 있다. 구조물 전체에 장식을 할 예정이었던 것 같으나, 미완성인 채 남아 있다.

요기스바라빤디따Yogisvarapandita라는 이름의 한 고위 왕실 관리는 천둥—아마 낙뢰를 의미하는 듯—이 건물을 때렸다고 적고 있다. 그는 이 불길한 징조에 대한 속죄 의식을 맡았으며, 건축물을 완성하기 위해 석재와 코끼리를 사들였으나 성공하지 못했다. 헤마스링가기리는 방죽길로 동 저수지 서쪽 제방 가운데 있는 돌제突堤[25]까지 연결되어 있었다. 클로드 자크가 자야바르만 5세의 궁전 위치로 지목한 곳은 이 지역이었다. 남쪽 방향에 국가 사원이 있는 그의 궁은 자옌드라나가리Jayendranagari, 즉 영광스런 왕의 수도로 알려져 있었다.

엘리트 왕실 가문의 부를 가장 잘 보여주는 것이 자옌드라나가리 북동쪽 25km 지점에 있는 반띠아이 스레이Banteay Srei 사원(그림-26 · 27 · 28)이다. 분홍색 사암으로 된 이 우아한 사원은 야즈냐바라하Yajnyavaraha가 세운 것이다. 그는 하르샤바르만 1세의 손자로, 라젠드라바르만의 대신으로 있었으며, 그 뒤 자야바르만 5세의 스승이자 고문이 되었다. 창건비는 야즈냐바라하와 그의 형제 비슈누꾸마라Vishnukumara를 하르샤바르만의 손자로 부르고 있으며, 사원은 967년

---

25) 육안陸岸에서 바다, 강, 호수 등의 가운데로 길게 내밀어서 제방 같이 쌓은 구조물. 항만에서 방파제 구실도 하며, 승객이나 화물을 싣고 내리는 공간 역할도 한다.

그림-25 | 따 께우 사원. 시바에게 헌정된 사원이다. 미완성인 채 남아 있는데, 몽골의 침입으로 건축이 중단되었
다는 설이 있다. 사원 정상에 서면 지평선까지 펼쳐지는 밀림의 풍경이 압권이다. 사방을 둘러 각 모서
리에 탑을 세우고 그 중앙에 사암으로 기초를 쌓은 중앙 성소 탑이 우뚝 솟아 있는데, 시바 신의 거처
인 메루산을 상징한다. 사진은 북쪽의 도서관 모습이다.

4월 22일에 헌당되었다.

야즈냐바라하는 학자이자, 질병, 불의 또는 가난으로 고통 받는 이를 도운 박애주의자였던 것으로 나온다. 노소에 관계없이 불쌍한 사람, 버려진 사람, 연약한 사람들이 도움을 찾아 그의 집에 왔다. 그는 공덕 행위로서 많은 수도원을 짓고, 비슈누 상을 세우며, 저수지를 축조했다. 자야바르만 5세는 그에게 공작 깃털 된 일산, 금제 침상 가마, 기타 높은 존경과 지위의 신물을 하사하였다.

반띠아이 스레이에서 나온 자야바르만 5세 통치 초기의 비문에는 백미白米를 포함, 이 사원 소속 관리들에게 기부한 물품이 상술되어 있다. 비문에는 또한 기부용으로 지정된 토지의 경계 설정 대목도 나온다. 비토리오 로베다Vittorio Roveda는 첫 번째 구역의 벽과 그 벽의 서쪽 입구 문이 오늘날 볼 수 있는 원래 사원의 유일한 부분이 아닐까 하는 견해를 밝힌 바 있다. 그렇지만 사원이 얼마나 성스러웠는지는 현재의 형태를 갖게 해준 많은 후대 추가 구조물을 통해서도 판단할 수 있을 것이다.

자야바르만 5세의 비문들은 톤레삽 호수의 북쪽과 서쪽, 메콩강의 동쪽, 그리고 삼각주 상부 남쪽의 풍요로운 농업지역에 몰려 있다. 비문들은 법 및 행정제도의 측면을 조명해줄 뿐만 아니라 풍경과 지방의 생활상을 보여준다. 분명한 사실은 왕과 귀족 가문이 광범위한 토지를 소유했다는 것이다. 예를 들면 왕의 여동생 인드라락쉬미Indralakshmi는 인도 출신이었다고 하는 디바까라Divakara와 결혼했다. 이들은 자옌드라나가리에서 남쪽으로 몇 킬로미터 떨어진 드비젠드라뿌라Dvijendrapura란 지역에서 살았던 듯하다. 이곳에 위치한 한 사원의 파

그림-26 ┃ 반띠아이 스레이. 시바 신에게 바쳐진 사원으로 반띠아이 스레이는 가장 아름다운 앙코르 유적 가운데 하나로 손꼽힌다. 사원 규모는 별로 크진 않지만 보존 상태가 썩 훌륭하다. 복원 작업에 참가했던 프랑스 건축가들은 이곳을 '크메르 예술의 극치'라고 표현했다. 1931년 프랑스 문화부 장관에 오른 유명한 소설가 말로와 유럽 탐사대원이 이 사원의 주요 조각물을 도굴했다가 발각된 사건이 있기도 했다. 사진은 반띠아이 스레이 사원 본전의 서 고뿌라 수호상.

그림-27 | 반띠아이 스레이 사원의 본전을 둘러싼 해자.

그림-28 | 반띠아이 스레이 사원의 네 번째 담의 동쪽 고뿌라 상인방.

괴된 기단부에서 이들의 비문이 발견되었다.

사원에는 비슈누와 공주 어머니의 상이 들어 있었으며, 비문은 귀걸이, 관, 보석 등 각각의 상과 관련한 장식물을 열거하고 있다. 사원 재산 목록을 보면 968년 왕이 하사한 금제 침상 가마, 금제 손잡이가 달린 일산, 은제 헌주獻酒 용기, 거울 등이 나열되어 있다. 그런 다음 171명의 남·녀 노예와 그 자녀들이 기록되어 있다.

이뿐만 아니라 사원에 기부된 토지에 대한 언급도 있다. 이 가운데서 그 소유를 놓고 분쟁이 벌어진 경우가 있다. 이 소유권 분쟁은 중재를 통한 해결을 위해 왕실의 개입을 불러왔는데, 중재에는 클론 글란 khlon glan[26] 호칭의 2품과 3품 관리 두 명이 포함되었다. 토지의 경계는 특히 그 지역의 원로들과 상담을 거친 뒤 결정되었으며, 왕실에서 사원에 기부했다는 딱지를 붙였다. 강 옆의 논을 건기의 논과 구별하는 의미심장한 대목도 나온다.

이들 부부(인드라락쉬미와 디바까라)는 또한 이와 비슷한 비문을 자신들의 광대한 땅 쁘라삿 꼼푸스Prasat Komphus에도 남겼다. 이곳에는 다섯 채의 벽돌 사원, 담벼락, 도서관 두 곳, 큰 규모의 해자, 고뿌라가 들어서 있으며, 고뿌라는 더 많은 사원과 저수지로 이어졌다. 비문은 마두바나Madhuvana(꿀 숲이란 뜻)에 디바까라Divakara가 세운 일련의 사원에 대해 기술하고 있으며, 월간 꿀의 양과 함께 헌납 사원을 유지하는 데 필요한 쌀의 양을 적고 있다.

또한 신과 시바의 링가, 그리고 인드라락쉬미와 라젠드라바르만의

---

26) 창고 책임자.

어머니 상에게 바쳐진 장식물도 열거되어 있다. 귀중품에는 금제 손잡이가 달린 일산, 은제 파리 쫓는 채, 공작 깃털로 된 부채 등이 포함되어 있다. 이 사원의 신에게 귀의한 수도자에게는 번영을 약속하는 한편, 부역賦役 책임자(클론 까르야Khlon Karya), 학자, 품질 및 결점 감독관, 창고 책임자 등 다수의 관리는 왕의 은사로 모두 침상 가마를 받았다.

979년 왕은 자신의 브라 구루와 고관들에게 품계가 높은 네 명의 왕족, 즉 깜스뗀kamsten 스리 라자빠띠바르만Sri Rajapativarman(왕의 처남), 나라빠띠바라바르만Narapativaravarman(라젠드라바르만의 외조카), 므라딴 클론 스리 자야유다바르만Sri Jayayudhavarman(나라빠띠바라바르만의 형제), 여왕이었을 개연성이 높은 무명인에게 토지를 내리라는 명을 전했다. 왕족은 이중벽이 둘러진 세 군데의 사당을 갖춘 풍족한 사원, 쁘라삿 차르Prasat Char에 비문을 올렸다. 비문에서 이들은 거주지를 짓고 사원을 세워 가족에게 거처를 제공할 것임을 천명하고 있다. 비문에는 이들이 소유한 토지의 출처가 나온다. 밥vap 비스Vis 소유의 토지는 또 다른 땅과 맞바꿔 획득하였다. 왕이 하사한 토지뿐만 아니라 왕명에 의해 획득한 토지도 열거되어 있다. 지방 생활을 자세히 묘사한 흥미로운 내용도 있다. 침실 관리인 므라딴 흐르다야바바Hrdayabhava가 자신의 쌀을 먹고 있던 깜스뗀 신분 소유자의 코끼리 두 마리를 죽였다. 그는 보상해줄 코끼리가 없었으므로 대신 땅을 좀 내놓았다.

974년 왕이 17세에 이르렀을 때, 그는 '성스러운 석조 연못' 옆에서 거행된 의례에 참석한 바 있다. 토지 보유권과 상속권을 가지고 있으며, 세금 면제 혜택이 부여된 사원 두 곳의 창건식이었다. 브라 구루로 알려진 왕의 고위 관리는 각 사원의 창립 인원으로 20명을 선발토록 명받았다. 그는 또한 법령을 금·은박에 새겨 법원에 비치토록 했다. 창립 인원에게는 꽃이 내려졌다. 이러한 왕의 공덕 행위를 기록하고 있는 석비는 이들 사원에 기부된 토지에 대해 상당히 자세하게 기술하였다. 이들 창립인은 봉토俸土의 수입과 일꾼들에 대한 배타적 권리를 가지고 있었으며, 쌀과 기름에 대한 과세가 면제되었다. 또한 각 사원이 소재한 지역의 지도자가 자신들의 재산 회수나 사원의 권리를 침해하지 못하도록 엄격한 규칙을 두었다. 학식이 뛰어난 승려는 스승으로 왕실에 임명되었다.

대부분의 사원은 전통적인 힌두교의 규범 속에 있었다. 감랸 지역의 프놈 므렉Phnom Mrec(후추 언덕이란 뜻)에서 나온 비문은 소마Soma가 시바 성소에 땅을 바치게 된 경위에 대해 기술하고 있다. 그가 세운 벽돌 사당 두 곳은 오늘날 동쪽으로 평평한 논이 내려다보이는 산자락에 서 있다. 이곳에서 분명 그는 서쪽으로 저수지 제방과 큰길 등의 논 경계를 볼 수 있었을 것이다. 흥미를 끄는 것은 그가 한 필지의 땅값으로 내놓은 물소 두 쌍, 은銀 네 즈얀jyan[27]이다. 또 다른 필지의 땅에 대해 그는 노예 두 사람, 약간의 금, 물소 한 쌍, '수레를 빨리 모는' 소 두 마리를 주었다. 또 다른 필지의 경우, 왕이 사원에 하사한 것이었다. 법령은 이 사원을 왕실에 대한 봉사와 기름세로부터 면제토록 했다.

품 미엔Phum Mien에서 나온 비문에는 여신 바가바띠Bhagabati 사원에 지정 배속된 노예의 값으로 지불된 금액이 나와 있다. 다른 노예와 바꾼 경우도 여럿 있으며, 은을 주고 한 베트남인에게서 사들인 경우

---

27) 무게의 단위.

도 있었다. 남쪽으로 더 내려가 바삭에서는 왕실 소유의 오랜 내력을 가지고 있는 한 필지의 땅을 일용할 쌀, 등불용 기름, 성스러운 소의 기름, 노예 등과 함께 박 엑Vak Ek 사원의 신에게 바친다는 왕의 칙령을 볼 수 있다. 여러 관리로 위원회를 구성하여 기증된 토지를 감독하게 하고, 정문正門의 세나빠띠senapati(장군)와 므라딴 스리 나렌드라심하Sri Narendrasimha에게는 경계표지를 설치하고 이 땅에 대한 배타적 권리를 박 엑 사원에 준다는 내용의 석비를 세우도록 명하였다.

자야바르만 2세의 왕조 : 왕권과 사회 조직_

  자야바르만 5세가 똔레삽 호수와 꿀렌 고원 사이 일련의 중심지에 자신의 왕도를 세울 때, 그는 많은 충신을 데리고 왔다. 200여 년 뒤에 세워진 비문에 따르면 이들 가문의 우두머리는 왕의 국정운영 체제에 중요한 종교적·세속적 역할을 맡았으며, 그 공로로 토지를 하사받았다. 그리하여 세습화된 귀족의 이름을 더듬어 올라가면 13명의 통치 계승자 또는 데바라자devaraja 신앙의 최고 승려가 나온다. 이들 귀족 가문에서 승계는 여자 쪽 혈통, 즉 가문의 우두머리의 여형제 아들을 통해서 이루어졌다. 진랍의 자야바르만 1세 정부에서 확인되는 중앙 집권화 경향은 자야바르만 2세와 그 후임 왕들에 의해 강화되었다. 왕도는 사회 체제의 핵심이었다. 자야바르만 2세 통치 때부터일 가능성도 높지만, 적어도 인드라바르만 1세 통치 때부터 왕도에는 시바와 연계하여 왕과 그 조상을 모신 사원을 포함시켰다.

궁전이 있었으며, 짧은 통치기를 제외하곤 저수지도 두었다. 중앙 사원은 벽으로 둘러싸여 있었고, 해자를 두른 경우가 많았다. 궁전은 나무로 지어졌기 때문에 그 배치는 알지 못하는 형편이며, 왕도의 풍경이 어떠했을지 파악하기 위해서는 광범위한 발굴이 필요하다. 그렇지만 사원 벽에 있는 목재 사원의 그림은 맥이 단절되어 있는 풍부한 세속 건축의 전통을 보여준다.

통치자들은 잇달아 도읍을 세웠다. 자야바르만 2세의 경우 아마렌드라뿌라, 하리하랄라야, 마헨드라빠르바따Mahendraparvata에 궁전을 세웠다. 인드라바르만 1세는 하리하랄라야에서 다스리고, 야쇼바르만은 야쇼다라뿌라Yashodharapura에서, 자야바르만 4세는 링가뿌라를 도읍으로 삼았다. 라젠드라바르만은 옛 수도 야쇼다라뿌라에 자리를 잡았지만, 야쇼바르만 치세 당시의 위치에서 동쪽이었다. 자야바르만 5세는 부왕의 궁전 터에서 역시 약간 이동한 자옌드라뿌라Jayendrapura에서 통치했다.

왕국의 범위__

비문의 분포를 보면 잇단 왕국들의 범위, 중앙정부의 구조, 궁정의 유지 방법 등을 알 수 있다. 왕국은 특히 똔레삽 호수 북쪽 지역과 메콩강 유역을 중심으로 하여, 캄보디아의 강변 및 호반 저지대를 안고 있었다. 앙코르가 서쪽의 챠오 프라야Chao Phraya강 유역이나 북쪽 문강 유역의 넓은 곡창지대를 어떤 형태로든 정치적으로 지배했다는 증거는 (거의) 없다. 왕국을 통제하는 행정기구에는 중앙 관료와 일단의 충성적인 지역 관리들이 포진해 있었다. 중앙 관료는 엘리트 귀족 가문의 사람들에게 청탁을 했다. 이들 중 상당수는 자야바르만 2세의 충신 혈통이며, 왕가와 집안으로 얽혀 있었기 때문이다.

행정 위계가 존재했음이 호칭, 등급, 휘장徽章[28] 등을 통해서 확인되는데, 위계는 시간이 가면서 점차 복잡해지고 임무의 범위도 늘어났다. 스리 니바사까비Sri Nivasakavi란 이름의 한 고관은 자야바르만 3세와 인드라바르만의 호따르hotar(승려)로 일했다. 하리하랄라야 소재 바꽁 사원에서 나온 비문은 그의 많은 미덕, 지식, 종교적 헌신을 치켜세우고 있다. 쁘리아 꼬에 인접한 쁘라삿 깐돌 돔Prasat Kandol Dom에서 나온 비문은 또 다른 관리 쉬바소마Shivasoma를 국사國師로 묘사하고 있다. 그는 자야바르만 2세의 외삼촌인 자옌드라디빠띠바르만 Jayendradhipativarman이라는 왕의 손자였다. 따라서 쉬바소마는 자야바르만 2세의 재종再從, 즉 사촌의 아들이었다.

왕실 사람들의 궁정 내 역할이 세분해 나갔듯이, 점차 그 집단 규모가 커져간 귀족 가신—이들에게서 관리가 임명되었다—도 마찬가지로 분화되었다. 자야바르만 1세는 아마라바바Amarabhava를 사원의 책임자로 임명하기도 하였다. 물을 얻기가 어려웠기 때문에, 그는 사원 소속 사람들을 위해 저수지를 축조하고 그 공로로 야쇼바르만 1세로부터 아짜르야디빠띠acaryadhipati, 즉 최고 아짜르야acarya(영적 지도자)란 호칭을 하사받았다.

---

28) 옷, 모자 등에 붙여 신분, 지위 따위를 나타내는 표.

새로운 신하 호칭과 임무__

그 후 두 명의 고위 인물이 왕 다음으로 가장 높은 권한의 지위인 라
자꿀라마하만뜨리rajakulamahamantri와 브라 구루vrah guru를 차지했다.

전자는 하르샤바르만 1세 치하 연대의 비문에 처음 등장한다. 여러
비문에 이 인물의 역할은 종교 기관에 면세 처분을 내리고 사원 합병
허가를 내주는 것으로 나온다. 그는 또한 성스러운 궁정에서도 권한을
행사했는데, 왕명 거역자 처벌권을 가지고 있었다.

브라 구루는 의례적 임무와 공민의 임무 둘 다 수행했다. 예를 들면
그는 기우제를 집전하고, 왕명을 여러 사원에 전달하고 사원 설립에
역할을 하였다.

관리의 숫자는 라젠드라바르만 치세에서, 그리고 다시 자야바르만 5
세의 치세에서 두드러지게 증가하였다. 중앙 궁정에는 왕실 창고에 대
한 권한이나 토지 경계 측량 권한이 주어진 여러 품위品位의 관리가 포
함되어 있었다. 신하들은 또한 부채 드는 사람, 파리 쫓는 채 드는 사
람, 침실 시중, 의사 등의 임무를 통해 왕을 측근에서 모시기도 하였
다. 비록 비문에서 돋보이게 다루고 있지는 않지만, 사원 건립과 물 공
급에 쏟은 정력을 보면 수도에는 건축가, 설계가, 일단의 숙련된 장인,
이용 가능한 많은 노동력이 있었음이 분명하다. 이 마지막 두 치세 동
안 주요 귀족 가문은 상당한 숫자의 사원을 건립, 기증—반띠아이 스
레이 사원이 그 좋은 예—할 수 있을 정도로 부를 늘렸다. 이러한 추세
는 자야바르만 5세가 서거했을 때 정치적 영향으로 작용했는데, 당시
승계가 논란에 빠졌기 때문이다.

왕도의 밖 : 지방에서의 권력__

왕도는 사회조직의 정점이지만, 그 존재는 그것을 존속케 해주는 지역, 즉 지방의 장악과 조직에 달려 있었다. 거의 모든 문자 기록이 돌에 새겨져 있기 때문에 지금도 남아 있다. 뚜올 쁘라삿Tuol Prasat에서 나온 비문은 사하데바Sahadeva, 즉 성스러운 기록의 관리인에 대해 언급하고 있지만, 중앙과 지방의 문서보관소는 썩기 쉬운 재질로 되었기 때문에 유실된 상태다.

지방과 그 인구에 대한 정치적 지배 중심을 세우는 것은 국가 발전의 핵심 문제다. 비문에는 의미 있는 현상이 나오는데, 큰 영토 구획명으로 처음에는 쁘라만이라는 용어가, 그 다음에는 비사야가 사용되고 있기 때문이다. 클론 비사야khlon visaya[29]라는 호칭 보유자의 이름과 연관되어 있었던 이들 구획 단위에 대해 뿌르바디사Purvadisa와 산둑Sanduk 같은 새로운 이름이 등장한다. 이들의 임무는 토지 경계 확정, 토지 소유 문서 관리 등이었다. 이들은 토지 거래에 입회하고, 경계표지를 세우며, 때로는 사원에 공덕을 쌓으려 기부를 하기도 했다. 이런 종교 단체, 그리고 중앙 당국에 일정한 물납세를 납부하는 것으로 확인되는 종교 단체는 이들의 관할 밖이었다.

땀르박tamrvac이라는 호칭도 보이는데, 그는 중앙정부에서 임명된 지방 파견 관리로, 중간에서 왕명 이행 여부를 감독했던 사람으로 보인다. 행정적 목적에서 비사야 안에 있는 몇 개의 마을을 묶어 공동체

---

29) 토지 소유를 담당했던 관리.

와 주州 중간 크기의 단위를 만들었을 수도 있다. 그러나 마을 그 자체는 지금도 그렇지만 농업 체제의 핵심이었다. 클론 스룩은 토지 소유 분쟁이나 범죄자의 상급 기관 인계와 같은 마을 문제를 현지 원로들의 도움을 받아 처리했던 사람이다. 이러한 통치 제도에서 그 중심 임무는 물납세를 적절히 징수하여 조정과 그 관료를 떠받치는 것이었다. 과세는 잉여생산물을 중심으로 하였다. 앙코르는 비록 금이나 은이 교역의 매개 수단이었다고 언급되기는 하나, 화폐제도를 실시한 적은 한 번도 없었다.

사법 체계__

절도와 재산 침해는 이 두 가지에 대한 반복적인 경고와 죄인에 대한 준엄한 처벌 등으로 볼 때, 분명 자주 발생했던 것 같다. 비문이 사법 체계에 대한 유일한 정보원인데, 토지 소유와 거래 문제를 다루기 때문에 범죄와 처벌에 대한 정보의 대부분은 토지 분쟁에서 나온다. 왕실에 대한 의례적인 찬양은 왕이 사법 체계의 정점에 서 있었다는 것을 나타내지만, 신성한 법정과 소송에 관련된 고위 관료들도 자주 등장한다.

뚜올 쁘라삿Tuol Prasat에서 나온 자야바르만 5세 통치기 연대의 비문은 토지 보유를 둘러싼 법적 분쟁에 대해 기술하고 있다. 비문은 토지가 어떻게 사기나 착취의 위험에도 불구하고 같은 집안에서 대대로 내려왔는지를 보여준다. 합법적 소유자 사하데바Sahadeva는 재산을 부와 아량, 그리고 지혜의 인물이며 준법자였던 자신의 외증조부에게서 받았노라고 적고 있다. 이 토지와 데비그라마Devigrama 마을의 소유는 경계를 정하도록 명한 라젠드라바르만 왕에 의해 이미 승인된 바 있었다. 그 시점에 가브야Gavya는 신상神像을 하나 세웠으며 물웅덩이 만드는 일을 기획했다. 그가 죽자 히Hi, 뿌Pu, 께Ke(사하데바 혈족 남자의 성姓)라는 이름의 세 남자가 땅 임자를 자처하고 나섰다. 왕명에 의해 설치되었던 토지 경계표지는 떼버리고 없는 상태였다. 가비아의 후손인 사하데바는 이러한 범법 행위를 글로써 왕에게 고했다.

자야바르만 5세는 대신들에게 상세한 조사를 명했으며 결국 뿌와 그 일당은 유죄 판결을 받았다. 법정에서 그들은 입술과 손을 자르라는 선고를 받았다. 그 후 새로운 주장자가 나타난 것으로 봐서, 소유권을 놓고 같은 집안 안에서 심각한 분쟁이 있었음이 분명하다. 자야바르만 5세 서거 직후의 일이었다. 또다시 주장자들은 왕실의 조사 끝에 처벌을 받았으며, 이번에는 발과 머리가 으깨졌다.

자야바르만 5세 연대의 또 다른 비문은 법적 조사를 통해 피해자 측의 권익도 보호될 수 있었음을 보여준다. 이 사건의 경우, 밥vap 다르마Dharma에 의해 신에게 바쳐진 토지의 일부에 대해 새 토지 경계표지를 옮긴 한 여자가 소유권을 주장하였다. 조사 결과 그녀는 자신의 권리 안에서 행동하였으며, 표지를 옮긴 것은 자신의 땅을 확인하기 위해서라는 것이 드러났다.

이러한 분쟁은 지주 계급이 어떻게 법적 중재를 구할 수 있었는지 보여주지만, 비문에는 은을 주고 살 수 있거나 다른 노예와 맞바꿀 수 있는 노예로 묘사된 사람의 권익에 대해서는 거의 정보가 없다. 한 예를 보면 이런 신분의 사람이 도망쳤다가 잡혀 사지를 잘린 일이 있다. 그렇지만 분명한 사실은 법정의 재판 기록에 있는 증인은 모든 사회 계층을 망라했다는 점이다. 야쇼바르만은 사원 법령 위반에 대한 처벌은 그 위반자의 신분에 따라 등급을 나눈다는 칙령을 내렸다. 사회 계급의 정점에 있는 왕자의 경우 금 20빨라pala[30] 벌금형에 처해졌다. 만뜨린은 이 양의 절반을 냈고, 금제 손잡이가 달린 일산을 하사받을 수 있는 권한의 인물은 다시 그 절반을 냈다. 그러나 평민은 백 대의 매질을 당할 수도 있었다. 사법 체계에 대한 정보가 불완전함에도 불구하고, 법은 분쟁 해결과 지방에서의 형벌 집행에 효과적이었음은 의심할 바 없다.

자야바르만 2세의 왕조에 대한 결론__

　자야바르만 2세와 그 후임 왕들이 다스렸던 국가는 결국 분석하면, 벼의 잉여생산물에 의존하였다. 기록상의 모든 거래에서 공식적인 통화 제도에 대한 언급은 하나도 없다. 금이나 은이 거래에 사용되기는 했지만 말이다. 비문에는 그보다 농지의 질, 토지 소유와 경계의 세세한 내용에 관심이 집중되어 있다. 세금의 산출·징수를 담당 업무로 하는 관리도 많았다. 쌀이 주 품목이었지만 밀랍, 꿀, 소금, 천 등의 다른 품목도 생산하였다. 국가는 또한 지상地上 노역을 요구하였으며, 그 조직의 책임자는 클론 까르야khlon Karya[31]라는 호칭을 가진 관리였다.

---

30) 무게 단위.

기반 시설의 측면에서 볼 때 톤레삽 호수를 경유하여 변방 지역을 수도와 연결하는 강은 상품을 수도로 수송하는 데 분명 유용했을 것이다. 지주들은 자기 땅일 경우 마을 사람들의 노동에 상당한 영향력을 행사했던 것으로 보이며, 많은 비문이 저수지 축조에 대해 언급하고 있다. 이러한 저수지가 벼농사에 얼마나 이용되었는지는 알지 못하나, 저수지를 수원으로 하는 수로에 대한 기술은 이따금씩 나온다. 오늘날의 풍습을 잣대로 한다면, 저수지는 건기에 지역 공동체에 물을 공급하는 것은 말할 것도 없고 다양한 이점을 가지고 있었을 것이다.

잉여생산은 대단히 중요하지만 정치적 통일체로서의 국가에서 그것은 하나의 가닥에 불과하다. 종교도 사회 구성원의 조직·통합에 그 못지않게 중요했다. 시바, 국왕, 그 선조의 사당을 포함하는 사원은 국가의 물리적 중심에 놓여 있었다. 신앙 대상은 신들의 왕, 즉 시바의 이름과 왕의 이름을 결합한 형태의 이름을 가진 링가를 출발점으로 하였다. 국가 사원의 창건 비문에서는 국왕의 혈통을 그의 타고난 통치 영역으로 기록했다.

지방의 수많은 기타 사원은 지역공동체의 구심점이었다. 이러한 사원은 귀족이 땅과 일꾼을 기부하여 세우는 경우가 흔했다. 이러한 종교 시설물은 대개 세금이 면제되었으며, 예속된 일꾼을 부려서 지탱했다. 왕국에 대한 사원의 기여는 비록 구체적인 형태로 나타나는 것은 아니었지만 긴요했다. 왕은 시주자들에 의해 쌓여가는 공덕을 일정 비율 공유했기 때문이다.

---

31) 노역, 또는 부역의 책임자를 뜻한다.

자야바르만 5세는 2세기에 걸쳐 톤레삽 호수 북쪽에 왕도를 두었던 왕조의 마지막 대군주였다. 중앙을 먹여 살렸던 수도 외곽 지역에는 논으로 바뀌는 저지대가 있었으며, 메콩강을 주 수송로路로 하는 수로가 혈관처럼 뻗어 있었다. 그는 1,000년경 세상을 떠났으며, 이어서 내란과 함께 수르야바르만Suryavarman 1세가 세운 새로운 왕조가 들어섰다.

제 6 장

태양왕 왕조
1000년~1080년

새 국왕 수르야바르만 1세는, 수도 야쇼다라뿌라에 온 지 약 5년 후인 1011년에 신하들을 소집하여 충성 서약을 하게 했다. 1품에서 4품까지의 많은 땀르박이 성화聖火 앞에서 왕에게 목숨과 확고한 헌신을 바치겠다는 맹세를 했다. 그것은 자야바르만 5세 승계를 둘러싼 내전의 종결 신호였다. 또한 그것은 중앙 왕실을 왕국의 중심축으로 하는 정권의 재수립 신호이기도 했다. 신하들은 나라의 공덕 사원을 지키겠다는 약속과 함께, 반대파 지지자를 엄히 처벌할 것을 촉구하였다.

그러나 먼저 이 새 국왕이 누구인지부터 따져볼 필요가 있다. 수르야바르만의 족보와 정통성은 많은 가설을 낳아, 심지어 말레이시아 출신설도 있을 정도다. 최근에 마이클 비커리는 그 전 이백년 동안 귀족 가문의 왕조 내력이 상술된 13편의 긴 비문을 살펴볼 것을 제안하였다. 이 비문은 승계를 둘러싼 심각한 분쟁과 내전이 있은 뒤 새겨진 것이었다. 내용 가운데 일부는 명백히 거짓이다. 몇몇 가문 혈통의 경우 동일한 신분으로 동일한 왕을 모셨다는 주장이 둘 있는가 하면, 네 비문에서는 자신들의 특정 선조가 자야바르만 2세의 라자뿌로히따 rajapurohita, 즉 국사國師였다는 내용이 들어 있다.

일부 비문은 왕실 가문 일원과의 혼인을 적고 있지만, 이들 혈통은 대부분 그 족보를 더듬어 올라가면 자야바르만 2세의 충신이 나온다. 이것을 보면, 그 숫자가 점점 늘어난 엘리트 가문이 어떻게 중앙 궁정 직무를 수행했는지 알 수 있다. 불확실한 분위기에서, 특히 내전에서 줄을 잘못 섰던 측의 경우, 설사 얘기의 일부는 거짓이라고 해도 오랜 전통의 충신 귀족 가문이었음을 들먹이는 것이 분명 현명한 처세였다.

한 비문은 삽따데바꿀라Saptadevakula 가문을 귀족 혈통으로 세우고

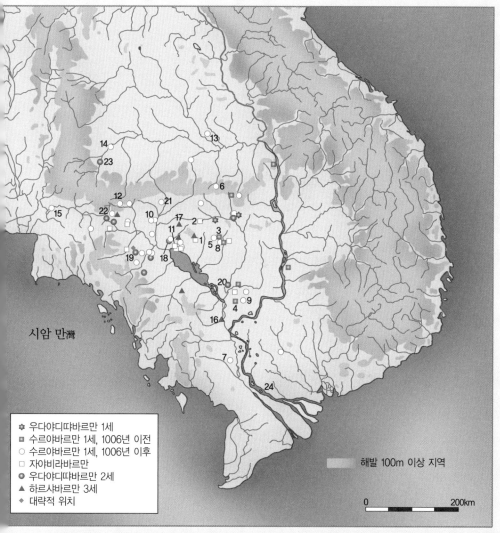

시암 만灣

우다야디땨바르만 1세
수르야바르만 1세, 1006년 이전
수르야바르만 1세, 1006년 이후
자야비라바르만
우다야디땨바르만 2세
하르샤바르만 3세
대략적 위치

해발 100m 이상 지역

0   200km

지도-5 | 태양왕 왕조 비문 분포
1 쁘라삿 뜨라빤 스노 2 쁘라삿 담복 크뽀스 3 로반 로마스 4 쁘리아 난 5 꼼뽕 스바이Kompong Svay의 쁘리아 칸 6 쁘리아 비히아르 7 프놈 치소르 8 쁘라삿 뜨라빤 룬 9 꾹 쁘린 쯔룸 10 낙 따 찌 꼬 11 왓 쁘라 탓 데 뚝 차 12 프놈 산께 꼰 13 반 카모이 14 피마이 15 쁘라친부리 16 론벡 17 쁘라삿 쁘라 크셋 18 브라 담납 19 바셋 20 품 다 21 쁘라삿 따 캄 톰 22 스독 깍 톰 23 프놈 완 24 갈대 평원

있다. 이 가문 사람들이 인드라바르만 1세의 모계 쪽—그럴 개연성이 높다— 할아버지의 후손임을 주장하며, '부채 드는 사람의 우두머리'라는 호칭을 가지고 있었기 때문이다. 이들은 자신들의 족보를 자야바르만 2세보다 더 이전으로 소급하였다. 만약 수르야바르만이 이 혈통에 속한다면—그럴 가능성이 있는 듯하다— 그의 무리가 정통성을 주장할 수도 있었을 것이다.

이에 대한 뒷받침으로, 비커리는 수르야바르만의 전대 왕과 후대 왕 둘 다 우다야디땨바르만Udayadityavarman으로 명명되었다는 사실을 지적한다. 그리하여 셋 모두 태양(수르야surya)이나 떠오르는 태양(아디땨 aditya)을 가리키는 산스크리트어가 포함된 이름을 지니고 있으니, '태양'이라는 공통성을 갖고 있지 않느냐는 것이다. 우다야디땨바르만의 비문이 처음 나온 곳은 수르야바르만의 초기 비문 출처와 동일한 동북 지역이다. 비록 이들 두 사람의 관계에 대한 분명한 언급은 없지만, 그 이름에 들어 있는 태양의 이미지는 이들의 왕조가 '태양왕의 왕조'로 명명되게 만드는 어떤 통일성을 암시하고 있다.

그러나 수르야바르만이 왕좌에 오르기까지는 순탄치 않았다. 자야바르만의 서거 후 다른 두 명의 통치자 역시 왕위를 차지하려고 했던 것이다.

우다야디땨바르만 1세의 어머니는 자야바르만 5세의 부인과 자매이다. 그러나 이것만으로는 정통성을 주장할 근거가 희박했다. 한 비문에는 그가 계약제 노동력을 고용하는 사원의 권리를 승인했지만, 필요할 경우 일꾼을 소환할 권리를 보유했다는 내용이 나온다. 위에서 언급한 두 비문의 출처는 수도였던 야쇼다라뿌라 동북 지역이지만, 새 국왕 수르야바르만은 아마 자옌드라뿌라에 위치한 자야바르만 5세의 궁전에 거처했을 것이다.

이것을 끝으로 더 이상 그에 대한 말은 나오지 않는다. 수도와 그 서쪽 두 지역에서 또 다른 왕, 자야비라바르만Jayaviravarman에 대해 언급하는 비문을 만나게 되기 때문이다. 그가 정통성을 주장했는지는 알려져 있지 않다. 정권 교체와 함께 행정적 단절이나 공백이 없었음은 그의 비문 가운데 일부에 반영되어 있다. 예를 들어, 한 사람이 자야비라바르만에게 디바뿌라Divapura 사람들이 금세공인 단체에 가입할 수 있게 해달라고 청한다. 그러나 또 다른 경쟁자는 이미 진행 중이었다.

수도 서쪽이나 동북쪽에서 나온 일련의 당대 비문에는 군주에게 마땅히 바쳐야 할 찬사는 없지만, 수르야바르만을 국왕 신분의 특권을 행사한 통치자로 언급하고 있다. 로반 로마스Roban Romas에서 나온 1001년 연대의 비문에서, 젠 수렌Jen Suren 스룩에 사는 스리 소메스바라빤디따Sri Somesvarapandita가 새 사원에 기부한 재산의 일부로 수르야바르만의 하사 토지가 있었다는 사실을 알게 된다. 1002년 쁘리아 난Preah Nan에서, 아이 라마니Ay Ramani 스룩에 사는 스리 쁘리티빈드라빤디따Sri Prithivindrapandita는 쌀, 소똥(거름), 토지, 은, 겨자, 콩 등의 기부 체납과 함께, 사원을 수르야바르만에게 바쳤다. 확실히 수르야바르만은 영토에 대한 자신의 지배력을 공고히 하고 있었다.

그렇지만 야쇼다라뿌라 동북쪽 지역의 경우 자야비라바르만의 당대 비문은 경계 분쟁에 대해 기술하여, 알력이 있었음을 시사한다. 1003년 쁘라삿 뜨라빤 스노Prasat Trapan Sno의 뽑히고 파괴된 경계표지를 재설치하라는 명이 내려졌다. 그 2년 후, 꿀렌 고원과 지척인 쁘라삿

그림-29 | 북北 클리앙. 클리앙은 '시장market'이라는 의미이다. 그러나 건물의 정확한 용도는 알 수 없으며, 그이름에서 용도를 추측할 뿐이다. 남南 클리앙과 북 클리앙이 있다. 북 클리앙은 40×4.7m 규모다. 중앙문이 코끼리 테라스의 북쪽 계단을 정면으로 마주하며, 진입로는 나가 장식이 돼 있었으나 훼손이 심한상태다.

담복 크뽀스Prasat Dambok Khpos에서는 경계표지를 파괴한 자들을 잡아 말뚝형[1]에 처하라는 요구를 누군가가 문설주에 새겨놓았다.

그러나 1006년경에는 수르야바르만이 수도에서 권력을 장악하고 있었던 것 같다. 스리 따빠스비사바라빤디따Sri Tapasvisavarapandita는 자신이 사원을 세워 그 공덕을 수르야바르만에게 바쳤으며, 수르야바르만은 그 보답으로 하사품을 내렸다는 사실을 북北 클리앙Northern Khleang[2]으로 알려져 있는 건물에 기록했다(그림-29). 1006년 이후에는 더 이상 자야비라바르만에 대해 들리지 않는다.

수르야바르만의 승리와 왕조 창건을 위해 치려야 했던 대가는 스독 깍 톰Sdok Kak Thom 비문에서 볼 수 있다. 이 비문은 자야바르만 2세 통치기로 거슬러 올라가는 한 귀족 가문의 내력에 대한 상세한 기록과 함께, 내전으로 인한 파괴, 그리고 사원과 토지의 복구, 재건 및 재再 기부의 필요성을 기술하고 있다.

건설과 복구의 왕 수르야바르만__

사원, 저수지, 유례없이 화려했던 궁전의 건설은 왕의 지위와 위엄을 보여주는 수단이었다. 이 점에서 수르야바르만도 예외는 아니었다. 실제 그는 이러한 사업을 자신의 왕권 강화 수단으로 이해했던 것 같다. 동쪽 75km 지점 꼼뽕 스바이의 쁘리아 칸Preah Khan에 있는 거대

---

1) 사람을 말뚝에 꿰어 죽이는 형벌.
2) 클리앙khleang의 문자적 의미는 '시장(건물)' 또는 '큰 상점'이다.

한 건축물(그림-30 · 31 · 32)은 그가 야쇼다라뿌라에 오기 전에 이미 벌였던 사업이었을 수도 있다. 1873년 루이 델라포르트Louis Delaporte에 의해 처음 보고된 이 거대 유적의 전체 규모는, 1937년 항공촬영 측량이 있고 나서야 외벽과 해자의 윤곽이 파악되었다. 각 변이 거의 5km인 사각형 구조이며, 동쪽 벽은 길이 2.8km, 폭 750m의 저수지 때문에 뚫려 있었다. 내부에는 벽으로 둘러싸인 두 개의 공간이 있으며, 한가운데에는 사당이 자리했다.

더할 나위 없이 인상적인 이곳을 수르야바르만의 앙코르 동쪽 초기 통치기의 것으로 볼 때 생기는 문제 가운데 하나는 일부 사당이 후기 시대 것이라는 점이다. 그렇지만 벽으로 둘러싸인 장소 가운데 두 번째 것에서 나온 비문에 그 존재가 기록되어 있으며, 일부 건축양식의 특징은 그 시대 것이다. 이 유적의 역사를 알아내기 위해서는 고고학적 조사를 더 해야겠지만, 이곳이 수르야바르만의 왕권 쟁취기를 그 역사적 배경으로 하고 있다는 사실은 거의 분명하다.

평화는 또한 야쇼다라뿌라에 건설 활동이 재개되게 만들었다. 그의 도읍지 야쇼다라뿌라의 구심점은 피미아나까스Phimeanakas로 알려진 사원이었다. 내부에는 사당이 하나만 있으며, 사당은 삼단段 홍토 구조물 위에 지붕을 얹은 좁은 회랑으로 둘러싸여 있다. 왕궁은 썩기 쉬운 재질로 지어졌을 것이기 때문에, 그 기초 부분을 발굴해야 정보를 얻을 수 있을 것이다. 건물들은 600×250m 규모의 면적을 에워싸고 있는 다섯 곳의 고뿌라—모두 수르야바르만 치세의—가 설치된 높은 홍토 벽 안에 자리했다. 현재 벽으로 둘러진 이 경내 동쪽에 큰 광장이 있다. 광장 동쪽 면에는 그 역할을 알 수 없는 긴 사암 건물인 남 클리

그림-30 | 쁘리아 칸. 쁘리아 칸은 자야바르만 7세가 아버지에게 헌정한 불교 사원이면서도 한때 왕궁으로 사용되기도 했다. 원래의 주 출입문은 동문이다. 사방에 문이 나 있는데 동문은 왕이 출입하는 문 이며, 일반인은 서문을 이용했다. 사진은 서문으로 가는 나가naga 난간의 방죽길.

그림-31 | 쁘리아 칸의 세 번째 담 동쪽 벽면.

그림-32 | 쁘리아 칸의 열주列柱 건물.

앙과 북 클리앙이 있다. 앞의 것은 수르야바르만 치세의 것이고, 뒤의 것은 자야비라바르만 시대의 것이다.

수르야바르만은 또한 앙코르 최대의 저수지이자 아직도 상당한 양의 물을 가두고 있는 서 바라이 축조를 시작함으로써 자신의 왕권을 강조하기도 했다. 남쪽 제방은 1001년까지만 해도 기능을 했던 악 윰 사원 일부를 포함하고 있다. 저수지 가운데 인공 섬에 위치한 서 메본 Western Mebon으로 알려진 사원은 수르야바르만 후임 왕 시대의 양식이다. 따라서 비록 저수지 축조 석비는 발견되지 않았지만, 이것이 수르야바르만 본인에 의해 이루어진 사업이었음은 거의 의심할 바 없다. 축조를 위해서는 사방 17.6킬로미터의 거대한 흙 제방을 쌓아야 했을 것인데, 쏟아부은 그 에너지는 수르야바르만의 조직적인 노동력 동원을 잘 보여주고 있다.

건설 활동은 수도와 그 주변에만 한정되지 않았다. 지방의 경우 평화가 시작되면서 더 오래된 사원 여럿을 다시 지을 수 있게 되었다. 반띠아이 스레이Banteay Srei, 밧 엑Vat Ek, 프놈 치소르Phnom Chisor(그림-33) 등은 크게 확장되었지만, 그 어떤 시대의 그 어떤 사원도 웅장함에 있어 쁘리아 비히아르Preah Vihear에 필적하지 못한다. 당 라엑 산 정상에 자리한 이 사원은 550m 높이에서 남쪽으로 당시 많은 사원들이 점점이 박혀 있던 캄보디아 북부 평원을 시원하게 조망한다. 아래에서 보면 사원의 황금빛 첨탑들은 정말 신이 거처하는 곳으로 보였을 것이다. 이곳에 접근하려면 경계 기둥이 죽 늘어서 있으며 중간 중간에 고뿌라가 있는 일련의 방죽길을 이용했다. 고뿌라에는 비문이 새겨져 있었다.

그림-33 | 프놈 치소르Phnom Chisor. 앙코르의 대 사원 가운데 하나였다. 산 정상에서 남쪽으로, 길게 나 있는 접근 계단, 고뿌라, 바라이가 보인다.

고뿌라와 중앙 성소에 있는 장식은 힘차게 묘사된 힌두교 장면들로 유명한데, 예를 들면 흔히 그려졌던 '유해교반' 같은 것이다. 고대 인도의 서사시를 보면, 비슈누가 만다라 산을 떠받치기 위해 아바따르avatar 꾸르마Kurma(거북)의 모습으로 젖의 바다에 강림한다. 악마와 신은 암리따amrita(불멸의 영약)를 뽑아내기 위해 산을 축으로 이용, 젖의 바다를 휘저어 돌린다. 장식 표면 가운데 상당수에는 금박 제조의 주성분이었을 적철광으로 만든 붉은색 안료가 아직도 붙어 있다.

비문은 이 성소의 목적과 여기서 행해진 의식을 엿볼 수 있게 해준다. 두 번째 고뿌라의 벽에 새겨진 일련의 비문을 보면, 왕실이 신령 감응에 의해 사원을 세운 것이 아닌가 하는 생각을 갖게 된다. 1018년으로 소급되는 연대가 가장 빠른 비문에 수르야바르만이 이곳과 프놈 치소르 등 자신의 왕국 내 다른 주요 지역에다 자신의 이름이 수르야바르메스바라Suryavarmesvara로 새겨져 있는 링가를 세웠다는 내용이 있기 때문이다. 그 20년 후의 또 다른 비문에는 이 사원의 이름이 시까레스바라Sikaresvara로 나와 있으며, 아울러 국가 기록 보관소 관리인이라며 수까바르만Sukavarman이라는 이름이 등장한다. 그는 신화적인 조상으로 거슬러 올라가는 왕들에 대한 기록을 관리했는데, 기록은 금박이나 은박에 써서 쁘리아 비히아르 및 지정된 다른 두 곳에 보관되었다.

쁘리아 비히아르는 기적奇蹟과 관련된 곳으로 특히 유명했다. 비문에서는 이 사원에서 일어난 이적과 그 결과 바쳐진 모든 시주의 기록을 수까바르만이 어떻게 열심히 관리했는지에 대해 이야기한다. 왕은 그의 충성과 가치를 알아보고는 그에게 토지를 하사하고 그는 이 땅을 꾸룩쉐뜨라Kurukshetra로 개명하였다. 마침내 꾸띠 룬Kuti Run 스룩의 왕실 책임관은 사원의 왕실 업무 감독관(라자까르야rajakarya) 사마렌드라디빠띠바르만Samarendradhipativarman에게 비를 세우라고 명하였다. 1038년의 또 다른 비문에도 기적에 대한 언급이 있는데, 왕이 고행 헌신한 결과 바드레스바라Bhadresvara 신이 쁘리아 비히아르에 시까레스바라로 현신했다는 등이다. 실제로 왕은 야쇼다라뿌라에서 지역 고위 인사들에게 시까레스바라의 가시적 현신에 대해 친히 발표하며, 언제나 사원을 관리하고 적으로부터 지킬 것을 명하였다. 분명 그는 쁘리아 비히아르를 특별한 종교적 의미가 있는 곳으로 인식하였다.

내전 이후의 지방__

　쁘리아 비히아르의 비문에는 적敵에 대한 언급이 나오는데, 앙코르 왕국 전역의 다른 비문에서도 볼 수 있다. 자야비라바르만과 수르야바르만이 벌인 내전의 여파로 사원들은 버려지고 파괴되었으며, 비문의 글을 자세히 들여다보면 알 수 있듯이, 승리자 쪽 지지자들의 토지 쟁탈전이 벌어졌다. 예를 들면 1012년 수르야바르만은 쁘라삿 뜨라빤룬Prasat Trapan Run 사원의 따빠스빈드라빤디따Tapasvindrapandita에게 토지를 하사하며, 이 사원을 잘 관리하여 예전처럼 번영케 하라는 지시를 내렸다. 지주 귀족 가문 중에 승리한 왕 수르야바르만에게 영원한 충성과 무력 봉사를 약속하는 장문의 비문을 올린 가문이 그토록 많았던 것은 이런 분위기에서였다.

　가령 빠라끄라마비라바르만Parakramaviravarman은 꾹 쁘린 쯔룸Kuk

Prin Crum 비문에서 자신을 자야바르만 2세의 대신이자 처남이며, 전투에서 한 번도 패한 적이 없는 장수였던 빠드마Padma의 증손자로 기술하고 있다. 그는 수르야바르만의 최고 장군이었으며, 무적 군대의 사령관으로 전쟁에 나갔다. 그는 왕에 의해 남부 지역을 맡아 왕의 적 아르주나Arjuna를 무찔렀다. 왕은 이를 치하하여 아르주나에게서 몰수한 땅을 모두 그에게 내렸다. 빠라끄라마비라바르만은 그 후 자신의 새 땅에 사원을 세우고 왕에게 그 공덕을 바쳤다. 이에 세금 면제와 함께 새 땅에서 나오는 소출을 자신과 자신의 후손이 챙길 수 있는 혜택을 보장받았다.

느르빠심하바르만Nrpasimhavarman 역시 장군인데, 영웅적 기질, 지혜, 힘, 미덕, 영광으로 점철된 인물로 신물나게 미화되어 있다. 그 또한 토지를 소유했는데, 마을 열 개가 그의 것이었다. 그의 처남은 비렌드라디빠띠바르만Virendradhipativarman이라는 사람으로 아들 둘을 두었다. 그 역시 수르야바르만의 휘하 장군이며 전쟁 영웅이었다. 느르빠심하바르만은 왕에게 간청하여 세 곳의 토지를 얻었는데, 아마 낙따 찌 꼬Nak Ta Cih Ko이거나 그 인근이었을 것이다. 여기서 비문이 발견되었기 때문이다. 이 땅은 버려져 있었거나 이전에 아무도 정착하지 않았거나 둘 중 하나였을 것이다. 그 이유는 그가 관목을 베어내고 숲을 벌채하며 마을을 세우고, 자신의 어머니와 가족을 입주시키며 링가를 세웠다는 비문 기록 내용에 근거한다.

또 다른 충신이자 전사인 락쉬민드라빤디따Lakshmindrapandita도 왕의 은사로 금, 보석, 토지를 얻어 그 땅에 락쉬민드라빠다Lakshmindrapada라는 이름의 마을을 세웠다. 이 사실은 왓 쁘라 탓 데

뚝 차Wat Prah That de Tuk Cha에서 나온 1024~1025년 연대의 비문에 기술되어 있는데, 비문은 인드라바르만 1세의 모계 혈통인 왕이 칼로 자신의 왕권 경쟁자의 왕관을 자른 이야기로 시작된다. 락쉬민드라빠디따는 저수지와 제방을 축조하여 자신의 이름을 따 락쉬민드라따따까Lakshmindratataka로 명명하고 황금 링가를 세웠다. 그리고 곡식, 금, 은, 구리, 남·녀 노예, 소, 땅, 물소 등 많은 물품을 신에게 바쳤다. 특히 흥미로운 것은 논의 경계를 정하면서 그가 이런저런 저수지를 마치 관개에 사용한 것처럼 들먹이고 있다는 점이다.

그렇지만 앞서 아르주나의 경우처럼 왕을 지지하지 않았던 사람은 대가를 치렀다. 야쇼다라뿌라 인근에서 나온 또 다른 비문에는 둘 다 비라바르만Virvarman이라는 이름을 가진 인척지간인 듯한 두 남자—한 사람은 연장자이고 다른 한 사람은 연하자인—의 획득 재산에 대해 기술되어 있다. 이들은 많은 토지를 사들였는데, 쌀, 코끼리, 금, 제기祭器로 값을 치렀다. 히람야Hiramya라는 남자의 경우 수르야바르만 측으로부터 보복을 당했다. 그는 적으로 지목되어 토지를 몰수당하고, 몰수된 땅은 연하의 비라바르만에게 주어졌다. 쁘리아 비히아르에서는 왕의 개입도 있었다. 줄기차게 반기를 든 것으로 거론된 빠스 끄마우Pas Kmau 가문은 그 재산을 몰수당하였는데, 바로 쁘리아 비히아르에서 왕실 토지에 겸병을 당한 것이었다.

경제의 중심이자 왕실의 영향력을 행사하는 도구로서의 사원이 갖는 사회적·경제적 의미를 잘 보여주는 것이 앙코르 서북쪽 프놈 산께 꼰Phnom Sanke Kon에서 나온 비문이다. 세 형제와 이들 여형제의 아들에 관한 내용을 담고 있다. 1007년 이들은 자신들의 조상 사원에 링가를 세웠다. 사원에는 아버지 사마라비라바르만Samaraviravarman의 상세 개가 들어 있었으며, 각각 다른 이름이 붙어 있었다. 9년 후 왕은 이들의 사원을 더 큰 왕실 사원과 합치라는 명과 함께, 매년 공물을 바칠 것을 요구하였다. 공물은 쌀, 식물 기름, 참깨 씨, 콩, 신을 위한 기旗 두 개와 의복 두 벌 등이었다.

수르야바르만 치하에서 왕국의 규모는 메콩강 유역과 똔레삽 호수 주변의 본거지를 넘어서, 당 라엑 산맥 북쪽의 문강 유역까지 아우르게 되었다. 우본Ubon 지방의 반 카모이Ban Khamoy 사원의 비문에서는 동물, 쌀, 천, 일꾼, 물소 한 쌍, 네 쌍의 성우聖牛, 청동제 심벌즈(타악기) 등 다양한 시주물을 받은 불교 사원에 대한 이야기가 나온다. 이 절은 상당한 규모였던 것 같다. 오늘날에도 큰 저수지 하나와 작은 저수지 둘, 그리고 사암 및 홍토 구조물 유적을 확인할 수 있기 때문이다.

또 다른 불교 사원이 고대 비마야뿌라Vimayapura, 즉 피마이Phimai에 자리 잡고 있었다. 이곳의 비문은 사원에 시주한 쌀만이 아니라, 수르야바르만에 대해서도 언급하고 있다. 앙코르 남서쪽 밧땀방 지방에는 토지 거래와 관련한 비문이 밀집되어 있기도 하다. 이 지역의 경우 내전의 피해를 입은 사원들이 복구되고, 새로운 땅이 주거지로 개간되었다. 더 서쪽 태국 쁘라친부리Prachinburi에서 나온 석비에는 왕이 느르빠띤드라락쉬미Nrpatindralakshmi 여왕의 남자 형제 나라빠띤드라바르만Narapatindravarman의 외조카인 비라바르다나Viravardhana에게 사원용 토지를 내렸다는 내용이 나온다.

그렇지만 이 지역에서 나온 비문 가운데 가장 정보성이 뛰어난 것은 스독 깍 톰Sdok Kak Thom 비문이다. 오늘날 이 사원에는 벽을 두른 60

×40m의 대지 안에 홍토와 사암으로 된 주 탑이 있으며, 탑에는 도서관 두 곳이 딸려 있다. 높은 홍토 벽으로 둘러싸인 또 다른 공간이 있으며, 동쪽의 고뿌라를 통해 들어간다. 두 곳 사이에는 해자가 있다. 이 두 구역을 지나면 400×500m 규모의 저수지가 나온다. 이 유적은 비문 기록에 흔히 묘사되는 지방 사원 시설물의 구조를 볼 수 있게 해준다.

그러나 이 사원의 중요성은 비문 그 자체에 있다. 이 비문이 가장 흔하게 인용되는 이유는 2세기 전 자야바르만 2세의 봉헌과 함께 확립된 신앙인 데바라자devaraja 숭배에 대한 내용 때문이긴 하지만, 최소 8세대에 걸쳐 어떻게 한 귀족 가문이 그 토지와 부를 점차 늘리고 가세를 넓혔는지 생생히 보여주고 있다. 이런 점에서 볼 때 수르야바르만의 승리로 끝난 승계 전쟁으로 초래된 파괴와 혼란은 비극적인 파국을 맞을 잠재성을 지니고 있었다.

비문은 자야바르만 2세부터 이 사원 부지의 옛 이름 바드라니께따나Badraniketana에 1052년 자옌드라바르메스바라Jayendravarmesvara라는 이름의 링가를 건립할 때까지를 다룬다. 비록 비문은 수르야바르만의 후임 왕 아래에서 만들어졌지만, 기술되어 있는 내용은 수르야바르만 통치기의 사건이다. 비문에는 가문 사람들이 보유했던 토지 소유권의 근거가 제시되어 있을 뿐만 아니라, 토지의 경제적 생산성 회복, 조상 및 신들의 낡은 상 복구와 새로운 상 건립, 궁정 내 가문의 지위 향상 등을 위해 취했던 조치가 기술되어 있다.

비문의 책임자 사다시바Sadasiva는 대단히 높은 지위의 조신朝臣으로 고귀한 호칭인 깜스뗀 안kamsten an 자옌드라빤디따Jayendrapandita, 둘리 젠 브라 깜라뗀 안dhuli jen vrah kamraten an 자옌드라바르만Jayendra-varman에 잇딸아 제수되었다. 사원에는 그의 조상 상이 모셔져 있었다. 비문의 많은 부분은 토지(부동산) 보유, 승인, 구획, 경계 등에 관한 내용이다. 노예, 가축, 농산물 같은 동산動産의 기부와 그 관리에 대한 내용도 있다. 사원 창건자들은 토지를 청원하고, 그 후 토지는 스룩 단위로 구획되었다.

각 스룩에는 사원을 두었으며, 설립자의 식구가 들어와 살았다. 새 사원을 번창시키는 데 필요한 노예와 일꾼은 아마 다른 곳에서 데려왔을 것이다. 이들은 출신 표식을 붙여 구역별로 나누었다. 사다시바는 왕에게 토지 하사를 간청하고 토지를 매입한 것에 그치지 않고, 황폐화된 가문 토지의 회복 작업을 자신의 전임자 시바까르야Sivakarya가 죽자마자 계속 이어나갔다. 그는 바드라빳따나Bhadrapattana에서 저수지, 공원, 제방을 세우고, 바드라디Bhadradi에서는 외양간을 소로 가득 채우고 제방을 지었다. 밤사라다Vamsahrada에서는 땅을 기름지게 하기 위한 목적으로 해자, 제방, 저수지를 만들었다. 비문에 나와 있는 세세한 내용은 이런 다양한 구조물의 잔재 유적을 추적할 가능성을 열어주고 있다.

수르야바르만 1세의 업적_

수르야바르만 1세의 통치는 내전 속에 시작되어 평화와 번영의 회복과 함께 막을 내렸다. 수도에서 그는 앙코르 역대 왕 가운데 최대의 저수지 축조를 주도하고, 지방의 주요 사원을 건립 또는 기부하였다. 산 정상에 세워진 쁘리아 비히아르 사원은 특기할 만하다. 통치 초기 충성 서약으로 묶인 그의 충신들은 보답으로 토지를 하사받아, 내전으로 황폐화된 토지는 다시 소출을 낼 수 있도록 복구되었다. 자신들의 조상을 왕조 초기, 심지어는 그 이전으로까지 소급했던 귀족 가문들은 조상의 사원을 복구하고 꾸밀 수 있게 되었다. 수르야바르만은 위대한 앙코르의 왕 가운데 한 사람으로 우뚝 서 있다.

우다야디땨바르만 2세

우다야디땨바르만과 선대왕 수르야바르만 사이의 관계는 알려져 있지 않다. 그의 집권기에는 야쇼다라뿌라에서 활발한 건설이 이루어졌으며, 지방에서는 왕권의 강화와 반역의 균열이 혼재했다. 바푸온(그림-34)은 그의 사원 능묘로 왕궁 단지 바로 남쪽에 자리 잡고 있으며, 피미아나까스 사원과 지적이다. 똔레삽강 동남단 론벡Lonvek에서 나온 비문에는 이 능묘를 신들의 거처인 메루산을 본 따 지었다고 기술되어 있다. 능묘는 비록 중앙 사당은 현재 전해지지 않고 여러 구조물이 붕괴되었지만, 오늘날에도 더할 나위 없이 인상적인 유적이다.

두 번째 단 입구는 마무리가 절묘한 부조로 장식되어 있는데, 힌두 서사시의 장면을 묘사하고 있다. 황금 탑이었다고 전하는 중앙 사당에 대해서는 현재 문자 기록만 남아 있다. 한편 13세기 말 이 지역을 방문했던 중국인 저우다관에 따르면 구리로 된 탑이었다고 한다.

그림-34 | 바푸온Baphuon. 현재 재건축 공사 중임에도 앙코르의 가장 인상적인 피라미드형 사원 가운데 하나로 자리 매김했다. 우다야디땨바르만 2세에 의해 지어졌으며, 훌륭한 부조로 장식되어 있다. 론벡Lonvek 비문에는 황금 탑으로 묘사되어 있지만, 1295년 앙코르를 방문한 저우다관은 이웃의 바욘 사원보다 훨씬 높은 구리 탑이었다고 전한다.

저우다관은 수도 주위의 큰 저수지에 대해서도 언급했다. 최대 규모인 서 바라이는 우다야디땨바르만 치세에 완공되었을 가능성이 높다. 최근의 조사 결과 저수지는 일의 진척에 따라 단계별로 축조되었던 것으로 보인다. 동 바라이와 달리 서 바라이는 당시 지표면보다 아래로 팠으며, 남쪽 제방은 필요 이상으로 훨씬 크다. 저수지 안에서 파낸 홍토는 건축재 역할을 했던 것 같다. 홍토는 처음 드러났을 때는 부드럽다가도 공기에 노출되면 단단해진다. 따라서 건축에 광범위하게 사용되었다. 서 바라이는 이 시기에 완공되었음이 분명하다. 저수지 가운데에 있는 서 메본의 건축 양식이 우다야디땨바르만 통치기의 것이기 때문이다.

저수지 중앙의 이 인공 섬에는 벽감壁龕과 부조로 장식된 벽으로 경계를 두른 사각형 부지가 있다. 안으로 들어가면 방죽길이 난 저습지가 있고, 방죽길은 중앙 구조물로 통한다. 거대한 청동제 비슈누 상이 이곳에서 발견되었는데, 이것은 청동 불상이 이 섬 사원에 있었다는 저우다관의 기술을 떠올리게 한다. 사원을 벗어나면 물이 폭포처럼 떨어져 내렸다. 저수지와 그 부속 사원의 완공에는 수많은 일꾼의 노역이 필요했을 것이다. 그렇지만 저수지의 목적은 여전히 논란거리다. 이 문제는 다시 고찰하기로 한다.

궁정 신하, 그 가족, 노예는 말할 것도 없고, 엄청난 노동자 집단의 존재는 인구의 밀집을 강력하게 시사한다. 그렇지만 우다야디땨바르만 치세까지, 사람이 죽으면 어디에 매장되었는지 또는 죽은 자를 위한 매장 의식의 성격 등에 대한 정보가 없다. 이러한 상황에 변화가 온 것은 스라 스랑Srah Srang 저수지 서북쪽 모서리에서 화장된 인골이 든

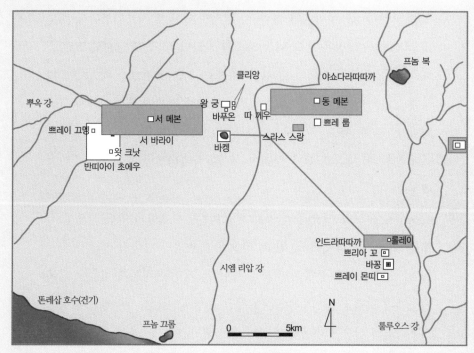

지도-6 ┃ 서 바라이와 바푸온 사원은 수르야바르만 1세와 우다야디따바르만 2세 통치기에 세워졌다. 반띠아이 초에우Banteay Choeu는 서 바라이 축조와 관련된 저수지일 수 도 있다.

도기 항아리 세 점을 우연히 발견하면서이다. 항아리는 청동 불상과 함께 있었다.

프랑스 고고학자 그로슬리에Groslier는 그 뒤 사방 1,600미터의 공동 묘지를 발굴했는데, 사자死者를 위한 제물과 함께 사람의 재가 든 항아리들이 나왔다. 중국산 도기 그릇, 도기 인물상, 청동 거울, 철제 무기, 주괴鑄塊, 몇 점의 납도 있었다. 매장 항아리는 다른 현지에서 생산한 그릇, 30cm 길이의 청동제 핀, 철제 고리, 사슬, 도끼, 칼 등과 함께 무리지어 있었다. 어떤 화장 인골의 경우 동물 이빨, 돌절구, 부싯돌과 함께 주석 그릇이 나왔다. 7점의 납괴가 든 단지도 있었고, 정확히 서남방에 놓인 청동 거울 한 쌍이 발견된 경우도 있었다. 또 다른 거울에는 상아로 만든 손잡이가 남아 있었다. 가루다를 타고 있는 청동 불상과 비슈누 상도 발견되었다.

우다야디땨바르만의 통치는 순조롭지만은 않았다. 왕국 도처에서 반란이 있었기 때문이다. 깜바우Kamvau라는 이름의 장군은 성상聖像을 쪼개고 파괴하였다. 쁘라삿 쁘라 크셋Prasat Prah Khset에서 나온 비문을 보면, 이 반란 장군과 한 무리의 병사는 초기엔 정부군을 무찔렀다고 되어 있다. 그렇지만 대장군 산그라마Sangrama가 패배를 승리로 뒤집어 그를 죽였다. 남부 지역에서도 심각한 소요 사태가 있었는데, 산그라마가 반란 주동자 아라빈다라다Aravindhahrada를 쳐부수었다.

수르야바르만 1세 왕비의 조카인 나라빠띤드라바르만Narapatindravarman은 이러한 혼란으로 버려졌던 브라 담납Vrah Damnap 마을을 복구하였다. 왕은 그의 충성을 치하했다. 문강 상류 유역 프놈 완Phnom Wan에서 비라바르만Viravarman이라는 이름의 병사는 땅과 황금 가마, 공작 깃털이 달린 상아 일산 등의 신물을 하사받았다. 그는 수칼라야Sukhalaya 마을에 사원을 세워 그것을 노예 200명, 토지, 물소 떼 등의 가축과 함께 기증하였다. 또한 23곳의 마을을 복구하고, 큰 저수지도 만들었다.

바셋Baset에서는 라젠드라바르만Rajendravarman과 브야빠라Vyapara란 이름의 두 장군이 등장한다. 이들은 부자지간으로, 수르야바르만과 우다야디땨바르만을 섬겼다. 우다야디땨바르만은 토지를 가지고 있던 어떤 이가 물려줄 사람도 없이 죽자 그 땅을 브야빠라에게 주기도 하였다.

따라서 반란과 불안정에도 불구하고 분명한 사실은 충성을 바친 사람은 직위, 신물, 왕의 은사 등으로 보답 받았으며, 토지 거래, 가문 사유지의 확보 · 변경 · 확장의 구舊 체제도 계속되었다는 것이다. 앙코르 서북쪽 쁠랑Plang강 상류의 비옥한 땅에 위치한 쁘라삿 따 캄Prasat Ta Kham은 지방 사유지의 좋은 예다. 내부에는 담을 두른 장소가 있으며, 그 안에는 사암으로 된 중앙 사원이 압도적 자태로 서 있다. 사원은 넓은 해자에 가로로 나 있는 네 개의 방죽길을 통해서 들어간다.

이 사원 부지는 사방 100미터의 또 다른 해자로 둘러싸여 있으며, 동쪽과 서쪽의 고뿌라를 통해서 들어간다. 부지 북쪽과 남쪽에는 문이 없는 두 개의 구조물이 있다. 이 땅은 자야바르만 2세에 의해 그 선조에게 하사된 이래, 비문 저자의 집안 소유로 내려왔다. 비문에는 먼저 이 땅과 교환해 비문의 주인공이 받은 재산 목록이 나오는데, 은, 의복, 벼, 소 두 마리, 쟁기 등이다. 이어서 그가 조상의 땅을 팔아 자신의 아들과 손자에게 수익을 제공한 이야기가 기술되어 있다.

비문을 보면 지방 생활의 다른 측면들도 알 수 있다. 예를 들면 즈나나쁘리야 아르야마뜨린Jnanapriya Aryamatrin이란 이름의 시바에 귀의한 한 수행자가 나온다. 그는 시바의 링가를 모신 한 종교 시설물에서 기거했다. 그곳 동굴에서 그와 그를 따르는 사람들은 수행하며 연못, 사원私園, 화원 등을 향유했을 것이다. 그리고 더 남쪽의 갈대 평원에서 나온 비문에는 왕의 칙령이 적혀 있는데, 지딱세뜨라Jitaksetra와 그밖에 지정 장소의 사람들은 꿀, 밀랍—지금도 이 지역은 이 물품으로 유명하다—을 제외한 모든 품목에 대해 세금을 면제한다는 내용이다. 1066년 자신의 형 우다야디뜨야바르만을 계승한 하르샤바르만 3세 역시 내부 혼란에 직면했다. 그의 짧은 통치 기간을 끝으로 왕조는 막을 내렸다.

제 7 장

마히다라뿌라 왕조

1080년 이후

자야바르만 6세와 다라닌드라바르만 1세,
그리고 수르야바르만 2세의 즉위_

1080년경 자야바르만Jayavarman 6세는 덕망 있는 조신이자 궁정 관리官吏인 디바까라빤디따Divakarapandita에 의해 왕좌에 추대되었다. 디바까라빤디따의 두드러진 이력으로, 그는 젊은 시절 바푸온 사원에서 거행된 우다야디땨바르만의 황금 링가 헌납식에 참여한 바 있었다. 또한 그의 활동은 자야바르만 6세 다음에 이어지는 연속 세 왕의 치세와도 직접 관련된다. 그는 황금 가마, 일산 등 화려한 하사품을 받은 후 왕실 공덕 사업의 책임자가 되었다.

그는 왕을 대신하여 금 식기, 남 · 녀 일꾼, 코끼리, 말 등을 모든 사원에 기부하였다. 또한 명을 내려 가난한 자와 집 없는 자의 구제뿐 아니라, 저수지를 파고, 모든 품계의 승려에게 좋은 시주를 하도록 했다. 신에게 제물을 바치도록 명하고, 새로운 상도 세웠다. 왕이 사원과 성소를 순례할 경우에는 적절한 의례를 행하였다.

의미심장한 것은 자야바르만 6세가 자신의 혈통을 앙코르의 이전 통치자와 관련지으려는 시도를 하지 않았다는 사실이다. 그 이유는 그의 출신지가 앙코르 평원 지역이 아니라, 태국의 당 라엑 산맥 너머 문강 상류 지역, 즉 소금, 홍토, 논이 풍부한 철기시대에 인구가 밀집했던 넓은 저지대였기 때문이다. 자야바르만 6세의 아버지는 왕족 호칭을 달고 있었는데 왕국 서북 변방 지역의 실력자였던 것으로 보인다. 이 지역은 얼마간 앙코르와 느슨한 연맹 관계에 있었을 개연성이 크다. 그의 가문은 마히다라뿌라 출신이었다고 한다. 수르야바르만은 마히다라뿌라에 자신의 중앙 권력을 강제 또는 강화했으며, 마히다라뿌라 지역의 왕조에서는 이 같은 중앙 권력에 저항, 봉기하여 스스로 권력을 장악했다는 증거가 있다.

1875년 줄 아르망Jules Harmand이라는 인물이 라오스의 메콩강 기슭의 마을인 반 탓Ban That의 사원에서 멋진 석비를 발견하였다. 8년 후 에티앙 아이모니에가 이곳에 당도했을 무렵에는 코끼리에 의해 손상되어 있었지만 내용은 읽을 수 있었다. 비문은 자야바르만 6세의 으뜸가는 충신 가운데 한 사람을 배출한, 당 라엑 산맥 북쪽의 한 귀족 가문을 잘 들여다볼 수 있게 해준다.

이 가문의 일원인 띨라까Tilaka에 대한, "지극히 아름답고 헌신적인 그녀의 고결한 성품에 아무도 시비 걸지 않았다" 따위의 표현을 보면, 주요 여성이 성취한 학문과 지위의 높은 수준을 알 수 있다. 무르다시바Murdhasiva로도 알려져 있는 그녀의 아들 수바드라Subhadra는 성전聖典을 깊이 공부하여 "새로 밝힌 불처럼 빛났다." 그는 당대 학자 가운데서 돋보이는 사람이었으며, 자야바르만 6세로부터 여러 서훈敍勳을 받은 후 부뻰드라빤디따Bhupendrapandita라는 호칭과 함께 종교 재산 및 사원 감독관으로 임명되었다. 그가 책임을 맡았던 곳 가운데 하나가 프놈 완Phnom Wan 사원이었다.

지역 내 앙코르 3대 중앙 사원, 피마이Phimai, 프놈 룽Phnom Rung, 프놈 완Phnom Wan은 그 이전의 벽돌 사원들 터 위에 건설되었다. 쁘라삿 끄라반에서 나온 921년 연대의 한 비문에는, 이름에서 북부 출신임을 엿볼 수 있는 스리 마히다라바르만Sri Mahidharavarman이 노예를 바쳤다는 내용이 나온다. 프놈 룽에서 나온 후대의 비문에는 새 왕조

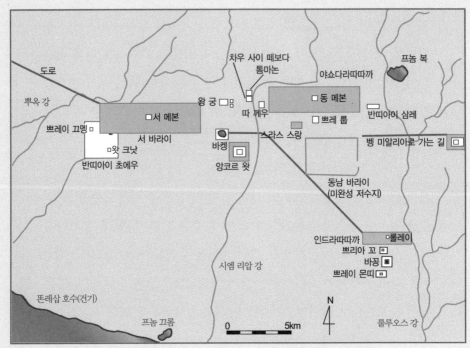

도로

뿌옥 강

차우 사이 떼보다
통마논

야쇼다라따따까

프놈 복

왕 궁

따 께우

동 메본

서 메본

쁘레 룹

반띠아이 삼레

쁘레이 끄멩

서 바라이

스라스 스랑

벵 미알리아로 가는 길

바켕

앙코르 왓

반띠아이 초에우

왓 크낫

동남 바라이
(미완성 저수지)

인드라따따까

롤레이

쁘리아 꼬

바꽁

쁘레이 몬띠

시엠 리압 강

똔레삽 호수(건기)

프놈 끄롬

0   5km

N

룰루오스 강

지도-7 | 수르야바르만 2세 통치기에 앙코르 왓은 바켕Bakheng 사원 바로 남쪽에 건설되었다.

의 계보 배경이 상술되어 있다. 자야바르만 6세의 부모로 히란야바르만Hiranyavarman 과 히란야락쉬미Hiranyalakshmi를 거명하고 있으며, 그의 형이자 승계자인 다라닌드라바르만Dharanindravarman 1세와 이름이 없는 한 왕자도 나온다. 자야바르만 6세의 가장 초기 비문으로 프놈 룽에서 나온, 그리고 이 사원에 대한 그의 관심을 보여주는 1082년 비문에는 락쉬민드라바르만Lakshmindravarman, 부뻰드라바르만Bhupendravarman, 프놈 룽 소속의 왕실 장군인 라젠드라바르만Rajendravarman 등 많은 관리에게 명을 내려 이 사원을 돌보도록 했다는 내용이 들어 있다.

자야바르만 6세는 1108년경 사망했는데, 쁘리아 비히아르에서 나온 후대의 비문에 따르면 디바까라빤디따는 죽은 왕의 형 다라닌드라바르만 1세의 즉위식을 다시 맡아 치렀다. 그는 국가 사원에 공덕을 쌓으려는 수많은 헌납을 하도록 조정하고, 상像 건립과 저수지 축조, 불쌍하고 가난한 사람들을 위한 적선 등의 일을 하였다.

다라닌드라바르만의 치세는 불과 6년의 짧은 시간인데다가, 결코 왕좌에 연연하지 않아 알려진 기념물을 남겨 놓지 않았다. 그럼에도 그의 비문들이 증거하듯, 엘리트 가문이 군주로부터 은사를 받아 자신의 권력과 지위를 증대시키는 전통은 계속되었다. 이들 비문은 북쪽의 피마이에서부터 남쪽의 프놈 바양Phnom Bayang에 이르기까지 광범위한 지역에서 발견되며, 태국 중부 롭부리Lopburi에서 나온 불상에 짧은 글도 있다. 비문의 소재지를 다 합치면 왕국의 범위가 드러난다.

피마이 사원에서 나온 짤막한 비문에는 촉 바꿀라Chok Vakula 지역 출신의 스리 비렌드라디빠띠바르만Sri Virendradhipativarman이 나온다.

그는 나중에 앙코르의 부조浮彫에 등장하는 인물이다. 왕은 그에게 친히 명하여 바삭강Bassac River 서쪽 프놈 바양의 바드레스바라스라마 Bhadresvarasrama 사원에 신상을 세우도록 했다. 사원에는 보름씩 배정된 일꾼과 승려들이 먹을 쌀을 기증했다.

가장 의미심장한 비문 두 가지는 왕실 가문과 인척 관계인 두 가문의 토지 소유 및 사원에 관한 내용이다. 처음 것은 앙코르에서 동북으로 불과 5km 떨어진 삼롱Samrong 마을에서 나왔으며, 연대는 1093~1094년이다. 비를 세운 사람은 요기스바라빤디따Yogis-varapandita로서, 수르야바르만 1세 딸의 시조카이다. 비 건립의 주목적은 그의 토지 매입과 사원에 대한 기부 등 일련의 거래 내역을 적기 위해서다. 재산 목록이 긴 것을 보면 그는 대단히 부유했던 사람으로 보인다.

그는 시주물의 감독은 가문 사람이 아니라 사원의 주지가 담당해야 한다는 사실을 드러내려고 애썼다. 토지 매입은 소, 은, 청동 및 주석 그릇, 금반지, 천, 코끼리, 탈 것, 소금, 쌀, 염소 등과 교환으로 이루어졌다. 그는 더 나아가 일꾼을 바쳤으며, 저수지와 화원을 조성하였다. 행정적인 세부 내용에는 보름씩 일꾼과 토지를 대어 사원을 꾸려나가는 일이 포함되어 있다.

왕실 가문의 또 다른 일원으로, 자야바르만 6세와 다라닌드라바르만 1세의 처남이며 군 최고사령관이었던 느르뻰드라디빠띠바르만 Nrpendradhipativarman은 다수의 국왕 하사 토지를 받았다. 그 역시 황금 난디 상像과 더불어 느르뻰드라스라마Nrpendrasrama란 이름의 사원을 기증했으며, 그 사실을 앙코르 동북 약 75km 지점의 낮은 산, 프놈

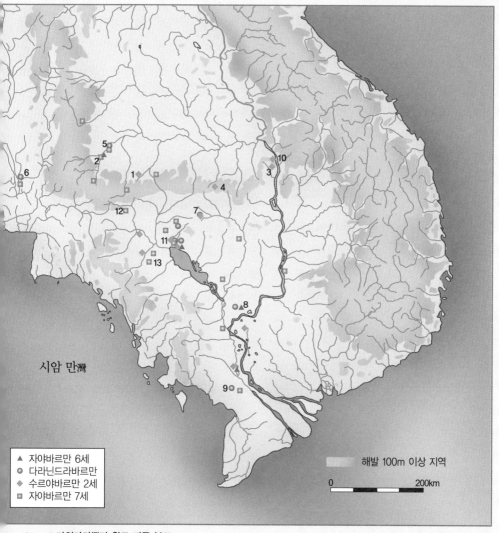

시암 만灣

지도-8 | 마히다라뿌라 왕조 비문 분포
1 프놈 룽 2 프놈 완 3 반 탓 4 쁘리아 비히아르 5 피마이 6 롭부리 7 프놈 산닥 8 야이 홈
9 프놈 바양 10 왓 푸 11 왓 꼭 뽀 12 반띠아이 츠마르 13 바셋

산닥Phnom Sandak 출처의 비문에 직접 기록하였다. 이 산 정상에는 이전에 쉬바뿌라Shivapura로 알려진 사원 단지가 있는데, 동쪽에 뜰이 있고 고뿌라를 통해 벽을 두른 60×40m의 공간으로 열려 있다. 그 안에는 두 개의 회랑과 함께 다섯 개의 큰 탑 및 세 개의 작은 탑이 있다. 여기서 발견된 비문은 야쇼바르만 1세 시대의 것이다. 따라서 사원은 긴 역사를 가지고 있는 셈이다.

왕실과 인척 관계에 있는 또 다른 가문의 정보는 톤레삽강 동쪽 저지대에 자리한 야이 홈Yay Hom에서 얻을 수 있다. 이곳은 이중 담 구조의 300×200m 규모 사원 단지로, 이번에는 큰 저수지와 연결된 사암 사원이 들어서 있다. 산스크리트어로 된 비문의 저자 히란야락쉬미는 자야바르만 6세 조카의 딸로서 자신의 불교 귀의에 대해 기술하고 있는데, 이는 이 왕조 후기에 불교가 융성하기 시작한 한 가지 흥미로운 조짐이다.

수르야바르만 2세_

다라닌드라바르만 1세의 통치는 폭력적으로 막을 내렸다. 그의 조카의 아들 수르야바르만 2세가 아직 젊은 나이에 왕위 계승권 경쟁자를 이미 제거해버렸던 것이다. 이 경쟁자에 대해서는 하르샤바르만 3세의 혈통일지 모른다는 사실을 제외하곤 알려진 바가 없다. 수르야바르만 2세는 이어서 자신의 종조부 다라닌드라바르만 1세 쪽으로 칼을 돌렸다. 반 탓Ban That 비문에는 그가 왕실 군대와 벌인 끔찍한 전투에 대한 기술이 나오는데, 전투 중 그는 마치 가루다가 발톱으로 뱀을 낚아채듯 왕의 코끼리에 뛰어올라 그를 죽였다.

그런 뒤 그는 선대왕의 유화적 통치로 쪼개진 왕국의 통일에 착수했다. 지역의 제후들이 그에게 공물을 바쳤다. 그는 몇 겹의 벽, 일련의 사당, 큰 저수지를 갖춘 세 개의 석탑 사원을 메루산 꼭대기 형상으로 지었으며, 사원 둘레에는 천상의 존재와 성인의 거주지인 꽃나무 숲을 두었다. 산들바람에 펄럭이는 깃발, 하늘까지 울려 퍼지는 조화로운 음악, 노랫소리, 춤추는 무희 등 이곳은 인드라의 극락을 본 떠 설계되었다.

1113년 덕망 있는 디바까라빤디따는 수르야바르만 2세를 왕으로 세웠다. 쁘리아 비히아르 비문에는 의식과 공덕 행위의 중요성을 보여주는 대단히 흥미로운 장면이 있는데, 왕이 성스러운 의식을 공부하고, 모든 종교 축일을 기념하며, 조상들의 영혼에 제를 올린 디바까라빤디따에게 하사품을 내리는 내용이 나온다. 하사품은 금제 손잡이가 달린 공작 깃털 부채 둘, 흰 일산 넷, 귀 장식품 및 귀고리, 팔찌, 가슴 장식물, 금 식기, 일꾼, 코끼리, 성스러운 갈색 소 등이었다.

디바까라빤디따는 그 후 메콩강 기슭의 왓 푸Wat Phu 사원에서 시작하여 사원 시주 순례에 올랐다. 앞서 왕은 그에게 사원에 시주할 모든 물품에 새겨 넣을 문구를 내렸다. 디바까라빤디따는 귀물貴物을 바치고, 저수지를 축조하여, 자신의 이름을 따 명명하고, 마을과 일꾼을 기증하며, 암자를 세웠다. 그가 날마다 왓 푸에 시주한 목록을 보면 그 공덕 행위의 규모를 알 수 있는데, 쌀, 기름, 천, 초, 향, 무희, 가수, 악사, 화병 등이었다. 이것이 다가 아니었다. 쁘리아 비히아르의 경우 그는 금으로 만든 춤추는 시바 상을 만들어 바쳤다. 그가 기증한 마을에는 모두 저수지와 날마다 의식에 필요한 물품도 같이 제공되었다. 그는 사원 탑의 바닥을 청동 외장재로 깔고, 기旗, 티어 일산,[1] 고운 천을 시주하여 탑과 뜰이나 벼를 태우는 의식을 거행하는 곳으로 이어지는 길 등에 달아매게 하였다. 그는 승려, 사제, 지방 태수, 모든 수고자들에게 연례적으로 기부를 하였다. 프놈 산닥Phnom Sandak과 왓 꼭 뽀 Wat Kok Po 사원에도 마찬가지로 넉넉한 시주를 베풀었다.

그러고 나서 디바까라빤디따는 왕이 자신에게 하사했던 반띠아이 스레이Banteay Srei 사원으로 관심을 돌렸다. 그는 이 사원을 원래의 목적인 시바 신앙으로 되돌려 놓았다. 끝으로 왕이 왕실 소속 장인을 네 부류로 나누어 임명하고, 사드야Sadya 지역 사람들에게 디바까라빤디따와 그 후손을 위해 탑, 저수지, 주위 벽을 세우도록 명했다는 대목에서, 노동력에 대한 중앙 통제를 보게 된다.

당 라엑 산맥 북쪽의 프놈 룽은 앙코르 시기의 지방 사원 단지 가운데 가장 훌륭한 축에 든다. 긴 진입로와 멋진 균형미를 자랑하는 중앙 공간은 산 정상의 배경에 아름다움을 더해준다. 사원에서 남쪽 방향으로 보면, 인근에 므앙 땀Muang Tam 사원과 그 부속 저수지가 보인다. 이곳에는 수르야바르만 2세의 혈통을 명기한 비문이 있다. 비문에 따르면, 자야바르만 6세와 다라닌드라바르만 1세의 아버지로 히란야바르만Hiranyavarman이라는 이름의 왕이 있었다. 히란야바르만의 손자인 끄시띤드라디땨Ksitindraditya 왕은 수르야바르만 2세의 아버지였다.

---

1) 펼쳤을 때, 층계 형태를 보이는 일산.

그림-35 | 앙코르 왓. 비슈누 신을 숭배한 수르야바르만 2세의 사원이자 능묘다. 현재로선 세계 최대의 종교 건축물이다. 카푸친수도회 수사 안토니오 다 막달레나는 포르투갈령 인도 제도의 공식 역사가 디오고 도 쿠토에게 앙코르 왓에 대해 다음과 같이 묘사했다. "이 도시에서 약 1.5km 떨어진 곳에 앙가르Angar로 불리는 사원이 있다. 그곳은 너무 엄청난 건축물이기 때문에 필설로 형용할 수 없을 정도다. 세계의 그 어떤 건물과도 닮지 않았기 때문이다. 탑과, 장식물, 인간의 재능이 생각할 수 있는 온갖 멋스러움을 다 가지고 있었다."

수르야바르만 2세의 사촌인 나렌드라디땨Narendraditya는 프놈 룽을 지었으며, 그의 아들 히란야Hiranya는 그곳에 금으로 된 부친 상像을 세웠다.

수르야바르만은 앙코르 문명의 위대한 왕 가운데 하나였으며, 이미 기술한 바 있는 그의 후원 행위는 의식과 공덕 쌓기의 역할을 어느 정도 이해할 수 있게 해준다. 지금까지 굳건히 남아 있는 그의 능묘 앙코르 왓은 흔히 역대 최대, 최고의 종교 유적으로 묘사된다(그림-35). 다른 장려한 건축물 역시 이 시기의 것이기 때문에 더 위대하다. 더구나 그는 중국과 외교를 재개하였다. 그러나 수르야바르만 치세의 어두운 측면은 뜨루옹 손Truong Son 산맥 동쪽에 자리한 왕국 대대로의 적인 참족에 대한 일련의 무력 정벌—실패로 끝났으며 큰 손실을 입기까지 한—이었다. 그의 통치기를 조사하다 보면, 앙코르 왕과 그 신하의 모습을 앙코르 왓 부조에서 처음으로 볼 수 있다.

이 유적은 의문의 여지없이 앙코르 문명의 걸출한 업적이다. 그런데 기이한 것은 비문 기록에는 이에 대한 직접적 언급이 없다는 사실이다. 그래서 그 원래의 이름은 알려져 있지 않으며, 그 역할과 상징적 지위를 놓고 여전히 논쟁 중이다. 초기 포르투갈 방문자는 아마도 창건 석비였을 큰 비문의 존재를 언급하지만, 그 이래로 실전된 상태다. 그렇지만 앙코르 왓이 비슈누를 모신 사원이란 사실은 분명하다. 그래서 문이 서쪽으로 나 있다. 서쪽은 비슈누의 방위方位이기 때문이다.

오늘날 앙코르 왓은 과거의 영화를 희미하게 반영하고 있을 뿐이다. 금박을 입힌 스타코의 흔적이 중앙 탑에 아직도 남아 있으며, 17세기 초 한 일본인 방문자는 석조 부조 위에 입혀져 있던 금박에 대해 글을

그림-36 | 앙코르 왓 주위 해자. 어떻게 축조했을까 싶을 정도로 대단한 토목 기술의 걸작이다.

그림-37 | 앙코르 왓 중앙 성소. 가운데 연꽃 탑이 당당히 솟아 있다.

그림-38 | 앙코르 왓. 중앙 사원 옆의 한 탑.

그림-39 | 앙코르 왓 두 번째 담 안뜰의 모습. 앙코르 양식의 창을 잘 보여주고 있다.

남겼다. 앙코르 왓은 전성기에는 문자 그대로 황금 사원이었음이 틀림없다. 한때는 아마 중앙 본전에 안치되어 있었을 높이 4m의 비슈누 상은 아직도 서쪽 입구의 건물에서 볼 수 있다. 지금도 숭배되고 있음은 물론이다.

앙코르 왓의 거대함을 가장 먼저 보여주는 것은 주위를 에워싸고 있는 해자의 규모다(그림-36). 폭이 200m에 달하는데, 홍토와 사암으로 된 안 제방과 바깥 제방에 둘러싸여 있으며, 총 길이는 약 10km에 이른다. 거대한 사암 덩어리를 잘라 완벽하게 맞추었다. 해자를 건너면 평평한 넓은 장소가 나오고, 이곳을 지나면 높이 4.5m의 사방 벽과 만나게 된다. 각 벽에 하나씩, 총 네 곳의 출입구가 있다. 가장 큰 것은 서쪽 벽에 있는데, 서쪽 벽에는 중앙에 셋, 좌·우 구석에 둘, 총 다섯 개의 문이 있다. 각 문에는 고뿌라가 설치되어 있다.[2]

정중앙 출입문을 통과하면 사원으로 이어지는 방죽길이 나오는데, 길 양옆에는 나가스nagas가 장식된 난간이 달려 있다. 어느 쪽으로든 작은 사원 두 채와 사각형 연못이 있다. 방죽길을 따라가다 보면 십자형의 단壇이 나오고, 이어서 세 개의 회랑과 중앙 탑에 이른다. 중앙 탑에는 앙코르 왓의 중심인 본전(그림-37 · 38 · 39)이 위치한다.

가장 바깥쪽의 세 번째 회랑 벽에 장식된 부조에 처음으로 왕과 신하들이 나온다. 인물상은 800년이란 세월의 온갖 풍파를 겪었음에도 참으로 놀라운 걸작이다. 그러나 금으로 입혀져 있었던 전성기의 모습

---

2) 앙코르 왓은 서벽의 출입구가 유일한 통로다. 서벽의 중앙에 있는 세 개의 문 가운데 정중앙의 것이 특히 웅장하고 멋있다. 왕이나 품계가 높은 신하들은 이곳을, 품계가 낮은 신하들은 양 옆의 문을 이용했을 것으로 추정하고 있다. 한편, 문턱이 없는 좌·우 구석의 문은 물건 운반용 수레나 짐승의 통로였을 것으로 보고 있다.

은 지금보다 훨씬 더 인상적이었을 것이다. 사회역사학자에게 왕을 알현하고 왕이 행차하는 장면의 묘사는 더 없이 소중한 자료다. 실물보다 더 크게 묘사된 수르야바르만 2세는 목제 옥좌에 앉아 있는 모습이다(그림-40).

정교한 왕관과 가슴 장식, 무거운 귀 장식물, 팔뚝 장식물, 팔찌, 발목 장식물 등을 하고 있다. 그의 오른손에는 죽은 뱀처럼 보이는 것이 들려 있으며, 왼손에는 무엇인지 알 수 없는 물체가 쥐어져 있다. 14개의 일산, 5개의 부채, 4개의 파리 쫓는 채로 둘러싸인 채 각료들을 조회하고 있다. 비문에는 이름이 적혀 있다. 비라심하바르만 Virasimhavarman은 왕에게 두루마리 문서를 올린다. 바르다나Vardhana와 다난자야Dhananjaya는 충성과 복종의 표시로 손을 가슴 위에 놓고 있다. 또 다른 인물은 공과功過를 심사하는 사람으로 기술되어 있다.

알현 장면 뒤로 산허리 아래로 왕이 행차하는 장면이 이어진다. 왕은 코끼리를 타고 있으며, 국사國師(라자호따르rajahotar)를 대동하고 있다. 군대 행렬 속의 대장군은 코끼리를 타고 간다. 비렌드라디빠띠바르만 Virendradhipativarman이 나온다. 그는 1108년 피마이 사원에 뜨라일로 까비자야Trailokyavijaya 상을 세웠던 인물로, 9개의 일산에 에워싸여 있다. 줄 앞에는 일산 8개의 자야웃다바르만Jayayuddavarman이 가고 있다. 그의 부대는 사슴 머리 형상의 독특한 투구를 쓰고 있다. 라자싱하바르만Rajasinghavarman은 13개의 일산에 2개의 기를 가지고 있다.

그러나 가장 위풍당당한 모습은 당연히 브라 빠다 깜라딴 안 빠라마비슈누로까vrah pada kamraten an paramavishnuloka(비슈누와 함께 거주하기 위해 신성한 발걸음을 하신 군주), 즉 수르야바르만 2세의 몫이다. 그에게

그림-40 | 수르야바르만. 앙코르 국왕의 모습을 묘사한 최초의 부조로서, 궁정에서 국사를 보고 있는 수르야바르만을 그렸다. 앙코르 왓을 국왕의 사원이자 능묘로 짓도록 한 이가 바로 수르야바르만이다. 부채, 일산, 파리 쫓는 채에 둘러싸인 채 용상에 앉아 있다.

는 15개의 일산, 5개의 부채, 6개의 파리 쫓는 채, 4개의 깃발이 딸려 있고, 그가 탄 코끼리의 정면에는 가루다를 탄 비슈누의 모습이 담긴 기치旗幟가 있다. 심지어 왕의 코끼리조차 보석이 박힌 멋진 머리장식을 하고 있다. 왕이 친히 행차하셨음을 알리는 것은 높이 받들어 나르고 있는 성화聖火, 나팔, 고둥, 북, 징으로 구성된 악단이다.

궁중 여인들의 모습도 엿볼 수 있는데, 공주들이 멋진 가마에 타고 숲을 지나는 장면이다(그림-41). 모자를 고쳐 쓰는 이도 있고, 옷매무새를 살피는 이도 있다. 촘촘히 늘어선 보병과 기병, 둔감한 표정의 크메르인도 보이고, 시엠Syem으로 분류된 덜 훈련된 머리가 긴 병사들도 보인다. 시엠이라는 명칭으로 봐서 이들은 시암 출신이거나 아니면 검은 피부의 노예였던 것 같다.

많은 앙코르 비문은 사원과 충신에 하사한 물품에 위해를 가하는 자에 대한 처벌을 경고하는 문구로 끝을 맺는다. 앙코르 왓 비문에는, 위해를 가하는 자의 말로와 충신의 거룩한 내세의 삶이 생생하게 묘사되어 있다. 벽에 있는 작은 비문에는 특정 범죄에 대한 처벌이 기술되어 있는데, 범죄자의 운명은 물소 등을 타고 앉아 판결을 내리는 죽음의 신 야마Yama에 의해 결정된다. 그 가운데 한 가지는 토지, 가옥, 가축, 쌀, 술, 신발, 일산 등의 절도다. 방화범 역시 엄한 벌에 처하고, 먹을 것을 탐하거나 욕심이 많은 자도 같은 처벌을 받았다. 처벌은 실제로 가혹했다. 무거운 롤러로 머리를 으깨어 버리거나, 나무에 거꾸로 매달아 매질을 하기도 했다. 반면 지상에서 깨끗한 삶을 산 사람은 극락에서의 복된 생활로 보답 받았다.

회랑 벽의 다른 구간은 힌두 서사시에 나오는 장면으로 채워져 있

그림-41 | 가마를 타고 가는 공주. 수르야바르만의 행차 행렬을 묘사한 부조의 한 장면이다. 앙코르 왓의 부조는
당시 궁정에 대한 더할 나위 없이 귀중한 정보원이다.

다. 가장 인상적인 것은 물론 유해교반이다. 그러나 란까Lanka와 꾸룩쉐뜨라Kurukshetra의 전투 장면 역시 이 시기 전쟁의 성격을 잘 보여준다. 압권은 백병전의 살육 장면이다.

순환 형식의 부조는 그 시작점에서 끝나며, 중앙 탑 쪽으로 계속 가려면 둥근 기둥이 있는 큰 건물을 통해야 한다. 안에는 네 곳의 물웅덩이가 있는데, 이전에는 신상이 안치되어 있었다. 계속 발걸음을 옮기면 또 하나의 회랑이 나오고, 여기를 지나면 중앙 탑이 연꽃 모양으로 솟아있는 앙코르 유적의 심장부에 당도한다. 이곳에서 1935년 프랑스 고고학자 조르쥬 트루베Georges Trouvé는 당시 물이 가득했던 27m 깊이의 수직 공간을 발굴하여 두 개의 백색 사파이어와 두 장의 금박을 발견하였다.

이 정도 규모의 유적 건설에 필요한 노동력은 분명 유례가 없을 만큼이었을 것이다. 돌의 무게도 엄청나지만, 모든 돌 표면에는 최고의 장식 조각이 새겨져 있다. 그 가운데 단연코 돋보이는 것은 놀라며 즐거워하는 압사라의 모습이다.

앙코르 왓의 목적과 그 상징적 의미를 이해하려는 많은 시도가 있어왔다. 다섯 곳의 중앙탑은 신들의 거처인 메루산 꼭대기를 상징하며, 해자는 메루산을 둘러싸고 있는 바다의 상징이라는 것에는 대부분 견해를 같이한다. 엘리노 마니카Eleanor Mannika는 앙코르 왓의 치수 dimensions와 태양 및 달의 매년 움직임과의 관계를 매개삼아 더욱 심오한 분석을 했지만,[3] 그의 이러한 시도는 어느 정도 회의를 불러왔

---

3) 이런 식의 분석은 이집트 피라미드에서도 볼 수 있다. 특히 쿠푸 왕의 대피라미드에 대해 피라미드의 치수와 천체 운동 간 상관관계에 주목하여 설명하려는 일련의 시도가 있었다.

다. 앙코르 왓의 궁극적 목적을 둘러싼 논쟁도 있다. 클로드 자크의 주장처럼 이곳은 주택과 왕궁을 위한 공간이었을까? 비슈누 신앙을 위한 성소로 설계되었을까, 아니면 수르야바르만 2세의 사원이자 능묘로 지어진 것일까? 그의 장례식에 관한 구체적인 언급은 없지만, 앙코르 왓은 그의 생시에 완공되지 않았을 개연성이 높다. 궁정에서의 알현과 행차를 묘사한 부조 그림에 빠라마비슈누로까Paramavishnuloka(비슈누의 천계天界에 들어가신 자)라는 그의 사후 이름이 함께 나와 있기 때문이다.

그렇지만 조르쥬 쾨데는 앙코르 왓의 목적에 대해 명확한 견해를 제시하고 있다. 앙코르 왓은 애초 수르야바르만 2세를 위한 기념물로, 그가 신과 소통하는 신성한 곳이었다는 것이다. 사후에 그의 유해는 신과의 소통자라는 그의 이미지를 고취시킬 목적으로 앙코르 중앙 탑에 안치되었다. 여기서 길이 1.4m, 폭 80cm, 높이 72cm의 석조 용기가 발견되었는데, 원래의 뚜껑이 달려 있던 반띠아이 삼레Banteay Samre에서 나온 것과 비슷하다.

앙코르 유적에서 나온 그런 용기 가운데 원래 위치나 내용물이 온전한 상태로 발견된 것은 없지만, 두 용기의 경우 그 장소와 밑면에 구멍이 나 있다는 점 등은 장례용이었음을 시사한다. 예를 들어, 구멍은 시액屍液이 관 밖으로 새 나갈 수 있도록 해주었을 것이다. 동남아시아의 왕실 매장 의식에는 화장에 앞서 그런 용기에 시신을 넣는 관습이 여전히 시행되고 있다. 가령 발리Bali에서는 왕을 화장한 다음, 그 재 일부를 석조 용기에 넣어 석조 사원 아래 매장하였다. 일단 죽은 왕의 영혼이 그의 석조상에 들어가고, 그리하여 왕조의 조상들과 만날 수 있게 되면, 그에 대한 숭배 신앙이 뒤따랐다. 이러한 매장 전통 안에서, 앙코르 왓은 비슈누와 하나가 된 군주가 선녀들이 사는 천상에서 영생하는 공간으로 봐야 한다는 것이다.

앙코르 왓 건설과 더불어 왕도 밖에서도 건설 활동이 이루어졌다. 그런 예가 왕도에서 동쪽으로 40km 지점에 있는 거대한 단지, 벵 미알리아Beng Mealea(연꽃 연못)이다. 이 수수께끼의 성소에는 아무런 비문도, 광범위한 부조도 나오지 않았지만, 그 건축 양식과 힌두 서사시에 나오는 장면들로 볼 때 앙코르 왓 시대의 것이다. 성소에는 중앙의 사원과 함께 큰 저수지가 딸려 있으며, 톤레삽 호수와 수로로 연결되어 있다. 자크는 수로가 어쩌면 현지의 사암을 앙코르로 수송하는 수단이었을 수도 있다는 의견을 피력한 바 있다.

차우 사이 떼보다Chau Say Tevoda와 톰마논Thommanon은 동 바라이와 피미아나까스 사원 사이에 서로 인접해 있는 작은 사원으로, 이 시기에 지어졌다. 앙코르 왓에서 동북쪽 10km 지점에 있는 반띠아이 삼레는 벽으로 둘러싸인 공간 두 곳과 동쪽으로 큰 연못을 가진 상당한 규모의 성소다(그림-42 · 43). 꼼뽕 스바이의 쁘리아 칸, 쁘리아 비히아르, 왓 푸 역시 이 시기에 추가되었을 가능성이 있다.

앙코르 왓과 다른 큰 사원의 건설 및 증축이 관심의 우위를 차지하지만, 지방에서도 많은 활동이 있었다. 왕은 계속해서 충신에게 토지를 하사했는데, 바긴드라빤디따Vagindrapandita에게 하사한 톤레삽강 인접의 왓 슬라 꾸Wat Sla Ku란 곳이 그 한 예다. 이곳은 지금에야 농사지을 수 있는 잡초 투성이의 황무지였다. 바긴드라빤디따는 큰 나무를 뽑는 등 개간을 한 후 수행자들의 거처로 제공하였다. 한편 가옥과

그림-42 | 반띠아이 삼레. 반띠아이 삼레는 비슈누에게 헌정된 사원이다. 앙코르 왓의 축소판이라 할 만큼 여러
면에서 앙코르 왓과 닮았다. 앙코르 왓의 해자 진입로와 마찬가지로 진입로는 나가 장식 난간으로 되어
있다. 중앙 성소 탑은 정통 앙코르 사원의 건축 양식인 연꽃 봉오리 형태를 취해 앙코르 왓을 축소시켜
놓은 듯하다. 사진은 동쪽 담 모습.

그림-43 | 반띠아이 삼레 사원 두 번째 담의 고뿌라 상인방.

저수지도 건설하고, 경계표지를 설정하여 논을 구획하는 작업도 이루어졌다.

뜨라빤 돈 온Trapan Don On은 앙코르 서북쪽에 있는 사원이다. 이곳에서 중요한 비문이 나왔는데, 왕실 관리 나마시바야Namasivaya의 성공적인 이력에 대한 내용이다. 그는 디바까라빤디따와 마찬가지로 왕이 네 번 바뀌는 오랜 기간에 걸쳐 지위와 부를 높여갔던 인물이다. 그는 18살의 나이에 성우聖牛 관리 책임을 맡은 목부牧夫로 우다야디땨바르만 아래서 관리 생활을 시작했다. 그 뒤 하르샤바르만 3세와 자야바르만 6세를 모셨는데, 자야바르만 6세는 그를 왕실 목부장으로 승진시켜 왕궁을 도는 행차에 소를 인도하는 역을 맡게 하였다. 그는 다라닌드라바르만 1세와 수르야바르만 2세 치세에서도 계속 이 직을 수행하여 그 공로로 토지를 하사받았으며, 재물을 나누어줄 정도로 부유해졌다. 또한 추가로 토지를 매입하고, 저수지와 해자, 다리, 성벽 등을 건설하였다. 마지막엔 자신의 선행 사업의 모든 공덕을 수르야바르만 2세에게 돌렸다.

그런데 비문에는 나마시바야의 업적뿐만 아니라, 토지 배정 및 운영에 관한 귀중한 정보도 담겨 있다. 그는 네 부류의 토지를 명기하고 있는데, 사원 유지용 토지, 사원 사제司祭용 토지, 총괄 관리官吏용 토지, 농부용 공동 토지다. 농사 담당 인력으로 19명이 올라와 있는데, 10명은 남자이고 9명은 여자다. 그러나 농부의 수는 이보다 더 많았을 것이며, 이들은 달이 차는 동안 일하는 무리와 달이 이지러지는 보름 동안 일하는 무리로 나누어졌다. 사원을 먹여 살리기 위한 보름 동안의 봉사에서 풀려나면, 이들은 자기 생존을 위해 자유롭게 농사지었을 것이다.

중국 기록에 따르면 수르야바르만은 중국에 사신을 파견하여, 이로 인해 이웃 참족과의 알력이 고조되었다. 결과적으로 적대 관계가 형성되었는데, 그 영향이 심각했다. 1150년 수르야바르만 2세의 사망과 1181년 자야바르만 7세가 승계하기까지의 기간은 명백히 내부 투쟁의 시간이었다. 이러한 집안싸움으로 말미암아 크메르족은 참족에 의한 파국적인 패배의 위험에 노출된다.

회고 비문에는 수르야바르만의 뒤를 이어 사촌 다라닌드라바르만 Dharanindravarman 2세가 왕위에 올랐다는 내용이 나온다. 다라닌드라바르만의 통치 기간은 10년에 불과하고, 그 뒤를 야쇼바르만 2세라는 이름의 인척이 승계한 것으로 보인다. 그 뒤 뜨리부바나디땨바르만 Tribhuvanadityavarman(삼계三界 태양의 피보호자라는 뜻)으로 알려진 확인된 왕실 혈통이 아닌 인물이 혜성처럼 등장하는 등 권력 투쟁이 전개되었다. 야쇼바르만 2세를 죽인 그는, 1177년 자야 인드라바르만Jaya Indravarman 왕이 선두에 선 참파 쪽의 공격에 직면해야 했다. 이 공격에는 메콩강과 똔레삽강 상류로 해서 똔레삽 호수를 가로질러 침략하기도 했다고 자료는 전한다. 앙코르는 약탈당하고, 뜨리부바나디땨바르만 왕은 목숨을 잃었다. 피미아나까스 비문에 따르면 그 뒤를 이어 왕위에 오를 장래의 왕 자야바르만 7세는 당시 참파에 있었는데, 침략 소식을 듣고 급히 캄보디아로 돌아왔다. 지방에서 중앙 무대로 부상한 그는 똔레삽 호수와 앙코르 본토에서 벌어진 것으로 보이는 전투에서 참족을 무찔렀다.

자야바르만 7세와 바욘 사원__

　자야바르만 7세의 통치기는 앙코르 역사의 최전성기이자 전환점이다. 현재와 같은 앙코르의 모습은 그의 집약적인 건설 프로그램의 결과다. 오늘날 앙코르 톰Angkor Thom(그림-44·45·46)으로 알려진 도시는 그의 작품이다. 구석 자리의 사원에서 나온 창건 석비에는 왕은 신랑으로, 도시는 신부로 비유하여 기술되어 있다. 새 도시 안에는 바푸온, 피미아나까스 등 그 이전의 종교 시설물도 들어 있었다. 바깥 경계로 해자가 둘러져 있고, 해자는 각 면의 중앙에 놓인 네 개의 다리를 통해 건너간다. 다리 난간에는 54개의 석상이 좌우에 나열되어 있는데, 오른편은 선신, 왼편은 악신asura의 형상을 하고 있다. 해자를 건너면 성벽이 나오는데 각 면의 길이가 약 3km이며, 높이 23m의 고뿌라가 출입문으로 나 있다. 고뿌라 맨 위에는 사암으로 된 거대한 얼굴상을 올려 사면을 바라보게 하였다.

　바욘 사원(그림-47·48·49·50)은 자야바르만 7세의 아내가 마드야드리Madhyadri로 불렀던 곳으로 도시 가운데에 자리하고 있으며, 54개에 달하는 사원 탑—현재는 36개만 남았다—의 사면에는 큰 바위 얼굴들이 새겨져 있다. 바위 얼굴은 자야바르만 7세가 관세음보살로 현신한 것을 형상화한 것으로 보고 있다. 이 거대하고 복잡한 구조물은 3단계의 증축과 개축을 거쳤다. 바깥벽에는 여덟 군데의 십자형 고뿌라가 들어서 있으며, 전투 장면과 보통 사람의 일상생활을 묘사한 부조로 덮여 있다. 3층에서는 기단 위에 뾰쪽뾰쪽 솟아 있는 많은 탑과 먼 곳을 잔잔히 응시하는 관세음보살의 얼굴상을 볼 수 있다. 중앙 탑은

그림-44 | 앙코르 톰. 앙코르 톰은 자야바르만 7세에 의해 세워진 크메르 왕국의 마지막 도읍지였다. 크메르어로 앙코르 톰은 '거대한 도시'를 뜻한다. 철저한 도시계획 아래 세워진 왕도다. 한 변의 길이가 무려 3km 에 이르는 앙코르 톰 안에는 왕과 왕족, 신하, 승려, 일반 백성 등 약 100만 명이 거주했던, 당시 세계에서 유례를 찾아볼 수 없는 도시다. 또한 사방으로 뻗은 도로, 훌륭한 수로, 병원 등 도시 생활에 필요한 기반 시설을 갖춘 완벽한 공간이었다. 중국 사신으로 캄보디아에 온 저우다관은 앙코르 톰에 대한 방문기를 남기기도 했다. 정글 속 잃어버린 이 도시를 기록에 남긴 사람은 초기 포르투갈 방문자였다. 남문의 장엄한 모습은 여전히 사람들을 경탄케 만든다.

그림-45 ㅣ 앙코르 톰 남문의 선신들.

그림-46 ㅣ 앙코르 톰 남문의 악신들asura.

그림-47 | 바욘Bayon 사원. 불교 건축의 대표작이라 할 수 있다. 바욘은 자야바르만 7세가 세운 왕도의 정중앙에 위치하고 있다. 바욘은 그러나 수수께끼의 사원이다. 기록도 별로 없고, 기초 구조나 초기 건축물 대부분이 폐허 상태이기 때문에 역사적 추론이 어렵기 때문이다. 사원 탑에 조각된 거대한 얼굴상은 자야바르만 7세가 관세음보살로 현신한 모습을 형상화한 것으로 보고 있다.

그림-48 | 바욘 사원 안뜰의 앙코르식 창문.

그림-49 | 바욘 사원의 두 번째 담 동東 고뿌라 안뜰에 있는 건물.

바욘 사원에서 가장 신성한 곳으로 특이하게도 원형이며, 원래는 금도 금 상태였을 것이다. 이 탑 아래에 깊은 수직 공간이 있는데, 큰 불상의 부서진 부분이 들어 있었다. 자야바르만 7세 사망 이후 불교에 대한 반감을 반영한다.[4]

바욘의 외벽에는 일련의 부조가 장식되어 있으며, 자야바르만 7세 통치기의 생활에 대한 유례없는 정보 공급원 구실을 한다. 육지와 수상 전투, 축연祝宴, 부잣집의 생활, 사냥, 놀이하는 모습, 시장 거래, 음식 만들기 등의 장면이 나오며, 심지어 궁전 건설에 쓸 나무를 조성하고 키우는 장면도 있다.

많은 부조 가운데서 단연 압권은 자야바르만의 승리를 묘사한 것이다. 행군 중인 부대의 모습을 볼 수 있는데, 장군들은 코끼리를 타고 있으며, 그 아래로 보병이 있고 한 무리의 사람이 전투 깃발을 붙들고 있다(그림 51·52). 큰 돌을 쏠 수 있는 투석기가 탑재된 바퀴 달린 탈 것을 밀고 있는 병사도 있다. 앙코르 부조에서는 보이지 않지만, 비슷한 무기를 코끼리가 나르는 장면도 있다. 크메르 보병은 짧은 머리를 뒤로 묶었다. 귓볼은 장식물을 끼워 넣어 넓혀져 있으며, 한 손에는 방패를, 다른 한 손에는 창을 들고 있다. 한 무리는 징이나 북처럼 생긴 것을 지니고 있다. 한편, 참족은 초승달 모양의 기묘하게 생긴 방패와 함께 정교한 머리 장식을 하고 있다(그림-53). 이들의 전함은 고도로 장식되어 있으며, 노의 힘으로 나아간다.

---

4) 자야바르만 7세는 정통 왕위 계승자가 아니었다. 지방의 영주였던 그는 참족과의 전투에서 승리한 후 왕위를 움켜쥐었다. 그래서 정통성을 주장하는 반대파의 공세에 맞서야 했다. 그는 이러한 상황을 타파할 목적으로 힌두교를 버리고 불교를 채택하는 정책을 펼쳤다. 그러나 그의 사망과 함께 불교는 쇠퇴하고 힌두교로 환원되었다.

그림-50 | 바욘 사원 꼭대기 테라스의 중앙 사원과 둘레의 두 탑.

귀족과 그 하인의 대조적인 삶을 보여주는 가장 대표적인 장면의 하나는 숲에서 연회하는 모습이다. 아래 칸에는 음식을 준비하는 요리사가 나온다(그림-54). 일부는 생선을 굽고, 어떤 남자는 쌀을 조리 기구에 붓고 있다. 급사의 머리에 얹은 쟁반으로 연회석에 가져갈 접시에 음식을 담는 이도 있다. 아래쪽에 있는 요리사가 부채로 불을 부치는 가운데, 돼지를 이제 막 큰 솥에 넣으려고 하고 있다. 위쪽 두 번째 칸에는 귀족들이 음식 시중을 받고 있는데, 바닥에 앉아서 음식을 먹으며 담소하고 있는 것이 보인다. 주변 나무에는 새와 원숭이가 가득하다.

또 다른 연회 장면을 따라 한 부유한 중국 상인의 집으로 가보자. 또 가정부가 음식을 준비하는 모습이 보인다. 현대식 목탄 난로처럼 생긴 것 위에 놓여 있는 다양한 크기의 조리 기구를 사용하고 있다. 위에는 집주인과 손님들이 잔을 쥔 채, 돋음 의자에 앉아 있다. 하인들은 음식을 내놓고 있다. 이 부조는 부자의 생활양식을 생생히 보여준다. 둥근 기둥, 장식된 지붕, 용마루 기와 등을 볼 수 있으며, 술통과 일산이 천장에 걸려 있다.

거의 부수적이긴 하지만, 이러한 부조를 통해서 앙코르 세계를 탐구하여 일상생활에 관해 더 많은 것을 알아낼 수 있다. 한 장면에서는 누각처럼 생긴 건물에 여자가 누워 있는데, 산파의 도움을 받는 장면인 듯하다(그림-55). 또 다른 장면에는 남자 둘이 장기 비슷한 놀이를 하는 모습이 나온다(그림-56). 남자들이 건축용 석재를 다듬고, 그것을 지렛대로 들어올리는 장면에서는 마치 정 소리가 들리는 것 같다. 남자들이 그물을 던져 물고기를 잡는 모습, 여자들이 그날 잡은 것을 시장에

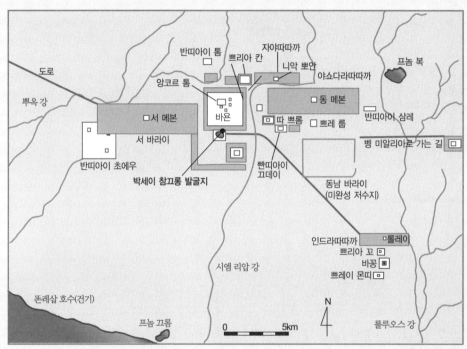

다음은 지도에 표기된 지명들이다:

반띠아이 톰
쁘리아 칸
자야따따까
니악 뽀안
프놈 복
야쇼다라따따까
앙코르 톰
동 메본
반띠아이 삼레
바욘
도로
뿌옥 강
서 메본
서 바라이
따 쁘롬
쁘레 룹
벵 미알리아로 가는 길
반띠아이 초에우
박세이 참끄롱 발굴지
빤띠아이 끄데이
동남 바라이
(미완성 저수지)
인드라따따까
롤레이
쁘리아 꼬
바꽁
쁘레이 몬띠
시엠 리압 강
똔레삽 호수(건기)
프놈 끄롬
0   5km
N
룰루오스 강

그림-51 | 병사들의 행진을 표현한 앙코르 왓의 부조. 지휘관은 코끼리를 타고 휘하의 기병과 보병은 일렬로 질서 정연하게 행군하고 있다.

그림-52 | 행군 중인 군대를 따라가는 가족. 바욘 사원의 부조 가운데 하나로 보기 드문 장면이다.

그림-53 | 참족 병사들. 기묘하게 생긴 초승달 모양의 방패를 들고 있으며, 정교한 머리 장식을 하고 있다.

서 파는 모습 등도 있다. 한 남자가 쌀이 들어 있음 직한 바구니를 들고 있고, 또 다른 남자는 오늘날의 것과는 판이하게 다른 우마차를 몰고 간다. 한 무리의 구경꾼이 닭싸움을 지켜보고 있고, 수퇘지 두 마리가 싸우려 하고 있다(그림-57). 끝으로 똔레삽 호수를 주제로 한 장면에서는 중국 무역선이 들어오는 모습을 볼 수 있다. 비문에 압도적인 비율로 기술되던 기증, 토지 경계 등의 딱딱한 내용을 대하다가 단편적인 일상생활의 모습 같은 부드러운 그림을 대하니 참신한 느낌이 들지 않을 수 없다.

자야따따까, 따 쁘롬, 쁘리아 칸, 반띠아이 츠마르__

왕궁은 바욘 북쪽에 위치했는데, 이곳에는 성벽을 두른 대지 위에 피미아나까스 사원이 압도적 자태로 서 있다(그림-58·59). 이 사원과 북벽 사이에 평온한 모습의 물웅덩이 몇 개가 있다. 동벽에 나 있는 고뿌라를 통과하면 길이 300m의 거대한 테라스(그림-60)가 뻗어 있는데, 한때 금도금을 한 별관들이 자리했을 수 있다. 테라스 안에는 앞 벽이 실물 크기의 코끼리 상으로 장식된 중앙단이 있는데, 군의 열병을 사열하거나 행사를 참관하던 곳이라는 인상을 준다. 이른바 문둥왕leper king 테라스[5]로 불리는 또 다른 단 구조물이 북쪽에 있다(그림-61). 죽음

---

5) 테라스 끝, 쁘리아 빨리라이로 진입하는 길 건너편 언덕 위로 올라가면 명칭의 어원이 된 문둥왕의 상이 안치돼 있다. 문둥왕 테라스의 주인공으로 가장 유력시되는 인물은 자야바르만 7세다. 그는 앙코르 곳곳에 많은 병원을 세웠는데, 본인이 나병 환자였기 때문이라는 설도 있다.

그림-54 ㅣ 하인들. 숲속에서의 연회를 위해 음식을 준비하고 그릇에 담고 있다.

그림-55 ㅣ 출산 중인 여인. 세 명의 산파産婆로부터 도움을 받고 있는 가운데 나무 정자 그늘에 누워 있다. 바욘 사원의 부조는 이처럼 앙코르의 일상생활을 많이 그리고 있다.

그림-56 | 장기 놀이. 사람들이 장기에 몰두해 있다. 바욘 사원의 한적한 모퉁이 벽에 새겨진 부조 장면이다.

그림-57 | 멧돼지 싸움. 두 남자가 멧돼지를 막 싸움 붙이려 하고 있다.

의 신 야마Yama(그림-62)의 상에서 이름을 따온 것이다. 야마 상이 나병의 조짐을 나타낸다는 관념에서다. 쾨데는 이곳이 왕실 화장터였을 것이라는 조심스런 주장을 한 바 있다. 그러나 그 증거는 아직 나오지 않고 있다. 정면의 벽에는 힌두 신화에 기초한 장면들이 담겨 있으며, 비슷한 장면이 나오는 그 이전 시대의 또 다른 벽이 감추어져 있다.

새 도시의 동쪽으로 왕은 자야따까Jayatataka로 알려진 3.7×9km 규모의 저수지를 건설하라고 명하였다. 저수지 중앙의 탑에는 모든 앙코르 사원 가운데 가장 훌륭한 축에 드는 라자스리Rajasri(니악 뽀안Neak Pean)을 앉혔다(그림-63). 중앙 탑은 꼬리를 휘감은 두 마리의 나가naga로 둘러져 있으며, 네 방위에 위치한 작은 연못에는 중앙 연못에서 수로를 연결해 물이 흘러들게 했다. 물이 흘러나오는 배수구의 모양도 특이하다. 북쪽은 코끼리 머리, 동쪽은 사람 머리, 남쪽은 사자 머리, 서쪽은 말 머리로 조각돼 있다. 이 섬 사원은 인간의 죄를 없애주는 기적의 치유력이 깃든 히말라야의 성스런 아나바땁따 호수Lake Anavatapta를 본뜬 것이다. 저수지의 물을 건너 이 성소를 방문하려는 순례자 행렬이 분명 주기적으로 있었을 것이다.

옛 저수지 스라 스랑Srah Srang 역시 자야바르만 7세 통치기에 면적이 약간 줄었으며, 돌계단으로 둘러져 있었다. 서북쪽 모퉁이를 발굴하자 작업장이 나왔는데, 큰 돌조각, 배수로용 돌, 돌 깎은 부스러기, 도끼, 까뀌, 칼, 숫돌, 광내는 도구 등이 여기저기 널려 있었다. 작업장은 스라 스랑이나 인근 반띠아이 끄데이 사원의 새 토목공사와 관련되었을 가능성이 있다.

자야바르만 7세는 앙코르 톰 바깥에 두 곳의 거대한 사원 단지, 라

그림 58 | 피미아나까스. 앙코르 왕실 사원으로, 성벽으로 둘러진 왕궁 경내에서 중심적인 위치를 차지
했다. 해자로 에워싸고 금으로 덮인 사원의 모습은 보는 사람을 압도했을 것이다.

그림-59 | 피미아나까스의 시바 사원.

그림-60 | 코끼리 테라스. 1296년 저우다관은 "동쪽으로 황금 다리가 있는데 좌우에 금칠한 사자상이 있다. 다리 끝에는 석조 코끼리 상이 떠받치는 누각이 나온다"고 적었다. 바로 코끼리 테라스를 묘사한 것이다. 이 것은 왕의 사열대로, 왕궁까지 연결되어 있었다. 멀리 나무 위로 바욘 사원의 중앙 탑이 솟아 있다.

자비하라Rajavihara(따 쁘롬Ta Prohm)와 나가라 자야스리Nagara Jayasri(쁘리아 칸)[6]를 세웠다. 각각 자신의 어머니와 아버지를 기리기 위해서였다. 따 쁘롬은 현재 허물어진 상태이며, 수목 벌채와 재건축을 하지 않으면 다른 사원도 이런 모습이 된다는 것을 보여준다.[7] 길이 1km 폭 600m의 홍토 벽 내에는 주위에 통로가 있는 두 곳의 마당이 있으며, 각 마당 안에는 소규모의 독방 사원이 많이 들어서 있다.

이 대 사원의 창건비 비문을 작성한 사람은 왕의 아들 가운데 하나인 수르야꾸마라Suryakumara(태양 왕자라는 뜻)이며, 석비는 1186년에 세워졌다. 모계 혈통을 강조하는 반면, 자야바르만의 부계 혈통은 아버지가 "마힌다라뿌라Mahidharapura에서 살았던 사람의 후손이다"라는 말을 제외하면 거의 언급이 없다. 그 한 가지 이유는 왕의 어머니 스리 자야라자쭈다마니Srijayarajacudamani가 오랜 역사의 왕실 혈통이었기 때문이다. 비문에서는 스루따바르만Srutavarman, 스레스타바르만 Sresthavarman 등 신화적인 조상까지 거슬러 올라간다.

참족에 대한 승리와 국왕 취임 후 자야바르만은 자신의 구루에게 하사품, 직함, 토지를 잇달아 내렸는데, 리본이 달린 황금 가마, 공작 깃털이 달린 깃발, 일산, 금제 손잡이가 달린 부채, 스리 자야망갈라르타데바Sri Jayamangalarthadeva라는 호칭 등이다. 사원에는 또한 많은 신상

---

6) 1939년, 이곳에서 사원의 역할에 관한 상세 정보가 담긴 비문이 발견됐다. 쁘리아 칸은 자야따따까 저수지 일대에 세워진 니악 뽀안, 따 쁘롬 등의 사원군群 중에서도 가장 중심적인 기능을 했던 곳이며, 큰 수도원이 부속돼 있어 승려들의 교육을 담당하기도 했다.

7) 따 쁘롬은 무너진 채 방치되어 있다. 그 세월의 흐름과 함께 자연이 어떻게 사원을 붕괴시키는지 그 과정을 보여주기 위해서라고 한다. 현재 온갖 괴목과 거목이 사원 곳곳에 뿌리를 내리고 건물을 짓누르고 있다. 따라서 재건하려면 이 나무를 모두 벌채해야 하는데, 이미 사원과 하나가 된 수목을 제거할 경우 유적지의 붕괴를 초래할 수 있다고 한다.

그림-61 | 문둥 왕 테라스. 이 테라스는 외벽 뒤편에 갱도를 따라 벽을 하나 더 두는 이중 구조를 취했다. 이 이중
벽은 프랑스 고고학팀이 문둥이 테라스를 보수하면서 발견했다. 문둥 왕 테라스의 주인공으로 가장 유
력시되는 사람은 바로 이 테라스를 건립한 자야바르만 7세다. 그는 앙코르 유적 곳곳에 많은 병원을 건
립했는데, 그 이유는 본인이 나병 환자였기 때문이라는 설이 있다. 사진은 테라스의 내벽이다.

그림-62 | 죽음의 신 야마Yama. 앙코르 왓 남쪽 회랑의 동東익벽에 묘사되어 있다. 야마는 힌두교에서는 죽음의 신이며, 불교에서는 염라대왕으로 그려진다. 오른편에 몽둥이를 든 저승사자들이 극락과 지옥의 갈림길에 서 있다.

그림-63 | 니악 뽀안의 중앙탑. 니악 뽀안은 '똬리를 튼 뱀'이라는 뜻이다. 자야바르만 7세 치하에서 지어진 사원으로, 부처에게 바쳐진 사원으로 보고 있다. 각 방향의 문에는 부처의 일생과 관련한 부조가 새겨져 있다.

이 안치되어 있었다. 1885년 비문을 발견한 에티앙 아이모니에는 조상彫像 세 점도 발견했는데, 그 가운데 하나는 현지인들이 따 쁘롬(브라마의 조상이란 뜻)으로 불렀던 것으로 지금은 사원의 이름이 되어 버렸다. 전설에 따르면 보석으로 덮인 주상主像은 왕의 어머니를 붓다의 어머니 형상으로 표현하였다.

다른 상도 많았다. 수르야꾸마라는 260개나 있었다고 전한다. 짧은 비문에는 한때 안에 서 있었던 조상들의 이름이 나와 있다. -이스바라isvara라는 호칭이 붙은 사원 창건자 부모의 이름이 보이는 것도 있다. -이스바라는 보디삿뜨바 로께스바라Bodhisattva Lokesvara(관세음보살)의 자질이 섞여 있음을 가리킨다.[8] 그리하여 느르뻰드라빤디따Nrpendrapandita의 부모는 아버지의 경우 느르뻰드레스바라Nrpendresvara, 어머니의 경우 느르뻰드레스바리Nrpendresvari로 명명되어 있다. 이런 점에서 볼 때 따 쁘롬에는 왕의 어머니 상뿐만 아니라, 조신朝臣의 조상祖上 상도 포함되었던 것 같다.

오늘날 방문자는 유적 여기저기 돌아다닐 수 있는데, 유적을 뚫고 들어가는 나무가 여전히 방해물로 작용한다. 나무가 사원을 에워싸는가 하면, 뿌리는 벽을 갈라놓는다. 그러나 비문을 통해 전성기의 사원 모습을 엿볼 수 있으며, 아울러 그와 같은 시설물이 어떻게 왕 및 왕조의 힘을 상징하고 종교와 경제활동의 원동력이 되었는지 알 수 있다.

또한 과장된 내용으로 보이는, 자야바르만 7세 왕조의 일부 뜻밖의 측면도 드러난다. 615명의 여자 무용수 등 2,202명의 보조자와 함께

---

8) Bodhisattva는 '깨우친 자'를 의미하며, Lokesvara는 인간에 대해 자비로운 존재란 뜻이다. 따라서 -isvara는 이 둘의 성격을 다 담은 호칭이다.

고위 승려 18명, 관리 2,740명이 사원에 기거하며 근무했다. 총 12,640명이 안에서 먹고 잘 수 있는 권리를 가지고 있었다. 이 인원을 먹이기 위해 쌀, 꿀, 당밀, 기름, 과일, 참깨, 기장, 콩, 버터, 우유, 소금, 푸성귀 등을 공급했다. 왕실 재단과 창고 출고품은 모든 양을 꼼꼼히 목록에 기재하였다. 의복은 물론, 심지어 모기장 숫자도 적혀 있다. 사원의 물품 공급에 배당된 인력은 남·녀 66,265명으로, 미얀마인과 참족 사람을 포함하면 79,365명으로 늘어난다.

비문에는 이어서 사원 재산이 나오는데, 금·은 그릇, 35개의 다이아몬드, 40,620개의 진주, 녹주석綠柱石 같은 보석 4,540점, 구리 잔, 주석, 납, 512개의 비단 침대, 중국산 장막 876점, 방석, 523점의 차양막 등이다. '영혼을 기쁘게 하기' 위한 악기도 있었고, 밤이 오거나 의식이 거행되는 경우 165,744개의 밀랍 횃불이 사원을 밝혔다.

고도로 조직화된 의료 체계도 있었다. 따 쁘롬 사원은 왕국 전역에 전략적으로 세워진 병원 102곳의 운영을 책임졌으며, 일부 병원의 경우 자체에서 나온 비문에 의거하여 확인되었다. 병원 건립 석비들은 동일하며, 치유자로서의 불상이 안치된 부속 사원과 외부 연못 등 기본 설계도 마찬가지다. 이들 병원을 유지하는 데 막대한 양의 음식 및 기타 물자가 소요되었으며, 목록에는 앙코르의 약종藥種이 열거되어 있다. 838개 마을 출신의 남·녀 81,640명을 지정하여 병원에 쌀, 의복, 꿀, 밀랍, 과일을 공급케 하였다. 의사에겐 두 종류의 캠퍼,[9] 고수풀, 후추, 겨자, 소두구,[10] 당밀, 애기회향,[11] 송진, 생강, 양파, 열 가

---

9) camphor. 아열대성 교목인 녹나무에서 얻는다. 약으로는 흥분, 강심, 진통제로 쓴다.
10) cardamom. 생강과의 다년생 식물. 약용 또는 식용으로 사용.

지 식물로 제조한 열병 치료용 연고 등이 제공되었다. 1,960상자 분의 고약도 치질 완화용으로 자유롭게 사용할 수 있었다. 각 병원의 스태프는 의사 둘, 조수 둘, 시약施藥 담당 둘, 청소를 돕기도 하는 요리사 둘, 물 데우는 사람, 약 조제 전문가뿐만 아니라 부처에게 올릴 제물을 준비하는 직원 등 기타 다양한 근무자로 구성되었다.

비문의 마지막 대목은 다음과 같다. "주상主像은 지혜의 완성자이며 붓다의 어머니인 쁘라즈냐빠라미따Prajnaparamita의 모습으로 왕의 어머니를 형상화하였다." 여기서 왕의 의도를 알 수 있다. 따 쁘롬의 창건 목적은 어머니의 극락왕생을 위한 공덕 쌓기였던 것이다. 그는 모든 후대 왕에게 이 의도를 기리고 도둑과 신성 모독에서 지킬 것을 당부하였다.

나가라 자야스리Nagara Jayasri(승리의 성도聖都라는 뜻)는 왕명에 의해 건설된 또 다른 사원 단지다. 오늘날 쁘리아 칸으로 알려져 있는 이곳은 앙코르 톰 동북 모퉁이 바로 밖, 자야따따까 저수지와 같은 방위에 있다. 실제로 저수지를 사원 동문과 연결하는 돌제突堤가 있다. 사원을 일련의 단으로 이루어진 피라미드 형태로 세우는 전통 방식은 더 이상 따르지 않게 되었다. 쁘리아 칸의 건물들은 기단의 높이가 같고, 해자와 800×700m의 벽으로 둘러싸여 있다. 접근은 뱀의 몸통을 잡고 있는 선신과 악신이 양옆에 늘어선 네 개의 방죽길을 통한다. 탑문을 통해 들어서면 벽으로 둘러싸인 두 공간이 나오는데, 내부에는 수많은 사당이 있으며, 그 사이사이에 마당이 자리잡고 있다. 사당과 관련한

---

11) cumin. 미나리과의 식물. 약용 또는 요리용 향료로 사용.

짧은 비문에는 그 안에 있는 조상彫像과 만들도록 한 사람의 이름이 자세히 나와 있다. 마찬가지로 자신의 조상 상을 세운 개인의 예도 있다.

창건비 비문은 자야바르만의 또 다른 아들 비라꾸마라Virakumara가 썼는데, 그에 따르면 사원은 아버지 자야바르만이 참족을 무찌른 바로 그 터에 세웠다. 사원의 궁극적인 목적은 왕의 아버지를 위한 공덕 쌓기로서, 관세음보살 형상을 한 아버지 상은 1191년에 바쳐졌다. 이 상은 중앙 성소에 위치해 있으며 283개의 다른 상이 딸려 있다. 이 뒤에 이어지는 비문의 내용은 따 쁘롬 비문과 같은 진행을 보인다. 왕에 대한 찬사와 그 조상에 대한 기술이 나오고, 이어 신상의 숫자와 배치가 언급된다. 신상은 벼 창고에 하나, 순례자 휴게소에 넷, 병원에 셋이 있었다. 사원의 사방 입구에는 24개가 놓여 있었다. 쁘리아 칸의 경계 너머 자야따따까 저수지 중앙에 있는 니악 뽀안 사원이 소재한 섬에 14개를 세웠다. 이 저수지 측면의 사당에 더 많은 상이 있는데, 도합 515개에 이른다.

비문에는 이어 쌀, 참깨, 콩, 버터, 신선한 우유, 꿀, 당밀 등 신에게 올릴 공양물이 열거되어 있다. 다음엔 침구와 걸상용으로뿐만 아니라 신상의 몸을 감싸기 위한 645발[12]의 흰색과 붉은색 천 목록이 뒤따른다. 신상 보호를 위해 비단 모기장도 필요했다. 이어서 사원 소속 관리가 먹을 음식이 설과 축제일에 대한 특별한 언급과 함께 목록에 적혀 있는데, 목록에는 이외에도 목욕재계 후 화장품으로 썼을 기름이 들어 있다. 공양물의 총 숫자는 조명이나 양초용으로 보이는 송진, 염소

---

12) 두 팔을 펴서 벌린 길이.

423마리, 비둘기 360마리, 공작 등 실로 엄청났다. 왕은 97,840명이 거주하는 무려 5,324개의 마을을 그 소유주와 함께 사원의 봉사에 지정하였다. 여기에는 요리사와 무희 1,000명도 포함되었다. 따 쁘롬의 경우와 마찬가지로, 비문은 사원의 재산 목록으로 이어진다. 많은 양의 금·은 그릇 이외에 보석, 112,300개의 진주, 뿔과 발굽에 금을 입힌 갈색 소 등이 보인다.

비문에는 이어 자야붓다마하나타Jayabuddhamahanatha 상을 안치한 24곳의 목록이 나온다. 쾨데가 주장했듯이 이 석상은 왕을 부처로 형상화한 것일 가능성이 높다. 그 터를 죄다 확인하기란 불가능하지만, 일부는 확실히 추적할 수 있다. 예를 들면 라보다야뿌라Lavodayapura는 롭부리Lopburi, 스바르나뿌라Svarnapura는 수판부리Suphanburi, 자야라자뿌리Jayarajapuri는 랏부리Ratburi다. 자야심하뿌리Jayasimhapuri는 므앙 싱Muang Singh임이 거의 확실하다. 마지막 장소는 태국 서쪽 끝에 있다. 그곳은 성벽 도시로 되어 있는데, 홍토로 지어 그 위에 스타코를 바른 중앙 성소가 갖추어져 있다. 이 지역은 태국 중부를 미얀마와 연결하는 삼탑협로三塔峽路(Three Pagodas Pass)를 통한 교역을 통제하는 데 전략적으로 중요하지만, 불행히도 그 창건과 운영을 밝혀줄 비문은 아직 미발견 상태다. 이것은 비교적 힘이 있던 시기 중앙 정부의 오지 통제 정책을 보여주는 또 하나의 사례다. 롭부리Lopburi에 있는 왓 마하탓Wat Mahathat 역시 앙코르가 태국 중부를 어떤 형태로든 정치적으로 지배했음을 반영하는 또 다른 사원이다.

비라꾸마라Virakumara는 부친의 업적을 추가로 열거하면서, 121개 동의 여행자 휴게소 건립에 대해 언급한다. 여행자 가운데 상당수는 필시 라쟈스리Rajyasri 같은 성소를 찾아가는 순례자였을 것이다. 휴게소는 참파의 수도首都로 가는 길에 57곳, 피마Phima에 있는 왕의 고향으로 가는 길에 7곳이 들어섰다. 여행 목적지는 폭넓게 고를 수 있었을 것이다. 비문에 따르면 왕국 전역에 금, 은, 청동, 석조 신상 20,400개가 있었기 때문이다. 이를 관리하는 데 8,176개 마을 출신 남 · 녀 208,532명이 물자와 용역을 제공해야 했다고 한다. 이것은 감독관 923명, 기술자 6,465명, 여자 무희 1,622명이 포함된 숫자이지만, 대부분은 목록에 언급된 쌀과 천의 대량 생산을 위해 고된 노동을 했음이 틀림없다.

사원에서 연간 올리는 공양 횟수는 열거된 신(상)을 보면 얼마나 빈번했을지 확연히 드러난다. 신상은 여러 개의 부분 조각을 결합하여 특별 의례용으로 쁘리아 칸에서 제작한 실제 상을 작게 복제한 것이었을 개연성이 높다. 목록에는 자야바르만 7세의 신격화된 어머니 자야라자쭈다마니, 부처 형상으로 나타낸 그의 아버지 자야붓다마하나타, 피마스 사원의 짬뻬스바라Campesvara 신 등등하여 총 122분의 신이 나온다. 이번에도 역시 공양물 목록이 보인다. 공양물은 왕실 창고에서 타왔으며, 금, 은, 주석, 쌀, 꿀, 밀랍, 우유, 송진, 신에게 입힐 의복 459점, 향료 143상자 등이었다.

비문의 이어지는 내용에 따르면 왕은 동쪽으로 쁘리아 칸과 이어져 있는 큰 규모의 저수지 자야따따까를 지었다. 사람들은 돌제를 통해 저수지 중앙의 섬에 들어갈 수 있었으며, 섬에는 라쟈스리(니악 뽀안) 사원이 들어서 있었다. 이곳의 물과 접촉하면 쌓여 있는 더러운 죄악이 씻겨나가 '이승의 바다를 통과' 할 수 있다고 한다. 오늘날 이 유적지를 보면 눈에 들어오는 것은 온통 논 풍경이다. 한 무리의 소가 사원 입구 쪽으로 가고 있는 풍경을 볼 수도 있다. 비문을 쓴 왕자의 원래 말을 읽어보지 않고는 금빛 찬란했던 사원의 거룩한 모습을 떠올리긴 어려울 것이다.

자야바르만은 아버지에게 헌신적인 인물이었다. 그래서 이 큰 사원을 기부하면서 발생한 공덕을 특히 아버지에게 바쳤다. 따 쁘롬과 쁘리아 칸에 기부 행위를 한 사람은 이밖에 많다. 피미아나까스 석비를 보면 비문의 저자 인드라데비Indradevi와 남매간인 자야라자데비Jayarajadevi 여왕에 대한 찬사가 나온다. 비문은 여왕이 의례용품을 헌납하고, 자신의 재산을 신과 가난한 자들을 위해 내놓았다고 적고 있다.

그녀는 자야라자쭈다마니에게 금 난디 상 두 점, 금 독수리 네 점, 영원히 타는 등燈을 바쳤다. 자야스리 쪽으로는, 특히 니악 뽀안에게는 금 난디 상 두 점, 사자 상, 거울, 금으로 된 화려한 파리 쫓는 채, '상상할 수 없을 정도로 아름다운' 황금 의자, 금제 상자, 금제 머리띠, 마을 두 곳을 기부했다. 바욘의 마드야드리Madhyadri 신에게는 중국산 천으로 만든 깃발 100개를 바쳤으며, 참족에게 약탈당했던 바수다띨라까Vasudhatilaka 사원(피미아나까스 사원을 말하는 듯)을 다시 금으로 깔아주었다. 더 멀리 있는 사원들 역시 덕을 보았다. 피마스의 짬뻬스바라 신은 금도금 은제 북을 받았다. 자약세뜨라시바Jayaksetrasiva 사원(밧땀방 인근 바셋)의 경우, 그녀는 자야라자마헤스바라Jayarajamahesvara 신상을 기증했다. 현실적인 측면에서 여왕은 어머니로부터 버림받은 다수의 소녀를 거두어줄 재단을 설립·기부하였다.

자야바르만 7세가 세운 주요 사원은 앙코르에만 국한되지 않았다.

그는 캄보디아 서북 오지에 반띠아이 츠마르Banteay Chmar를 창건하여 기증하였다. 아이모니에는 운 좋게도 이 유적이 세월과 약탈로 망가지기 전에 방문했는데, 규모와 장식의 풍부함, 특히 그 광범위한 부조로 말미암아 앙코르 왓을 빼곤 최고로 꼽았다. 배치는 전례를 따르고 있다. 해자가 있고, 2.2×2.4km의 외벽으로 둘러싸여 있으며, 동면은 길이 1.7km 너비 1km의 저수지로 터져 있다.

저수지는 그 동북 모서리에서 하천의 물을 공급받았으며, 해자의 경우 그 서남 모서리로 물이 흘러들었다. 아이모니에는 이곳에서 수위를 조절하는 포장된 배수관을 발견했다. 당시는 범람하여 외벽 주위 해자에 물이 가득했다. 저수지 중앙의 사원에는 타원형 제방이 설치되어 있는데, 그 안에 네 곳의 연못이 있다. 두 곳은 곡선형이며 다른 두 곳은 원형이다. 이들 연못에는 또 다른 타원형 제방이 있으며 제방 가운데에 사원이 있다. 저수지는 반띠아이 츠마르 동쪽 지구로 약 200m 뻗어 들어와 있다.

반띠아이 츠마르의 중심에 실제 사원 단지가 있다. 해자와 외벽 그리고 중앙 사원 벽 사이의 광범위한 면적은 448헥타르에 달하는데, 지금은 고작 독방 사당 8곳만 덩그렇게 들어 있지만, 한때는 상당한 인구가 살았을 것으로 추측된다.

중앙 성소의 벽은 크메르인과 참족 사이의 전투 장면을 묘사한 부조로 덮여 있다. 수상 전투, 지휘관이 코끼리를 탄 채 행군하는 부대, 원숭이가 잔뜩 있는 숲 앞에서 멈추어 선 부대, 코끼리와 군수품을 대동한 병참 부대 등을 볼 수 있다. 부조에는 이밖에 압사라, 머리와 팔이 여러 개인 매우 다양한 신 등의 모습도 있다.

중앙 사원 주위에는 사당과 통로가 미로처럼 얽혀 있다. 이곳에서 나온 비문은 성공적인 참파 원정을 이끌었던 황태자 스린드라꾸마라뿌뜨라Srindrakumaraputra의 상이 이곳에 존치된 경위에 대해 기술하고 있다. 그는 부왕보다 먼저 세상을 떠났는데, 스린드라데비Srindradeva란 이름의 관세음보살로 형상화되었다. 이곳은 그의 능묘였을 가능성이 다분하다. 그를 따르던 네 사람도 상을 만들어 기리고 있으며, 각각 성소 모퉁이를 차지하고 있다. 아르주나데바Arjunadeva는 동남, 다라데바뿌라데바Dharadevapuradeva는 동북, 데바데바Devadeva는 서남, 바릇다나데바Varddhanadeva는 서북이다.

비문에 따르면 야쇼바르만 2세는 반란에 직면했다. 이 반란은 1177년 참족의 앙카라 공격 이후 어려운 시기에 발생한 일종의 농민 봉기였던 것 같다. 아르주나데바와 다라데바뿌라데바는 왕을 지키다 목숨을 잃었다. 이들에게는 높은 시호諡號와 더불어 반띠아이 츠마르에 이들을 모시는 사원이 내려졌으며, 그 가족에겐 하사품이 주어졌다. 다른 두 전사는 참족과의 전투에서 왕을 호위하다가 전사하였는데, 마찬가지로 영웅으로 추서되면서 높은 시호가 내려졌다.

자야바르만 7세는 1219년경 세상을 떠났다. 그가 남겨 놓은 앙코르는 그와 그의 동시대인들이 지금 봐도 알아볼 것이다. 자야따따까의 물은 다 말라버렸어도, 니악 뽀안은 여전히 그 자리에 서 있다. 그 옛날의 역동적인 도시 풍경은 숲으로 바뀌었지만 앙코르 톰의 벽과 입구는 변함이 없다. 그윽이 미소 짓는 바욘의 바위 얼굴들은 여전히 먼 곳을 바라보고 있다. 금칠이 다 벗겨지고 사암 색이 드러나 있지만 말이다. 심지어 그가 놓은 도로와 다리(그림-64)도 아직 있으며, 그가 세운

그림-64 | 취끄렝 강Chikreng River 다리. 자야바르만 7세에 의해 건설되었다. 그는 자신의 왕국 곳곳에 도로, 다리, 여행자용 휴게소 등을 지었다.

병원과 휴게소 유적은 앙코르 역사상 가장 위대한 건설자를 여전히 증거하고 있다.

자야바르만 7세 통치 이후의 반발__

자야바르만 7세의 정확한 사망 시기는 알려져 있지 않다. 그의 건설 프로젝트를 후임 왕 인드라바르만 2세가 얼마나 계속 이어서 했는지에 대한 정보도 없다. 확실한 사실은 비문의 숫자가 감소했으며, 자크가 쁘라삿 수오르 쁘랏Prasat Suor Prat의 사원과 따 쁘롬 및 반띠아이 끄데이(그림-65)를 둘러싸고 있는 벽이 인드라바르만 통치기에 지어진 것이라고 주장하긴 했지만, 새로운 기념 건축물 건설이 사실상 중단되었다는 것이다. 자야바르만에 이어 계속 불교 옹호 정책을 폈던 인드라바르만 2세는 1243년 세상을 떠났다.

자야바르만 8세는 시바 숭배자이며 성상 파괴자였다. 그는 바욘을 멋지게 장식했던 큰 조상들을 포함, 손댈 수 있는 모든 불상을 파괴하거나 변형했다. 바욘에 있던 많은 소규모 사당을 쓸어버리고 그 터를 변형하여 시바 사원을 들어앉혔다. 쁘리아 칸에서는 벽감壁龕에 안치한 불상을 다 치워버렸으며, 니악 뽀안의 경우 불상을 링가로 둔갑시켜 놓았다. 앙코르 톰 모서리에 있던 사원 네 곳의 불상 역시 링가로 변형되었으며, 쁘리아 칸의 불상들은 힌두교 수도자의 상으로 바뀌었다.

1295년 자야바르만 8세는 새로운 사원(앙코르 톰 안에 있는, 오늘날 망갈라르타Mangalartha로 알려진)에 마을과 일꾼을 기증한 후 그곳을 힌두교 승려 자야망갈라르타Jayamangalartha의 신앙 성소로 삼았다. 자야바르만 8세는 그 맥이 끊어지지 않도록 영구적이고 세습적인 자야망갈라르타 신앙 성직聖職을 신설했다. 비록 망갈라르타만이 자야바르만 8세 통치기의 새로운 사원 가운데 유일한 주요 사원이지만, 그는 더 오래된 건물들도 상당히 단장하였다. 두 선대왕의 불교 사원을 훼손하기도 했지만 말이다. 예를 들면, 피미아나까스 북쪽 관상용 연못 둘레의 장식 벽은 그의 통치기 것이다. 그리고 문둥왕 테라스를 확충하고 장식에 많은 노력을 경주하였다.

자야바르만 8세는 같은 해이거나 그 일 년 후 왕궁 쿠데타로 인드라바르만 3세라는 이름의 사위에게 왕위를 찬탈 당하였다. 이때는 자야바르만 7세의 죽음 이후, 즉 바욘 부조에 그토록 생생하게 묘사되었던 자야바르만 7세의 통치 시대가 끝난 지 약 70~80년이 경과한 시점이었다. 부장품으로 철검, 창촉, 조개껍질 손잡이가 달린 단도, 청동 불상, 반지, 가마용 고리 등이 나온 스라스 스랑Sras Srang의 2단계 화장 묘들이 이 시기의 것[13]이란 사실을 제외하면 인드라바르만 3세의 통치에 대해 알려진 것은 거의 없다. .

그렇지만 1296년 앙코르를 방문한 한 중국 외교관의 눈을 통해 당시의 앙코르를 볼 수 있는 더할 나위 없이 귀중한 기회를 갖게 된다.

---

13) 앙코르 왕국의 화장 매장cremation burial에 대해 알려진 것은 우다야디땨바르만 2세 통치기부터다. 스라스 스랑Sras Srang 저수지 서북 모퉁이에서 발견된 일련의 화장 매장묘의 연대가 이 시기인데, 이것을 1단계 화장 매장묘로 부른다.

그림-65 ㅣ 반띠아이 끄데이. 자야바르만 7세가 건립한 사원으로, 불교 양식과 힌두교 양식이 혼재되어 있다. 반띠
아이 끄데이의 고뿌라와 중앙 성소를 비롯한 각 방은 꼬리에 꼬리를 물듯이 회랑으로 연결되며 끝없이
이어져 보는 이를 감탄케 한다. 사진은 본전으로 가는 테라스.

외교사절의 앙코르 방문__

저우다관周達觀은 캄보디아를 방문한 중국 외교사절단의 일원이었다. 그는 1296년 8월에 도착해 앙코르 톰 안의 한 가옥에서 11개월 동안 머물렀다. 따라서 그는 한가할 때 왕도 생활을 관찰할 수 있었던 셈이다. 그는 중국으로 돌아온 후 방문기를 썼는데, 이 기록은 앙코르의 도시 및 지방 생활의 많은 숨겨진 부분을 조명해준다. 현재 중국 기록 보관소에 있는 그의 방문기는 정확히 523년 후 불어로 번역되었다.

그의 경로를 따라가다 보면 그가 묘사한 앙코르의 상징적 건축물들이 나오는데, 어떤 것인지 알아볼 수 있을 것이다. 그는 말하기를, 도시는 높은 벽과 해자로 둘러싸여 있으며 해자는 '마치 빠져나가려고 애쓰는 듯한' 뱀을 잡고 있는 54명의 거인이 좌우에 늘어선 다섯 개의 다리로 건넌다고 하였다. 다리를 지나면 다섯 개의 바위 얼굴(하나는 금으로 덮인)이 얹힌 거대한 문이 있었다. 문은 밤이면 닫아두었다가 아침에 다시 열었다. 개와 발가락을 잘린 범죄자는 들어오지 못하게 막았다. 도시의 중앙에는 금탑(바욘 사원)이 압도적인 자태로 서 있었다. 근처에 청동 탑(바푸온 사원)이 있었는데, 금탑보다 훨씬 높았다. 왕궁은 북쪽에 있었으며, 또 다른 금탑(피미아나까스 사원)이 둘레의 벽 위로 솟아 있었다. 동쪽으로는 양옆에 금칠한 사자 상이 늘어선 황금 다리가 있었고, 코끼리 석상이 떠받치는 누각으로 이어졌다.

저우다관은 이어서 정문 근처의 한 석탑, 그리고 남쪽으로 좀 떨어져 있는 앙코르 왓 사원에 대해 기술했다. 자야따따까 가운데에 섬이 있는데, 황금 사원, 많은 작은 사당, 코끼리, 소, 말의 청동상이 들어서 있었다. 동쪽 호수에는 청동 불상을 둔 석조 사원이 있었으며, 불상의 배꼽 부위를 통해 물이 떨어져 내렸다. 브릭스Briggs는 서 바라이에서 청동 비슈누 상이 발견된 것으로 봐서 저우다관이 동 바라이를 서 바라이로 착각했다고 주장한다. 흥미로운 것은 그의 방문기에는 그가 위에서 언급한 저수지 말고는 다른 대규모 저수지에 대한 얘기가 없다는 점이다.

사회적 관점에서 볼 때, 특히 관심을 끄는 대목은 도시 생활에 대한 그의 관찰이다. 상류 계층의 집은 기와지붕에 방위가 동일했지만, 하류 계층의 집은 초가지붕이었다. 왕궁은 자체 성벽과 경비병으로 격리돼 있었다. 1,000~2,000명 정도의 여성이 왕궁에서 일했는데, 특정한 머리 모양으로 식별이 가능했다. 이들은 왕궁 밖에서 거주하며 맡은 직무를 수행하기 위해 출입하곤 했다.

중산층의 집 내부 생활도 얼핏 볼 수 있는데, 저우다관 자신이 일 년 가까이 살았던 집이 아마 여기에 해당할 것이다. 지붕은 멍석 같은 깔개로 덮여 있는데, 탁자나 의자, 침대 따위는 없었다. 벼는 절구에 넣어 찧은 뒤, 돌 세 개로 받친 진흙 화덕 위에 도기 그릇을 얹어 밥을 한다. 숯을 사용했음은 의문의 여지가 없다. 집의 식구들은 자리 위에 앉아 도기나 구리 접시로 먹는다. 코코넛을 반으로 잘라 국자로 사용하며, 작은 컵은 나뭇잎으로 만들어 양념류를 담는다. 나뭇잎은 과일즙을 빨아먹는 데도 사용한다. 꿀, 쌀, 나뭇잎, 물로 담근 술을 주석 잔으로 마신다. 그러나 귀족은 금이나 은잔을 사용하며, 하층 계급은 도기로 만든 잔을 사용한다.

다들 마루에 깐 자리 위에서 잤지만, 기후가 너무 더워 사람들은 자다가도 일어나 목욕을 했다. 두세 가정이 힘을 합쳐 도랑을 파 변소로 사용하고, 일을 본 뒤에는 나뭇잎으로 덮어두었다. 다 찰 경우 다른 곳을 팠다. 그러나 이런 일은 노예가 하는 일의 하나였을지도 모른다. 부유한 가정은 100명이 넘는 노예를 유지하곤 했다. 그러나 더 가난한 가정은 아주 소수의 노예를 데리고 있거나 아예 노예가 없었다. 이들 노예는 크메르어를 구사할 수 있었는데, 원래 출신지는 고산 삼림지대였다. 도망쳤다가 다시 붙잡힌 노예는 쇠 목걸이와 차꼬[14]를 채워 감금했다.

도시 생활의 틈틈이 종교 축제가 있었는데, 이때가 되면 사람들은 왕궁 옆 노천에 무리지어 행진이나 불꽃놀이 등을 하거나 돼지나 코끼리 싸움을 구경했다. 왕과 신하들도 이따금 사열대에 자리를 잡고 진행 과정을 지켜보곤 했다. 저우다관은 행진 장소 반대편의 작은 탑 12개(쁘라삿 수오르 쁘랏 사원)에 대해서도 기술했다. 그에 따르면 두 집이 어떤 문제로 다툴 경우, 그 식구 가운데 한 사람씩을 이 탑의 하나에 가둬두고 풀어준 뒤 열이 있거나 아픈 데가 있는 등의 증상에 따라 유죄 여부를 결정했다. 왕은 법적 문제에서 최종 판결자이며, 처벌로는 벌금, 사지절단, 사지(가운데 하나) 분쇄 등이 있었다.

일식이나 월식을 예측할 수 있는 전문적 천문학자와 서기들이 청원서를 작성해주는 시설도 있었다. 살아 있는 사람의 담즙을 모아 검사하는 관리가 북문 근처에 살았다. 최근까지만 해도 담즙은 남자와 코끼리에게 용기를 주는 데 사용되었다. 남자의 경우 술에 섞어 마시고,

---

14) 죄수를 가두어 둘 때 쓰던 형구의 한 가지. 기다란 두 개의 토막나무 사이에 구멍을 파서, 죄인의 두 발목을 그 구멍에 넣고 자물쇠로 채우게 되어 있다.

코끼리의 경우 혼합액을 머리 위에 부었다.

도시에는 국제적인 요소도 있었다. 저우다관은 다수의 중국 이민자를 보았는데, 기후, 집과 아내 구하는 문제, 상업 활동에 편하여 이끌려 들어온 사람들이었다. 칠기漆器, 삼베, 철제 및 구리 그릇, 체, 나무빗을 포함, 청자에서부터 초석哨石15)에 이르기까지 중국 상품에 대한 활발한 수요가 있었다. 여성들은 장사에 뛰어나, 지역 당국에 임대료를 낸 후 바닥에 자리를 깔고 앉아 물건을 팔곤 했다.

저우다관은 세 집단의 승려에 대해 기록했는데, 주된 종교는 불교였다. 불교 승려는 머리를 밀고 노란색 가사를 오른쪽 어깨에 걸쳐 입었다. 신도들이 이들에게 하루 한 끼를 제공했으며, 그러면 이들은 반듯하게 접힌 야자 잎에 적힌 경문의 내용을 읊조렸다. 승려는 육류와 생선은 먹지만 술은 마시지 않았다고 한다. 일부 고위 승려는 가마를 가지고 있었으며, 중요한 문제에 대해 왕이 조언을 구할 수도 있었다. 나머지 두 종교 집단은 브라만과 시바 승려였을 것이다.

저우다관은 과감하게도 도시 밖으로까지 다녔던 것으로 보인다. 우기와 건기를 대비하는 것으로 시작하여 연간 경작 횟수까지 기술했기 때문이다. 벼농사 짓는 농부들은 쟁기, 낫, 괭이를 사용했지만, 견인 동물로 소를 부리지 않았다. 방문기에서 비록 구체적으로 언급하진 않고 있지만, 오늘날과 마찬가지로 물소가 쟁기를 끄는 데 이용되었을 가능성이 있다. 약간의 논란을 불러일으킨 한 대목도 있는데, 사람들이 신기하게도 일 년에 세 번이나 네 번 수확한다고 기술한 부분이다.

---

15) 자연적으로 나는 질산칼륨. 불꽃, 화약 따위의 제조에 쓰인다.

이들은 또한 겨자, 양파, 토란 등의 다양한 푸성귀와 오렌지, 서양자두, 바나나 같은 과일을 재배했다. 말, 양, 염소, 소, 돼지, 물소는 모두 집에서 길렀다.

왕국은 90개의 지방(省)으로 나누어져 있었는데, 각 지방에는 태수가 있었으며 이들은 나무 울타리로 막은 공관에서 거주했다. 그러한 방어 시설은 방문기에도 나오는 시암족Siamese과의 전쟁(저우다관의 방문 당시에 일어난)에서 대단히 중요했다. 수송은 대부분 나무 널빤지를 쇠못으로 단단히 이어 붙여 만든 배를 통해 이루어졌지만, 중간에 휴게소가 있는 도로도 있었다.

가마는 지체 높은 사람을 태우고 다녔는데, 장거리일 경우 코끼리와 말을 이용했다. 저지대 논과 과수원 너머에는 다양한 수종의 향목香木과 수지樹脂가 있는 숲이 자리했다. 이곳에서 현지 주민들은 물총새 깃털을 구하고, 상아와 귀한 뿔을 얻고자 코끼리와 코뿔소를 사냥했다.

저우다관은 중국 황제가 파견한 사절의 일원이었다. 따라서 그는 궁정에 들어와 왕이 하루에 두 번 하는 조회를 직접 볼 수 있었다. 주청奏請을 올릴 신하는 먼저 멀리서 들려오는 음악 소리를 듣고, 이어 나팔 소리가 왕의 도착을 알렸다. 왕은 두 시녀가 장막을 뒤로 당기는 가운데 신성한 황금 검을 찬 채 황금 창窓에 모습을 드러냈다. 모든 사람은 손을 쥐고 엎드리는데, 이마를 바닥에 대고 있다가 나팔 소리가 그쳐야 머리를 들었다. 왕만이 꽃무늬가 장식된 멋진 옷을 입고, 뿐만 아니라 금 머리띠, 팔찌, 발목 장식, 금반지를 하고 있었다. 왕의 목걸이는 값을 따질 수 없을 정도로 귀한 진주로 된 것이었다.

왕의 궁궐 밖 행차에는 삼각기, 기치, 취주 악기를 든 기병 호위대가 선도하는 행렬이 수반되었다. 그 뒤를 300~500명의 아름답게 차려입은 궁녀가 촛불을 들고 따랐으며, 금·은 그릇을 든 한 무리의 여자가 그 뒤를 이었다. 칼과 방패로 무장한 여성 궁정 호위가 다음이었다. 대신과 왕자는 그 뒷줄이었는데, 모두 코끼리를 타고 수많은 금·은 일산으로 에워싸여 있었다. 저우다관은 '므라딴은 금 일산, 스레스틴 sresthin[16]은 은 일산' 식으로 이들의 호칭을 기록했다.

후궁이 가마, 마차 또는 코끼리를 탄 채 그 뒤를 따랐다. 마지막은 엄니에 금박을 입힌 거대한 코끼리를 타고 가는 왕 자신으로, 20개의 일산이 만든 그늘 속에 신성한 검을 든 모습이었다. 왕이 탄 코끼리는 다른 많은 코끼리로 둘러싸여 있었는데, 이는 왕을 보호하려는 것이었다. 궁정과 행정부의 비용은 이 당시에도 여전히 세금으로 충당했다. 앙코르 톰에서 나온 비문에는 납부해야 할 (세금)양이 명기되어 있다.

위에 묘사된 장면은 수르야바르만 2세의 행렬을 묘사한 앙코르 왓의 부조 내용과 거의 차이가 없다. 시대를 훌쩍 뛰어넘어 1901년 5월로 가면, 노로돔 국왕의 아들 찬달레카Chandalekha 왕자가 성년을 맞이하여 열린 머리카락 자르기 의식에서 비슷한 행렬을 볼 수 있다. 행렬의 구성은 그 족보가 수세기를 거슬러 올라가는 왕실 혈통 일원, 금란金欄[17]으로 테를 두른 옷차림의 천사가 그려진 의상을 입은 고관, 칼, 큰 부채, 타구唾具,[18] 구장蒟醬 상자 같은 왕실 표식물을 들고 있는 궁정 여인 등이었다. 젊은 왕자는 일산으로 차양한 가마를 타고, 금란, 묵직한 금제

---

16) 중간 품계의 관리.
17) 금실로 수놓은 천.
18) 왕을 비롯한 지체 높은 사람이 침을 뱉는 그릇.

발목 장식, 다이아몬드를 박아 넣은 금 장신구로 치장했다. 궁정에서는 노로돔 국왕이 공작 깃털을 든 8명의 무희가 시바를 기리는 춤을 추는 가운데 일산으로 차양한 정자에서 기다리고 있었다. 수르야바르만의 궁정 신하가 그 자리에 있었다면 전혀 낯설어하지 않았을 것이다.

저우다관 이후__

저우다관의 방문기 이후의 시대를 살펴보기 위해서는 얼마 되지 않는, 그나마 후대로 갈수록 그 수가 줄어드는 비문에 의존해야 한다. 인드라바르만 3세는 1308년 인드라자야바르만에 의해 승계되었으며, 그는 19년 동안 통치했다. 쵸닛Chonit강 하류 쁘라삿 꼼봇Prasat Kombot에서 나온 비문은 여전히 앙코르를 야쇼다라뿌라로 불렀다. 이것은 불교 비문으로, 공덕에 따라 새로운 존재로 환생하는 문제와 죄업에 대한 벌의 위험을 사유하는 내용이다.

이 시기의 비문 가운데 가장 중요한 것은 앙코르 톰 안의 망갈라르타 사원에서 나온 비문이다. 이것은 미얀마 출신 학자 스리 자야 마하쁘라다나Sri Jaya Mahapradhana가 앙코르에 정착하여 국사國師가 되면서 세워진 한 귀족 가문의 자야바르만 7세 이래의 역사를 기록한 것이다. 그는 인드라바르만 2세 때에도 국사 직분을 유지했으며, 인드라바르만이 죽자 왕의 영혼을 위해 기도 드리고자 비마뿌라(피마이)에 있는 시바 사원으로 갔다. 그곳에서 스리쁘라바Sriprabha란 이름의 정숙하고 교양 있는 여인을 만나 결혼했다. 이들은 여섯 자녀를 낳았으며, 그 가운데 하나인 짜끄라바르띠라자데비Cakravartirajadevi는 자야바르만 8세와 결혼했다. 아들 중 하나는 이 비문이 들어서게 될 사원(망갈라르타 사원)을 세웠다. 스리쁘라바Sriprabha의 자매 수바드라Subhadra는 석학이자 시바 학자인 자야망갈라르타와 결혼했다.

자야바르만 8세는 104세까지 장수한 이 학자를 존경하여 그와 그어머니 상을 건립하고, 1295년에 봉납했다. 왕은 더 나아가 이 둘을모시는 사원을 지어, 스리 자야 뜨리비끄라마-마하나타Sri Jaya Trivikrama-Mahanatha와 스리 자야 뜨리비끄라마-데베스바리Sri Jaya Trivikrama-Devesvari 라는 이름으로 신격화하였다. 이 절은 성은에 의해금·은 그릇, 마을 셋, 일꾼, 무희, 가수, 세습 성직을 받았다. 사원은인드라바르만 3세와 인드라자야바르만에 의해 더욱 부유해졌는데, 비가 세워진 것은 1308년에 시작된 인드라자야바르만 통치기였다. 왕의후원에 의해 토지와 물품과 함께 이러한 사원을 기부하는 일, 위대한선조의 상을 세우는 일, 가족사를 상세히 기록하는 일 등은 앙코르에서 14세기 훨씬 이후에도 계속 있었다.

자야바르마빠라메스바라Jayavarmaparamesvara는 1327년 왕위에 올랐다. 심하게 조각난 한 비문은 그를 시바의 환생으로 부르며, 시바를 모신 사원의 건립을 들고 있다. 비문은 또한 불안정과 알력이 있었다는암시를 준다. 이것은 앙코르 문명에서 나온 마지막 비문으로, 그 내용뿐만 아니라 탁월한 운문성韻文性으로도 주목할 만하다. 학문이 여전히 번창하고 있었던 것이다.

건축 활동과 비문 건립이 없다보니 지속적인 왕도로서 앙코르 말기에 대한 정보 접근에 상당한 제약이 있다. 그렇지만 다양한 후기 자료를 통해 역사적 사실들을 알아낼 수 있다. 예를 들면, 아유타를 중심으로 한 시암족의 힘이 커지면서 전쟁이 빈번해졌고, 오랜 포위 끝에 앙코르는 1430년과 1431년 두 해에 걸쳐 시암족에게 약탈되었다. 캄보디아의 정치 중심지는 700년 전의 자리, 즉 메콩강 일대로 다시 이동했다. 캄보디아 역사에는 시암족이 많은 불상을 아유타의 자신들 궁정으로 옮겨 갔다고 기록되어 있다. 이것을 이번에는 1569년 미얀마의 정복자들이 뻬구Pegu로 가져갔으며, 그러다가 1734년 만달레이 Mandalay로 옮겨졌다. 불상들은 지금도 이곳에서 볼 수 있다. 자야바르만 7세의 왕도 앙코르 톰은 그 후 숲에 의해 잠식되었다.

서양에 의한 앙코르의 재발견__

앙코르가 버려진 지 150년이 지났을 무렵, 포르투갈 사람 바르톨로메 데 아르헨솔라Bartolome de Argensola는 사타Satha라는 왕이 코끼리 사냥을 나갔다가 우연히 거대한 석벽을 발견하고는 자신의 궁정을 그곳으로 옮겼다는 전설을 보고했다. 다음은 1609년 그가 쓴 글이다.

접근하기 어려운 숲속 오지에 앙곤Angon이라 불리는 가옥 6,000채의 도시가 있다. 건물과 도로는 대리석으로 되어 있고, 손대지 않은 상태다. 조각품들은 마치 지금 것인 양 말짱한 상태다. 튼튼한 벽이 있다. 안에 돌을 댄 해자는 배를 띄울 수 있을 정도다. 다리는 석조 거인상에 의해 떠받쳐져 있다. 이곳 호수의 둘레는 30리그[19]가 넘는다. 비문이 있는데,

아직 해독되지 않은 상태다. 그리고 이 도시 전체에 사람도, 동물도 생명체라곤 없다. 원주민이 이런 사실을 발견했다. 솔직히 이런 말하기가 뭐하지만, 이곳은 플라톤의 아틀란티스만큼이나 환상적인 곳 같다. 오늘날이 도시는 사람이 살지 않는다. 어떤 학자는 이것이 트라야누스의 작품이라고 추측했다.

그렇지만 캄보디아인은 앙코르 왓이 사타 왕의 조상들이 건설했음을 한 번도 의심해본 적이 없다. 실제로 1550년경 앙코르의 벽면에는 추가로 부조가 새겨졌으며, 앙코르에는 불교 순례자들의 발걸음이 끊이지 않았다. 그 순례자의 하나였던 한 일본인은 17세기 초 앙코르 사원을 방문하여 설명 주註가 있는 지도를 만들었다. 이 지도는 1715년 사본으로 현재 전한다. 그는 줄을 당기고 있는 신들의 모습을 묘사하기조차 했는데, 이는 분명히 유해교반 장면을 가리키는 것이다. 1668년 프랑스 선교사 슈브레이유Chevreuil 신부는 앙코르 왓이 동남아시아 사람들에게 잘 알려져 있다고 썼다. 1819년 저우다관의 회고록 최초 번역본이 파리에서 출간되었으며, 1850년부터 샤를-에밀 부이유보 Charles-Emile Bouillevaux, 생물학자이자 탐험가 앙리 무오Henri Mouhot 등 서양인의 방문이 꾸준히 이어졌다. 앙코르 왓에 대한 최초의 사진은 1866년 존 톰슨John Thomson에 의해 촬영되었는데, 앞쪽에 불교 건물이 들어선 잘 유지된 사원의 모습을 보여주고 있다.

1864년 캄보디아는 조약에 따라 프랑스 보호령이 되었는데, 이것이

---

19) 길이의 단위. 약 3마일.

프랑스가 이쪽 분야의 연구와 유적 복구에 독보적 위치에 오를 수 있는 단초를 제공했다. 프랑스 극동연구소 설립으로 이 과정은 더욱 빨라졌다. 사원을 뒤덮은 나무를 제거하는 와중에 많은 조상이 프랑스로 반출되었다. 새로운 비문이 발굴·번역되면서, 앙코르 왕조의 순서와 역사가 조금씩 베일을 벗게 되었다.

복구 및 유지는 이차대전 중에도 계속되었으며, 1953년 캄보디아가 독립하면서 더욱 박차를 가하게 되었다. 그렇지만 크메르루주의 악몽으로 모든 작업이 중지되었으며, 이 위대한 유적의 운명에 대한 극도의 우려가 확산되었다. 다행히도 앙코르는 이따금 보이는 총탄 자국을 제외하곤 비교적 손상 없이 살아남았으며, 다시 평화가 찾아오면서 관광도 재개되었다. 오늘날 가보면 알게 되겠지만, 복구는 계속되고 있다. 바푸온은 현재 비계[20]가 설치되어 있고, 바욘의 일부는 방문객이 들어가지 못하도록 막아 놓은 상태다. 그럼에도 박쥐가 나타나는 저녁 어스름 무렵 따 쁘롬의 외딴 구석을 찾아 많은 사제와 무용수, 귀의자歸依者에 관한 석비의 묘사를 보며 상상의 나래를 펴는 것은 여전히 가능하다. 쁘레 룹 사원 정상에서 동 메본을 바라보면, 아직도 동 바라이의 성스러운 물에 스타코를 바른 화려한 동 메본 사원이 어른거리는 모습을 볼 수 있다.

그렇지만 이 같은 건축물과 비문을 지난 세기 동안 연구했음에도 앙코르 문명에 대한 서양의 이해는 이제 겨우 한 걸음 디뎠을 뿐이다. 여행은 결코 끝나지 않았다.

---

20) 높은 곳에서 공사를 할 때 디디고 서도록 장나무와 널을 다리처럼 걸쳐놓은 장치.

제 8 장

앙코르 문명에 대한 개관

앙코르 문명은 캄보디아 톤레삽 호수 북쪽 연안에 세워져, 메콩강 유역에서 삼각주 지역, 태국 동북부 코랏 고원, 태국 중부의 상당 부분까지 점차 지배 영역을 넓혔다. 그 기원과 발달은 기원전 약 500년 선사 철기시대부터 시작하여 뚜렷한 네 단계를 통해 더듬어 볼 수 있다. 두 번째 단계에서는 메콩강 삼각주 부남 왕국으로 빠르게 옮아갔으며, 여기에 기름을 부은 것은 초기 형태의 국제 무역망 참여였다. 6세기, 교역 패턴에 변화가 오면서 삼각주는 우회되었다. 사회 변화의 초점은 내륙, 즉 삼각주 상부와 빡세Pakse 사이의 강 유역으로 이동했다. 기원 후 550년부터 250년간 일련의 왕들이 패권을 놓고 다투었다. 그 가운데 자야바르만 1세는 충분한 중앙 권력을 성취, 확실한 내륙 농업 국가를 형성했다. 이것을 배경으로 하여 8세기 말 자야바르만 2세는 15세기까지 동남아시아 본토를 호령하게 될 앙코르국의 토대를 놓을 수 있었다.

이 위대한 문명은 어떻게 그리고 왜 발전했으며, 비슷하게 더운 저지대 조건에서 번창했던 다른 산업화 이전 국가들과 어떻게 비교되는 것일까?

1 단계—선사 철기시대__

앙코르의 궁극적 토대가 놓인 것은 4000여 년 전 벼농사를 짓는 소규모 공동체들이 북쪽에서 동남아시아 주요 강 하류로 이동하며 촌락 정착 생활에 진입한 때였다. 아마 이들은 오늘날 캄보디아에서 쓰는 크메르어의 조상언어를 구사했을 것이다. 기원전 1500년에서 1000년 사이 이들 벼 경작인은 중국 문명과 접촉했을 개연성이 높지만, 구리와 주석 제련법을 배웠다. 이들은 매장 의식에 대리석, 점판암, 바다조개 등 이국적인 장식물을 귀하게 여겼으며, 반면 대규모 구리 광산과 가공 유적은 청동 주조에 대한 관심 증대를 반영하고 있다.

철기시대가 진행 중이었던 기원전 500년 무렵에 대한 최근 조사에서, 이들 토착민이 잘해야 인도 문명의 혜택을 감사히 받아들이는 오지 미개인이거나 최악의 경우 인도의 식민화에 아무런 저항 수단이 없는 나약한 민족이었다는 견해와 완전히 상치되는 결과가 나왔다. 철은 대규모 경제 및 사회 변화를 유발하는 잠재력을 가지고 있다. 철광석은 널리 구할 수 있는 것으로, 여러 유적에 대한 발굴에서 어떻게 사용되었는지 밝혀졌다.

가장 초기 매장지인 문강 유역의 넌 우 로께 매장지는 기원전 400~300년으로 소급되는데, 출토품 가운데 철로 만든 제물祭物이 나왔다. 한 여성은 목걸이, 팔찌와 함께 묻혔고, 한 남성은 큰 창, 단도, 괭이와 함께 매장돼 있었다. 이미 알고 있듯이, 철은 장식물, 분쟁, 농사 등에도 사용되었다. 가래와 낫은 나중에 가서야 사용이 증가한 반면 화살과 창은 급격히 늘어났다. 한 남자의 등뼈에 박힌 화살에서 보이듯, 철이 분쟁에 사용된 증거는 지역적 맥락에 놓고 보아야 한다. 철기시대의 주거지는 이전 청동기시대에 비해 최고 열 배나 커졌으며, 서로 밀집되어 있었던 것이다.

이들은 복잡한 수로를 가진 강 인접의 저지대 습지를 주거지로 선택했다. 수로 가운데 일부는 주거지를 관통했다. 철제 삽이 이들 강의 물길 조절 목적에, 구체적으로는 강을 주거지 전체를 에워싸고 있는 수로에 연결시키는 데 사용되었을 수 있다. 확실히 저지대 습지는 벼농사에 매력적인 환경이었을 것이다. 넘치게 수확된 쌀은 매장 의식에 사용되었는데, 안에 진흙을 댄 관 속의 시신 밑에 깔고 또 그 위에 덮어주었다.

넌 우 로께와 논 므앙 까우에서 이러한 무덤들이 노출되며 독특한 매장 군락과 풍부한 부장품이 드러났다. 팔찌, 귀고리, 손가락지와 발가락지, 허리띠, 끝이 우아한 나선형으로 되어 있는 머리장식 등 청동 제품이 특히 많았다. 주석과 구리는 태국 중부 광산에서 수입, 현지에서 주조되었다. 홍옥수와 마노는 목걸이와 펜던트에 사용되었다. 철기 시대 지도자들은 금·은 목걸이, 귀고리를 차고 있었다. 섬세한 도기 그릇은 그 제작에 아마 전문가가 필요했을 만큼 얇은데, 물고기로 채워져 죽은 자와 함께 놓여 있었다. 유리구슬은 수입되거나 아니면 현지에서도 제작되었다. 여자들은 천 짜는 데 능숙했으며, 일부는 철제 부장품과 함께 지금도 남아 있다. 이들 대규모 주거지에는 집단 매장지뿐만 아니라, 가옥이었을 개연성이 높은, 회반죽을 바른 마루와 나무 벽을 가진 구조물도 있었다.

넌 우 로께와 논 므앙 까우 발굴은 많은 이국적인 품목을 교역으로 입수하여 그것을 매장 의식에 사용한 철기시대 공동체 사회를 조명해 주었다. 금과 마노 장신구 중 일부는 메콩강 삼각주 지역의 동시대 유적에서 발견되는 것과 매우 흡사하다. 소금이 주요 교역 품목 가운데 하나였을 가능성이 있으며, 물론 그 밖의 품목도 있었다. 인구가 늘어나고 그로 인해 집단 사이에 긴장과 알력이 증가하면서 복잡한 사회 구조의 단계로 발전하게 되는데, 이것은 세계 다른 지역에서와 마찬가지로 국가로 넘어가는 전 단계였다.

이러한 복잡하고도 강력한 철기시대 공동체의 증거는 문강 유역에서만 발견되는 것은 아니다. 태국 중부 반 돈 따 펫Ban Don Ta Phet 유적에서는 많은 철제 무기와 인도에서 수입된 홍옥수 장신구, 장식이 된 아주 얇은 청동 사발 같은 이국적인 부장품이 나왔다. 메콩강 하류의 철기시대 주거지에서는 심지어 앙코르 보레이 아래를 파도 증거 유물이 나오고 있다. 베트남 해안가에 위치한 일련의 공동묘지는 사 후인Sa Huynh 문화의 것으로 확인되었다. 이곳의 경우, 시신을 화장하여 그 재를 풍부한 부장품과 함께 큰 도기 항아리에 넣었다. 홍강 유역은 한漢의 식민지 군대가 들어오기 전까지 족장들이 살던 곳으로, 족장은 장인을 시켜 청동제 의례용 북을 만들도록 했다. 일부 제품은 본토에서만 거래된 것이 아니라 바다 건너 인도네시아와 뉴기니까지 수출되었다. 마찬가지로 본토 출신의 무역상들은 필리핀을 주기적으로 왕래하였다.

철기시대 사회에 대한 조사에서 이들이 점차 진보하는 기술력, 무역에 대한 관심, 장인 같은 전문가 관리 능력을 가지고 있었음이 드러났다. 해안 지역 거주자들은 또한 물려받은 충분한 원양 항해 경험을 통해 원거리 해양 무역 활동을 하였다.

2 단계—삼각주 국가(150년~550년)__

삼각주에 형성된 무역 국가를 뒷받침할 증거는 고고학적 발굴, 비문, 목격기 이 셋을 통해 확보할 수 있다. 최근 발굴로 고고학적 증거는 크게 확대되었다. 이전까지만 해도 2차대전에 이루어졌던 옥 에오 지역 조사에 거의 전적으로 의존했다. 예를 들면, 앙코르 보레이에 사람이 터 잡고 살기 시작한 것은 철기시대로 소급되며, 본격적으로 거주한 것은 기원후 100~600년으로 드러났다. 이곳에서 발견된 사원의 벽돌 기부, 성벽, 해자, 저수지 등은 연대 측정을 해봐야 알겠지만, 삼각주 지역 내 관련 벽돌 구조물에 대한 방사선 탄소 연대 측정을 해본 결과 5세기 내지 6세기로 떨어진다.

성벽으로 둘러싸인 이들 대규모 주거지는 수로망으로 연결돼 있었는데, 수로는 계절적인 홍수 때의 배수와 수송의 편리에 이용되었을 수 있다. 동시대 벽돌 사당에서는 인도 신, 특히 비슈누가 석상과 금장식판 표면에 표현한 형태로 나왔다. 이 같은 장식판은 시신을 화장하여 그 재를 부장품과 함께 안에 벽돌을 댄 지하 납골당에 안치한 매장지에서도 몇 개 출토되었다.

이러한 고고학적 증거는 두 중국 사신의 3세기 기록과 일치한다. 이들은 도시, 궁전과 왕, 세금 제도, 비문, 벼농사 등을 기록으로 남겼다. 통치자들은 판fan이라는 호칭을 가지고 있었는데, 후기 비문에서 발견되는, 고위 지도자를 지칭할 때의 뽄pon과 동일한 것으로 보인다. 판fan 쉬 만Shih Man은 그런 지도자의 한 명으로, 무력을 통해 자신의 영역을 확장했으며 손아래 인척들을 속령屬領 총독 자리에 앉혔다. 그는 또한 자신이 진두지휘하여 경쟁자들을 해상에서 기습했는데, 전투가 어디에서 벌어졌는지는 알려져 있지 않다. 알력이 심해지면서 왕위 승계를 둘러싼 주기적 분쟁 상황까지 발생했다.

초기의 글은 도장과 장신구에 새긴 짧은 산스크리트 명문銘文의 형태를 취했는데, 이런 양식은 기원후 1세기 후반이나 2세기 초반에 속한다. 장신구 주조에는 전통 기법이 사용되었으며, 다양한 귀금속이나 준準 귀금속이 이용된 것을 보면 무역망이 얼마나 광범위했는지 잘 알 수 있다. 무역망은 서쪽으로는 인도, 페르시아, 로마제국까지, 그리고 동쪽으로는 중국까지 뻗어 나갔다. 현재까지 전해지는 대부분의 무역 품목은 동전, 유리, 홍주석 같은 비교적 가볍고 작은 것이지만, 깃털, 향료, 직물, 나무 따위의 썩기 쉬운 품목이 훨씬 많은 비중을 차지했음을 고려하면 교역량의 극히 일부였을 것이다. 현지 선원과 배가 관련됐음은 의심할 여지가 없다.

몇 안 되는 최초의 비문은 5세기 말로 소급된다. 그 언어는 산스크리트어였는데, 이때부터 자야바르만이니 루드라바르만이니 하는 인도식 이름을 채택한 왕들의 종교적 공덕 행위에 대해 기술하고 있다. 이름을 보면 방패 또는 보호자를 의미하는 -바르만varman에 신의 이름이나 바람직한 속성屬性을 결부시킨 형태로 되어 있다. 한 비문에는 경쟁 왕에 대한 승리가 기록되어 있고, 또 다른 비문에는 '진흙과 싸우며 고생해서 빼낸' 왕국에 대한 언급이 있는데, 농사짓기 좋게 습지에서 물을 뺀 일을 비유적으로 표현한 것으로 보인다. 이렇게 삼각주 평야에서 홍수가 물러난 동안 지을 수 있었던 농업은 국가의 발전에 필요한 잉여 쌀을 충분히 공급할 수 있었다.

이 시기에는 사회 변화를 가져온 몇 가지 변수가 있었다. 예를 들면, 삼각주 지역에서 일어난 일련의 변화를 19세기의 아프리카 말라위와 비교할 경우, 무역을 관리하고자 하는 강압적인 힘이 급속한 사회 변화의 유발 요인이었음을 알 수 있다. 이 지역의 통치자는 외래 문자와 종교를 채택하고, 아랍 이름을 차용하며, 외국식으로 궁전을 짓고, 농업을 장려하여 수도를 확장했다. 새로운 호칭, 의례, 신분 상징물을 차용·변형함으로써 옛 체제인 친족 유대 관계 대신에 엘리트 지배 계층을 정착시켰다.

선사시대 동남아시아 거주자들은 적어도 이천 년 동안 물자 교류를 해왔다. 그러던 것이 국제 무역이 증가하면서 이제 새로운 생산품과 생각을 수반한 새로운 기회가 도래했으며, 이것은 삼각주 지역에 대한 고고학적 기록에 명백히 나타나는 급속한 사회 변화에 대단히 중요한 요인이었던 것으로 보인다.

이러한 경향은 메콩강 삼각주에만 국한되지 않는다. 비슷한 변화는 베트남 북쪽 해안의 참족 사회와 드바라바띠Dvaravati라는 이름의 국가가 있었던 태국 중부에서도 일어나고 있었다. 태국 반도 지역[1]과 말레이시아의 전략 요충지에 무역항이 급속하게 형성되었고, 자와에서도 초기 단계의 국가가 나타났다. 이들은 모두 생존을 위해 무역선의 지속적인 왕래에 의존했다. 6세기에 메콩강을 우회하는 새로운 해로가 대두되면서 옥 에오는 버려지고 삼각주 지역 왕들의 힘은 약해졌으며, 정치의 중심축은 내륙, 즉 메콩강과 그 지류의 범람원으로 이동했다.

---

1) 방콕 바로 아래 지역부터 말레이시아 북부 페낭 위쪽 국경선까지 본토에서 뻗어 나온 지역을 말한다.

3 단계—진랍 : 메콩강 유역에서의 국가 형성
(550년~800년)__

　중국인은 캄보디아 내륙에 형성된 국가를 지칭할 때 진랍眞臘이라는 이름을 사용했다. 550~800년 시기에 속하는 많은 벽돌, 독방 사원이 존재하는데, 그를 통해 메콩강 및 문강 유역, 그리고 톤레삽 호수와 경계를 이루는 저지대에서 심층적인 문화 변화가 발생했음을 알 수 있다. 대부분의 사원은 비옥한 논 인근에 있지만, 뱃길을 통제하기 위한 목적으로 주요 강가에 자리한 것도 있다. 비문은 이 시기의 사회와 경제에 대한 골격을 짤 수 있을 만큼 충분한 정보를 제공한다. 그러나 이 시기에 대한 우리의 이해는 지상에 사원만 남아 있는 주거지들의 성격을 규명할 수 있는 발굴이 거의 전무한 상태에서 아직 탐사 단계에 머물러 있다.

　문제의 지역을 한 명의 왕이 다스렸다는 증거는 없다. 이와는 반대로 비문에는 많은 통치자가 기록되어 있는데, 일부는 지역을 달리한 동시대인이었다. 그렇지만 한 왕조의 경우, 비록 그 지도자 가운데 몇몇은 이름만 알려져 있긴 해도, 7~8세대에 걸쳐 추적할 수 있다. 사르바바우마Sarvabhauma는 비라바르만의 아버지이며, 그 아들 바바바르만은 톤레삽 동북의 센강 유역을 본거지로 통치하였던 것 같다. 비문에 그는 나라심하굽따로 불리며 인드라뿌라를 통치하는 대군주로 묘사되어 있다. 그의 형제 마헨드라바르만은 북쪽으로는 메콩강 상류의 문강과 합수하는 곳까지, 그리고 서쪽으로는 문강 유역까지 침략하여 지배했던 인물로, 가는 곳마다 승전비를 남겼다.

마헨드라바르만의 아들 이샤나바르만 1세는 이샤나뿌라에 벽돌담으로 둘러싸인 여러 사당이 우뚝 솟은 가장 인상적인 왕도를 세웠다. 비문은 그를 선왕의 영역을 확장한 성공적인 군사 지도자로 기술하고 있다. 그는 자신의 한 아들을 서쪽 즈베스타뿌라의 총독으로 보냈다. 땀라뿌라의 통치자는 이샤나바르만의 봉신封臣 신분으로 있으면서도, 동시에 다른 세 곳의 거주지를 관할하는 위치에 있었다고 한다. 주거지는 왕도에서부터 속령까지 적어도 세 단계의 계층 구조였다는 설이 있다. 이샤나뿌라에서 남쪽으로 무려 250km 떨어진 한 지방의 영주는 정열적인 어투로 이샤나바르만에 대해 이야기한 것을 볼 수 있다.

이샤나뿌라 통치기의 비문 가운데는 그에 대한 언급이 없는 것도 있다. 실제로 많은 권한이 중앙 정부로부터 뽄 호칭의 지역 영주에게로 귀속되었는데, 이들은 사원 공동체에 토지와 가축을 기부하고 사역의 공급·유지에 필요한 인력을 지정 배치할 수 있는 권한을 가지고 있었다. 그래서 비문에는 악사, 무희, 요리사, 금박사, 대장장이 등이 나온다. 사원의 인부들 대부분은 논에서 일하거나, 곳곳에 널린 저수지를 축조하는 데에도 투입되었을 것이다. 그것이 관개 시설이라는 증거는 희박하지만, 물은 건기에 공동체 존속에 필수적이었다. 이 시기에 등장하는 일꾼 대부분은 공동체 지도자의 손아래 친척이었으며, 이들이 숭배한 신은 겉모습은 인도의 신이었지만 조상신이었을 가능성이 크다.

통치권은 뽄으로부터 여형제의 아들에게로 세습되었는데, 선사시대부터 내려왔을 법한 이러한 제도는 귀족 가문 사이에 계속되었다. 그러나 이것은 엘리트 계층이 부와 권력을 축적하는 데 걸림돌로 작용하게 되었다. 그 이유는 한 개인에 의해 축적된 부를 그의 조카가 물려받게 되기 때문이다. 그뿐만 아니라 평화적인 왕조 승계를 어렵게 만들기도 했는데, 부인이 여럿인 왕의 경우 아들들이 저마다 왕위 계승권을 들고 나올 수 있기 때문이다.

이샤나바르만의 직계는 알려진 것이 거의 없는 그림자 같은 인물이었지만, 그의 증손자 자야바르만 1세는 중앙 및 지방행정을 근본적으로 쇄신, 므라딴mratan으로 알려진 임명직 관리를 중용하면서 세습직인 뽄은 사양길에 들어섰다. 그는 새로운 직위와 호칭을 신설하여, 다들 받았으면 하는 흰색 일산日傘 따위의 고위 신분 상징물과 함께 충신들에게 제수하였다. 코끼리대隊 대장, 징세 책임자가 있었는가 하면 곡물창고의 장도 있었을 것이다. 강을 통한 소금 수송에 규제령을 내린 사람은 아마 왕이었을 것이다. 조세와 상업 거래는 이후의 앙코르 시기(800년 이후)에도 그렇지만, 당시에도 벼, 기름, 천 같은 일용품의 잉여 생산 문제와 뒤얽혀 있었다. 일부 비문에는 금과 은도 언급되어 있지만, 화폐제도는 없다. 자야바르만 1세는 드루바뿌라의 태수를 임명했다가 이 관리를 단비뿌라로 전출시켜 병사 1,000명을 지휘하게 했다. 실제로 전쟁은 자야바르만 1세의 비문에 자주 언급되어 있다.

이 왕조는 비문을 찾아보기 어려워지는 8세기 초 모습을 감춘다. 이러한 변화는 흔히 통일 국가가 깨지면서 분열과 투쟁의 시기가 시작되었다는 증거로 인용된다. 그렇지만 그럴 가능성은 희박하다. 자야바르만 1세의 왕국은 그 전성기에도 캄보디아 전역을 포함한 적이 없으며, 그의 통치는 전쟁으로 불안했다. 비문에 따르면, 8세기에 삼부뿌라를 근거지로 한 국가를 세 여왕이 성공적으로 통치했다고 한다. 또 캄보디아 중부에는 –아디뜨aditya(뜨는 해)라는 호칭을 가진 일련의 왕이 있었고, 문강 유역에서는 적어도 다섯 세대의 왕이 짜나사뿌라Canasapura 왕국을 다스렸다고 한다. 소왕국의 부침은 국가 형성기에 통상적인 현상이다.

3단계의 250년은 앙코르 왕국 형성에 있어 토대 역할을 하였다. 왜냐하면 이샤나바르만 치세와 특히 그의 증손자 자야바르만 1세 통치기에 취한 일련의 조치가 토지와 노동의 중앙 통제에 바탕한 농업 국가 건설로 이어졌기 때문이다. 여러 주요 혁신 사업을 확인하고 그 상호 작용을 평가할 수 있다. 자야바르만 1세는 의식을 통한 신과의 중재에서 중심적 위치를 차지했다. 그는 생전에 신의 호칭이 주어졌지만, 보통은 사후에 신의 호칭이 주어졌다. 뽄에 의한 세습 지방 통치는 중앙 임명직 관리 파견 제도로 대체되었다. 자야바르만 치세에는 중앙 정부의 고위 관리에게 권한을 부여하여 지방에 왕명을 내려 보냈으며, 관리가 지방을 담당하게 하였다. 왕명을 거역하는 자는 처벌하도록 포고했다. 자야바르만은 생산과 전쟁 둘 다에 필요한 인력을 점차 자신의 통제 아래 두었다. 이러한 혁신적 조치들은 제대로 융합되면서 더 크고 훨씬 강력한 왕국을 태동케 하였다.

4 단계—앙코르가 왕도이던 시기(800년~1432년)__

네 번째 단계에서는 똔레삽 호수와 꿀렌 고원 사이의 평원에 일련의 왕도가 수립되었다. 왕조는 최소 두 개(세 개는 거의 확실하다)가 있었으며 전쟁이 많았다. 600여 년 동안 근본적인 변화가 있었지만, 그렇다고 단절이 있었던 것은 아니다.

왕도는 왕국의 종교와 의례의 중심으로 영적인 힘을 주위에 발산했다. 자야바르만 2세는 성산聖山 마헨드라빠르바따Mahendraparvata에서 국왕 즉위식을 가지고 최고 통치자로 선포되었다. 그의 충신들에게는 공을 치하하여 토지, 벼슬 등을 하사했다. 그 이백 년 후, 이제 혼인을 통해 왕실 가문과 인척이 된 그 후손들은 내전이 일어난 뒤 자신의 토지와 특권을 지키는 데에만 급급했다. 그러고 또 이백년 뒤 자야바르만 7세는 자야붓다마하나타Jayabuddhamahanatha로 명명된 자신의 상을 앙코르와 주요 지방 거점에 안치했다. 앙코르는 신성이 깃든 왕 중심 체제에, 그 주위로 한 무리의 귀족 관리와 보좌관이 있었다. 이론상으로 지방은 국가와 가문에서 소유한 사원의 네트워크를 통해서 충분한 소모품 및 재화를 바쳐 중앙정부를 유지케 했을 뿐만 아니라, 신에게 올릴 제물이 떨어지지 않게 하였다.

왕은 충신에게 토지를 하사하고 적으로부터 토지를 몰수할 권한을 가지고 있었다. 문강 유역 같은 새로운 영토로 확장해 나갔지만, 지역 군주에게 호칭과 하사품을 제수하여 그를 중앙정부에 충성하도록 묶어둔 것 말고는 거의 달라진 것이 없었을 것이다. 토지 하사 뒤에는 으레 가문 사원의 창건이 뒤따랐는데, 사제·저수지·가축·일꾼 등이 딸렸다. 사원 소유주들은 물소 및 소, 씨앗과 쟁기 형태로 자본을 투자하여 소출을 도모하고, 소출의 일부는 국가 사원에 바쳤다.

일꾼의 사회적 지위를 딱 꼬집어 말하기는 어렵다. 매매 가능한 사람도 있고, 전쟁 포로도 있었다. 반면 여러 세대에 걸쳐 귀족 가문을 위해 봉사하여—그럴 가능성은 충분한데— 새로운 사원 창건이란 임무가 맡겨진 이도 있었다. 예속 노동은 동남아시아에서 생소한 것이 아니다. 18세기에 막을 내린 태국 아유타야왕조의 경우, 배정된 작업지를 표시하고 안정된 작업 인력을 유지할 목적으로 일꾼에게 문신을 새겼다. 밧땀방의 프놈 깐바Phnom Kanva에서 나온 비문에도 이와 유사한 내용이 보이는데, 자신이 태어난 사유지에서 도망쳤다 잡혀 두 눈이 도려내지고 코가 잘린 한 일꾼에 대한 이야기이다. 또한 일꾼은 그 자녀와 심지어 손자·손녀까지 명부에 기록하는 것이 관례였다. 이들은 흔히 순번제로 매달 보름씩 노역에 종사했는데, 비문에 따르면 당번 근무일이 아닌 여가 시간에는 자신에게 할당된 땅을 경작할 수 있었다.

사원 비문이 앙코르 시대 전체 텍스트에서 차지하는 비중은 크지 않다. 종교 문제가 중요하긴 했지만 국가가 여기에만 몰두했을 것으로 추측해선 안 된다. 사원 비문은 비록 왕에게 아첨하는 찬사 일색이지만, 전쟁에 대한 기술도 나오고, 이따금 무역이나 외국 물품에 대한 언급도 나온다. 예를 들면 중국산 비단, 모기장, 도기 등에 대한 얘기가 나온다. 꼭 비문이 아니더라도 고고학적 발굴이건, 바욘의 부조건, 아니면 저우다관周達觀의 방문기이건, 비문 이외의 자료를 보면 중국 물품이 얼마나 많이 들어왔는지 알 수 있다. 부조에는 중국 무역선과 중국 상인의 집 안 모습이 묘사되어 있다. 저우다관은 앙코르에 정착한 많은 중국 상인에 대해 기술하고, 시장을 방문하기도 했다. 관세에 의해 왕실 재산이 늘었는지는 알려져 있지 않지만, 앙코르 사람들이 외부 접촉을 봉쇄당하지 않았음은 분명하다.

앙코르 사회가 통치 계층 및 사원 일꾼으로만 구성된 것은 아니다. 오히려 훨씬 다양한 인적 측면이 있었다. 그 가운데 하나가 장인匠人이다. 비문에는 금세공 단체와 같은 전문 장인이 가끔씩 언급된다. 그러나 청동 가마나 청동상 주조 같은 금속 관련 장인은 분명 많았을 것이다. 앙코르에서 20km 떨어진 따니Tani에서 최근 집중적으로 발견된 도기 가마와 잘 알려져 있는 태국 반 끄루앗Ban Kruat에 몰려 있는 도기 가마 유적은 전업 도공의 존재를 말해준다. 대규모 소금 생산 공장과 바지선을 만드는 사람도 있었을 것이다. 대장장이, 직공, 상인, 광부는 비문에는 등장하지 않지만, 생산품을 놓고 보면 그들은 틀림없이 존재했을 것이다.

600여 년이란 긴 시간을 거치며 관리의 직함과 숫자에 변화가 있었다. 라젠드라바르만과 자야바르만 5세 통치기에는 라자꿀라마하만뜨리Rajakulamahamantri(위대한 조언자)라는 직함이 있었다. 이밖에 왕실창고 관리, 세금, 토지 구획 관리, 군 지휘, 부역 조직 등을 담당하는 수많은 등급의 관리가 있었다.

통치 기간이 의미를 부여할 수 있을 정도가 되는 왕은 국가 사원을 세우곤 했다. 초기에는 위로 올라갈수록 좁아지는 피라미드 형태로 지어 자신과 시바의 이름을 딴 링가를 모셨다. 사원은 힌두 신들이 사는 메루산을 나타낸 것이며, 마찬가지로 벽과 해자는 메루산 주위의 산과 바다를 상징했다. 왕은 조상을 신으로 형상화한 상을 안치하고, 그 이름은 또 신의 이름과 합성하여 지었다. 국가 사원은 왕이 죽으면 그의 능묘가 되었다. 중앙 사원과 지방 사원을 연결하여 하나의 신앙 네트워크를 형성하고, 이 안에서 시주 · 믿음 · 충성을 통하여 공덕을 쌓으면 환생한다고 믿었다. 이는 이념적으로 볼 때 사회 구성원을 긴밀하게 묶어주는 강력한 메커니즘이었다.

지상에 극락을 재현하고 이념적 완벽을 추구한 것은 인간의 나약함을 극복하려는 의지였다. 앙코르 통치자들이 반복적으로 직면한 문제 가운데 하나는 지방에서 중앙정부의 칙령을 말로만 따르는 척하는 탈중앙화 경향이었다. 또 다른 문제는 중앙의 파벌 싸움이었다. 수르야바르만 1세는 당 라엑 산맥 북쪽에 사는 준準 독립적 군주들에게 중앙집권적 권위를 행사하려고 시도했던 것 같다. 그가 죽고 30년 후, 앙코르의 간섭을 받던 마히다라뿌라 왕조가 들고일어나 자야바르만 6세라는 이름으로 앙코르를 접수하였다.

확고한 승계 규정이 없는데다 일부다처 관행과 여성 혈통에게 세습하는 해묵은 전통이 결부되면서 왕자라면 누구나 합법적 왕위를 주장할 수 있었다. 예를 들어 수르야바르만은 자야비라바르만을 왕위에서 끌어내릴 때, 자신이 인드라바르만 1세의 혈통임을 주장했다. 인드라바르만조차도 9세기의 선대 왕 두 사람에 대한 직접 언급을 피했다. 인드라바르만 3세의 경우, 왕위의 상징인 쁘리아 칸preah khan(신성한 검)을 손에 넣어서 왕좌에 올랐는데, 대신 자신의 장인丈人을 포기해야 했다. 이처럼 앙코르 문명의 중심과 그 영향을 받던 외곽에는 불안정이 놓여 있었다.

앙코르는 6세기에 걸쳐 확장하고 변모했는데, 지방에 소홀하더라도 중앙에 관심을 집중하고 싶다. 사실 앙코르를 벗어난 지역에 대해서는 고고학적 연구가 이루어지지 않은 상태다. 꼼뽕 스바이의 벵 미알리아와 쁘리아 칸 같은 큰 사원들은 거의 방치되어 있다.

벼는 앙코르 문명의 튼튼한 기반이었다. 그러한 벼를 어떻게 생산했는지는 매우 중요한 문제이면서 동시에 논쟁의 대상이다. 오늘날 농촌의 삶은 벼 생산 저변에 깔려 있는 계절의 순환을 가장 잘 보여준다. 태국의 5월 방 파이Bang Fai 축제는 신령에게 비를 기원하는 기우제다. 링가 형태의 큰 로켓을 구름 속으로 발사하며 비구름으로 바뀌길 기원한다. 이 시기에 하천과 습지 근처 저지대의 못자리는 모내기할 예정인 벼로 이미 선녹색이다. 첫 비구름이 남서쪽에서 쓸며 올라와 굳은 땅을 부드럽게 하면 남자들은 물소에 쟁기를 지워 벼가 뿌리내리기 쉽게 논을 갈아엎은 다음 논바닥을 고른다.

모내기는 여자들 몫인데, 육체적으로 고된 일이지만 씨를 그냥 뿌리는 것보다는 수확량이 많다. 이어지는 몇 개월 동안 비가 일정하게 오면 풍작이 보장되지만, 가물거나 홍수가 나면 벼가 말라 시들거나 잠겨서 썩기 때문에 흉작을 맞을 수도 있다. 11월과 12월에 수확을 하는데, 철제 낫을 든 남자와 여자들이 줄지어 황금빛 벼이삭을 자르고 묶어 우마차에 싣고는 탈곡장으로 가져간다.

바람이 북동풍으로 바뀌면 논이 마르고 갈라진다. 물의 흐름이 눈에 띄게 줄어들고 호수와 습지는 말라버린다. 마을 사람들은 가정에 필요한 물을 사원 옆 저수지에서 길어오며, 이제는 바짝 타버린 논에 나가 논바닥을 파서 게를 잡거나 덫을 놓아 쥐, 새 등을 잡는다. 공동체의 기본 생존은 비축한 쌀과 소금으로 발효, 저장한 생선에 달려 있다.

오늘날 태국 중부 및 동북부에서는 국유 댐에서 물을 댈 수 있는 혜택 받은 지역의 경우 이모작이 가능하다. 반면 물이 부족해 분쟁이 발생하는 해도 있다. 만약 담배 재배 농가에서 불법으로 수로에서 물을 댈 경우, 하류 쪽에 위치한 병원에서 쓸 물도 부족할 수 있다. 물은 생명에 필수적이다. 3월에서 4월로 바뀌고 기온이 상승하면 몬순(계절풍)이 돌아오기를 손꼽아 기다린다.

삼각주 지역과 강 및 호수 주위의 넓은 범람원에서는 농사 운영 방식이 현저히 다르다. 이들 지역에서는 우기에 물이 넘쳐날 정도로 풍부하여 벼농사가 불가능할 정도로 범람한다. 그렇지만 해마다 12월에 홍수가 물러나면 침적토가 새로 깔리는 토양에 벼를 옮겨 심을 수 있다. 논을 쟁기질할 수 있는 한, 침적토는 그렇게 중요하지 않다. 그렇지만 건기에는 꼭 자연 저수지나 인공 저수지로부터 논에 물을 대야 한다. 이렇게 하는 것이 천수답보다 수확량이 훨씬 많다.

앙코르의 왕들이 큰 저수지를 만든 것은 관개를 위해서였을까? 물은 너무나 필수적인 것이었기에, 그러했다면 왕은 신과 같은 초자연적인 존재로 인식되었을 것이다. 이 문제와 관련하여 두 가지 상반된 견해가 있다. 베르나르-필립 그로슬리에와 자크 두마르세이는 프랑스 학자로 앙코르 연구에 오랜 세월을 보냈다. 각자의 결론에 따르면, 앙코르는 본질적으로 수리水理 도시이며 저수지는 논 관개 용 수원이다. 저수지는 아무 곳에나 함부로 만들지 않았는데, 저수지를 채워 논에 물을 대려면 연중 물이 흐르는 강이 있어야 하기 때문이다. 반면 필립 스톳Philip Stott, 반 리에르van Liere, 로버트 애커Robert Acker는 기술적 및 지리적 근거에서 관개용이란 설을 반박한다. 앞서 두 프랑스 학자의 주장은 앙코르의 융성과 쇠퇴 그리고 버려짐은 관개 시스템의 성공과 실패가 직접적인 원인이었다는 것이기 때문에 양쪽의 말을 다 들어 볼 필요가 있다.

관개용이란 설이 타당하지 않다는 주장을 뒷받침할 몇 가지 증거 자료가 있다. 저수지들은 매우 커서 저장량이 수백만 입방미터에 달했다. 그런데 그 저수지가 남쪽 제방과 똔레삽 호수 사이 지역의 벼농사에 어떤 영향을 줄 수 있었을까? 관개수로망이 있었다는 증거도 없다. 물이 저수지에서 관개수로망으로 나가는 것을 조절할 수 있는 수문에 대한 증거도 마찬가지다. 전체 주민을 먹여 살리는 데 필요한 양의 벼 생산에 기여할 정도로 충분히 관개할 수 있는 토지도 없었다. 끝으로, 저우다관의 기록에 관개에 대한 얘기가 없었다는 것이다.

그로슬리에는 앙코르의 위치상 남쪽으로 흘러가는 물을 치수治水할 수 있었다고 강조했다. 이 지역의 철기시대 주거지는 하천을 고려하여 잡았다. 하리하랄라야에서는 인드라따따까 저수지를 채운 롤루오스강을 잘 다스렸다. 그로슬리에는 야쇼다라뿌라에 왕도를 세운 것은 시엠리압강을 이용하기 위함이었다는 주장을 내놨다. 이것은 그의 용어를 빌리면 수리 도시 앙코르 건설 1기期 중의 일이다. 2기에는 서 바라이가 축조되었으며, 앙코르 왓은 3기에 세워졌다. 그로슬리에는 앙코르 왓 주위 해자의 물이 관개망의 용량에 제법 보탬이 되었다는 견해를 피력하기까지 했다. 마지막으로 4기에는 자야따따까 저수지와 앙코르톰이 지어졌다. 각 단계를 거치면서 관개 면적은 확대되었다.

두마르세이의 주장은 이러한 틀을 바탕으로 한다. 그에 따르면 인드라따따까는 흐르는 물을 모아두기 위한 하나의 제방으로 출발했지만, 그 후 측면에 제방들을 달면서 확장되고, 토사 침적을 막기 위해 북쪽면에 제방을 쌓음으로써 완성되었다. 그는 이 같은 점진적인 방식을 통해 바라이baray의 형식이 떠오르면서, 이를 본 따 훨씬 더 큰 야쇼다라따따까(동 바라이)를 지었다고 주장한다. 이 저수지에는 침적토가 너무 빨리 쌓였는데, 이 점이 앙코르를 버리고 링가뿌라로 천도하게 만드는 데 일조했을 수도 있다. 그럼에도 라젠드라바르만은 왕도를 야쇼다라뿌라로 다시 옮기고 보니 60년이 지난 뒤인데도 야쇼다라따까에 여전히 물이 차 있음을 발견하였다고 그 후대 자야바르만 5세 당시의 한 비문은 전한다.

그렇지만 서 바라이는 수르야바르만 1세에 의해 축조된 것으로, 저수지 가운데의 섬에 사원을 짓고 그 안에 링가linga를 모셨으며, 사원은 원통 모양의 터널로 저수지와 연결되었다. 수위가 올라감에 따라 링가에도 물이 차올랐는데, 이는 링가의 수태력受胎力을 상징한다. 두마르세이에 따르면, 참족과의 전쟁으로 관개망이 많이 손상되어 자야바르만 7세는 자야따까 저수지 축조 공사와 함께 꼼꼼히 손을 봤다. 그는 중력에 따라 물이 논으로 저절로 흘러가도록 하는 방식을 택하지 않았다. 대신 "그는 관개 필요에 따라 열거나 닫을 수 있는, 댐 기능의 교량을 이용했다. 이러한 변화는 파격적이었다. 왜냐하면 물을 필요한 곳으로 가져오려면 수로를 파야 했으며, 더 심각한 것은 이런 식으로 물을 나누어줄 경우 물 배급 통제를 기반으로 하는 중앙 권력이 약화될 수 있기 때문이었다."

바라이 건설 시작부터 크메르인들은 수로와 해자의 물 유입을 조절했다. 최초의 도시 야쇼다라뿌라는 연결된 수로와 웅덩이가 곳곳에 있었다. 앙코르 톰에는 물을 내부 수로에서 성벽 너머 해자로 운반하는, 안에 돌을 댄 배수관이 있었다. 만약 바라이가 관개용 물을 저장했던 곳이라면 논으로 이어지는 배수구와 수로는 어디에 있는 것일까? 그로슬리에는 이 문제와 관련하여, 저수지 밖에 남쪽 제방과 나란히 수로를 팠으며, 수로는 제방에서 스며 나오는 물로 채워졌다고 주장했다. 그러나 반 리에르는 이것이 기술적으로 불가능함을 보여주었다.

따늡tanub은 범람한 물을 가두려고 똔레삽 호수 연안에 축조한 제방이다. 델버Delver는 오늘날 따늡을 이용해 건기에 벼농사짓는 것을 기술하면서 배수로는 매년 다시 판다고 썼다. 이것이 바라이 남쪽에 배수로가 없는 상황을 설명해줄 수도 있겠지만, 주목해야 할 점은 따늡 방식은 범람한 똔레삽 호수의 최고 수위 이하에서 기능한다는 사실이다. 모든 바라이는 이보다 훨씬 위에 있다.

애커는 관개할 수 있는 구역, 물 수요, 예상 수확량, 바라이들의 상대적 위치와 그 아래의 토지 등을 자세히 고찰했다. 그는 먼저 그로슬리에의 수치들을 제시했는데, 추산 인구 1,900,000명(너무 넉넉한 것 같다), 이 가운데 86,000헥타르의 관개 논으로 먹고사는 인구 600,000명 등이다. 건기에 1헥타르에 필요한 물은 15,000입방미터다. 앙코르의 모든 주요 바라이가 3m 깊이로 찼다고 가정하면, 물을 댈 수 있는 면적은 7,000헥타르에 달했을 것이다. 1헥타르에 잘 봐주어 1.46톤이 생산되고 1명이 연간 220kg을 소비한다고 치면, 건기 수확량으로 약 44,500명이 먹을 수 있었을 것이다. 이것은 그로슬리에가 추산한 인구의 2.5%에도 못 미치는 수치다. 이 계산은 바라이의 수심이 3m였을 때 이용 가능한 물의 양에 근거한 것이다. 바라이에 건기 내내 시엠 리압강에서 지속적으로 물이 공급되었을 수도 있지만, 계산에서는 그 가능성을 고려해 넣지 않았다. 바라이의 용도가 우기에 강수량이 충분치 못했을 때 논물을 보충하여 공급하려던 것일 수도 있다. 만약 그렇다면 우기에 9,000톤 이상의 벼를 추가로 생산할 수 있었을 것이다. 이 경우 관개 논에서의 총 수확량은 19,200톤에 달하는데, 이는 거의 100,000명을 먹일 수 있는 양이다.

이러한 수치들은 모든 바라이가 동시에 사용되었음을 가정한 것으로, 이 같은 상황은 자야바르만 7세와 그 후임 왕들의 치세에서만 가능했다. 한편 애커는 저수지들이 중첩되어 있어 물을 댈 수 있는 논이라 해도 관개가 이루어지지 않는다는 사실을 지적했다. 마찬가지로 야쇼다라따까 경우에도 물을 댈 수 있다고 해서 모두 그 아래의 토지를 관개할 수는 없을 것이다. 그 옆으로 깊숙이 굽이쳐 흐르는 시엠 리압강의 수로로 인해 그럴 수 없었을 것이기 때문이다.

바라이 얘기가 나오는 비문에는 바라이가 관개와 관련되었다는 말이 없다. 하리하랄라야의 한 사유지에 대해 기술한 내용을 보면, 인드라따까가 하나의 경계 표시물로 인용되어 있지 물에 대한 언급은 없다. 또 다른 비문에는 야쇼바르만 1세가 대지의 남편으로, 대지를 덕과 즐거움 그리고 풍요로 채웠노라고 기술되어 있다. 그러나 그가 축조한 바라이로 이어지는 부분은 너무 훼손되어 전체 의미를 파악할 수가 없다. 그의 축조 비문들을 보면 동 저수지는 생명을 지탱해주는 암브로시아ambrosia[2]의 원천, 달에 비유되어 있다. 라젠드라바르만은 이 저수지를 자신의 선업善業으로 채워 저수지 가운데의 섬에 서 있는 동메본 사원을 비추는 거울로 삼았다고 한다. 스타코로 아름답게 치장한 사당이 있는 이 섬 사원에 그가 상을 건립했다는 내용도 나온다. 만약

---

2) 먹으면 불노불사하며 상처에 바를 경우 금방 낫게 해준다는 신의 음식.

자야바르만 7세가 논을 관개했다면, 공덕 행위의 하나로 그의 비문에 분명히 나왔을 것이나, 어디를 봐도 물 분쟁이나 물 배급 담당 관리에 대한 얘기는 없다.

부정적인 증거라고 해서 아무 것도 증명되는 것은 아니지만, 그럼에도 중앙 집중 관개 시스템이 있는 스리랑카의 관련 상황을 살펴보면 재미있을 것이다. 관개에 대한 기술이 나오는 최초의 비문은 기원전 3세기로 소급된다. 관개 시스템은 소규모로 출발했던 듯하며, 세대별로 할당된 관개 토지를 가지고 있었다. 저수지는 물고기 공급처로 소중히 했으며, 건기에는 경작 목적으로도 사용되었다. 기원후 1세기에 관개 토지의 개인 소유 및 사원 기증이 시작되었지만, 대규모 사업으로 가는 길이 열린 것은 2세기에 물의 흐름을 조절하는 장치인 수문이 발명되면서였다.

바사바Vasabha 왕(65~109년)은 12개의 저수지와 멀리 떨어진 논으로 물을 운반하는 알리사라Alisara 수로를 건설했다. 기원후 150년경, 대규모 관개용 저수지 및 연동 장치가 등장한다. 3세기에는 둘레가 24km나 되는 거대한 저수지가 완공되었으며, 관개 시스템은 확장돼 향후 500년에 걸쳐 12개의 저수지가 추가로 축조되었다. 일부는 왕실 재산으로서 부역에 의해 건설되기도 했다. 바비하미까vavihamika(저수지 소유자)로 불리는 사람들이 개인적으로 소유하거나 마을 공동 소유 또는 수도원의 재산인 것도 있었다. 개인 소유자는 다까바까dakabaka (물 사용료)를 받았는데, 물을 대주는 토지에서 매년 거두어들이는 이모작이나 삼모작의 일정량이었다. 법 제도를 보면 저수지에서 물고기나 물을 몰래 가져가는 행위는 범죄로 들고 있다. 그러나 캄보디아 쪽 비문에는 유사한 내용이 없다.

앙코르 인근 지역의 농업에 대한 유일한 목격담은 저우다관의 붓끝에서 나온다. 그는 연간 삼, 사모작이 가능하다고 썼는데, 관개설 지지자들은 이것이 바로 관개용이었다는 사실을 뒷받침한다고 말한다. 그러나 저우다관은 이것이 모두 동일 지구에서 나왔다고는 명기하지 않았다. 사실 관개 방식을 사용하지 않더라도 천수답, 홍수가 끝나고 농사짓기, 화전, 성장 속도가 엄청 빠른 부도浮稻[3] 등을 섞어 사용하면 연간 사모작을 거둘 수 있다.

앙코르의 바라이가 관개에 사용되지 않았다면 벼농사는 어떻게 했을까? 항공사진 촬영 결과 많은 사원 유적에 작은 직사각형 저수지와 작게 구획된 정사각형 부지가 딸려 있으며, 이는 모두 동일한 축 위에 있음이 드러났다. 이들 정사각형 부지는 의심할 바 없이 앙코르의 논이다. 이 같은 장소에 대해 아직 연대 측정이 이루어지진 않았지만, 농사는 구획이 정리된 논에서 이루어졌으며 여기서 매년 평균 충분한 강우로 만족스런 벼 생산이 이루어졌음을 시사하는 강력한 근거가 있다.

비문에는 물소가 자주 등장하고, 쟁기를 언급한 것으로 볼 수 있는 대목도 적어도 한 번은 나온다. 이는 오늘날 천수답 농사의 모든 요소가 800년부터 앙코르 시기에 자리 잡고 있었음을 시사한다. 또한 애커의 지적처럼, 힘든 건기가 닥쳤을 때는 많은 소규모 저수지가 수원으로 사용되었을 가능성도 있다. 만약 저수지를 지하수면보다 아래로 파

---

3) 동남아시아에서 우기에 삼각주나 범람원이 물에 잠길 때 심는 벼. 물이 차면 그에 맞춰 줄기의 마디가 자라고, 마디마다 뿌리가 나온다. 하루에 20~25cm까지 자란다. 물이 빠지면 길게 자란 줄기가 땅에 눕고, 거기에서 뿌리가 내려 이삭이 팬다.

내어 축조했다면 물이 빠져나오면서 지속적으로 채워졌을 것이다.

관개를 둘러싼 논쟁에서 제시된 두 진영의 증거를 저울질하면, 아무래도 바라이에 바탕을 둔 대규모 중앙 통제 관개 시스템은 없었다는 쪽으로 기운다. 이렇게 되면 앙코르 시기의 왕권의 융성이나 국가 붕괴에 대한 그 어떤 설명에서도 관개 시설의 통제는 설 자리가 없게 된다.

그렇다면 바라이의 목적은 무엇이었을까? 만약 사원이 메루산을 상징한다면 저수지는 그 주변 바다가 될 것이다. 이러한 상징적 역할은 꼼뽕 스바이의 쁘리아 칸과 반띠아이 츠마르 같은 다른 주요 국가 사원에서도 마찬가지로 보인다. 앙코르 바라이의 규모는 240헥타르 면적의 인드라따따까에서부터 야쇼다라따까(1,260헥타르) 그리고 거대한 서 바라이(1,680헥타르)로 늘어났다. 힘과 위엄을 보여주기에는 그런 건축물을 지어 지상에 극락을 재현하는 것만큼 좋은 방법도 별로 없을 것이다.

이 같은 상징성은 물을 건너 각 바라이 중앙에 위치한 사원을 방문, 그곳에 모셔진 왕실 조상신에게 빌어 죄를 씻고 돌아오는 순례 여행에도 효과가 없진 않았을 것이다. 나른한 하늘에서 태양이 뜨겁게 타오르는 4월에 저수지 옆 그늘에 앉아 물을 스치는 산들바람을 느껴본 사람은 누구나 건설자의 업적에 똑같이 고개를 끄덕일 것이다.

자야바르만 7세의 통치는 마치 쇠퇴 전에 마지막으로 에너지를 터뜨리는 것처럼 보인다. 그 후 건축 활동은 급격히 줄었으며 비문은 보기 드문 존재가 되었다. 저우다관이 방문했을 때만 해도 앙코르는 여전히 인상적이고 활기찬 왕도였지만, 상황이 바뀐 것은 분명했다. 이 같은 상황 변화를 설명하는 데는 몇 가지 요인을 든다.

그로슬리에와 두마르세이는 앙코르의 쇠퇴에는 토사 침적 현상과 관리의 어려움에 기인한 관개 시스템 실패가 반영돼 있다고 주장했다. 현재 이것은 별 설득력이 없어 보인다. 태국의 수코타이, 아유타야 같은 강건한 왕국들이 서쪽에서 심각한 위협을 가해오면서 결국 앙코르의 장기간 포위와 약탈로 이어진 것은 이 시기였다. 조상과 결부된 전통적인 시바 숭배 대신 상좌부 불교(남방불교)의 채택으로 사회 평등이 설파되었을 뿐만 아니라, 국가 사원과 기부를 통한 공덕 행위, 비문 등의 필요성이 사라졌다는 사실을 지적한 학자들도 있다.

아유타야 왕국이 가까웠다는 점과 아유타야 왕국에 의한 앙코르의 파괴가 결국 앙코르가 버려지게 된 원인일 수도 있지만, 강조해야 할 중요한 사실은 이것을 신호로 앙코르 왕국이 끝난 것은 아니라는 점이다. 메콩강 유역으로 갔다가 다시 자야바르만 1세의 심장 지대(메콩강에 접한 저지대)로 옮기면서 앙코르와 그 전통은 확실히 유지되었다. 옮기게 된 데는 국제 무역 양상의 추가 변화가 계기로 작용했을 가능성이 다분하다.

이렇게 해서 프놈펜이 새로운 수도로 자리를 잡는다. 앙코르의 전통은 캄보디아 국왕을 통해서, 그리고 그 못지않게 태국 차끄리Chakri 왕조의 궁정 의식을 통해서 그 명맥을 이어가고 있다. 노로돔 시아누크 국왕 즉위식에 경쟁 파벌들이 참석한 상황은 1002~1006년의 사건(수르야바르만 1세 측의 승리로 끝난 자야비라바르만 진영과의 내전)을 바로 옮겨놓은 것일 수도 있다. 크메르 루주가 득세하기 전, 영화 〈킬링 필드〉에서 열연한 하잉 느고르Haing Ngor가 말했듯이, 캄보디아 농부들은 자신들의 국왕 시아누크를 신으로 생각했다.

더 넓은 시각에서 본 앙코르 문명_

고대 왕국에 대한 개관서는 대개 이집트, 메소포타미아, 중미 같은 지역을 집중 연구 대상으로 한다. 이따금 동남아시아가 비교 목적으로 중앙 무대에 올라온다. 집중 연구 지역과 어떤 유사성이 있는지를 알아보려는 것이다. 이 같은 비교 접근법이 갖는 문제 가운데 하나는 선사시대에 깊은 뿌리를 두고 출발하여 버려지기까지 앙코르 왕국에 대한 권위 있는 기술이 거의 없다는 점이다. 설사 그 같은 기술이 되어 있는 것들도 잘해야 선사시대를 체면치레로 슬쩍 언급하며, 매우 부정확한 묘사가 자주 보인다.

최근 세계 다른 지역 내 국가들의 기원에 대한 통합적 조사에서 몇 가지 의미 있는 요인이 확인되었다. 가령 로버트 카르네이로Robert Carneiro는 족장 사회에서부터 국가가 출현하기 위한 여섯 가지 조건을 내세웠는데, 다음과 같다. 이웃 집단 굴복 능력, 더 큰 조직체로의 편입 능력, 포로 노예화 능력, 조공 강요 능력, 전투 군단 공급 능력, 충성자에 대한 정복지 권한 위임 능력. 켄트 플라네리Kent Flannery가 정리한 국가 형성의 최근 사례들을 보면 이러한 주장은 상당히 일리가 있다. 종교적 의례와 물리적인 교역 통제는 또 다른 요인으로 많은 사례에서 단골로 등장한다.

한편 헨리 라이트Henry Wright에 따르면 국가 형성의 초기 단계에는 특징적으로 '족장族長 순환chiefly cycling'이 나타난다. 즉, 국가 단계로 발전하기에 앞서 족장 사회의 순환적 흥망성쇠 현상이 일어난다는 것이다. 조이스 마르쿠스Joyce Marcus는 이 같은 논지를 자신의 역학 모형에 채택, 중미에서 고대 국가는 지배와 위축 단계를 거쳤다는 광범위한 연구 결과를 내놓았다. 가령 마야는 경쟁적 족장 사회의 집합체로 출발하여, 중심重心의 이동에 따라 권력의 부침浮沈이 순환했다. 메소포타미아의 경우 수사Susa의 통치자들은 기원전 3700년에서 3200년까지 넓은 지역을 다스렸지만, 우룩Uruk 후기에는 두 개의 경쟁 집단으로 쪼개졌다. 이처럼 비슷한 패턴을 보이는 것은 불평등한 사회 체제를 유지하는 데 반복적인 어려움이 있기 때문일까?

중미의 마야와 앙코르의 크메르는 저지대 삼림 문명으로 같이 묶이기도 하지만, 사실 몇 가지 근본적인 차이가 있다. 앙코르 문명은 적응성과 생산성이 가장 높은 작물, 바로 벼의 수혜자였다. 앙코르인은 또한 강력한 역축役畜과 철 기술을 보유하고 있었다. 물론 다른 신흥 국가와 일치하는 점이 없는 것은 아니다. 앙코르에는 많은 인구가 거주했다. 심지어 후기 철기시대에도 인구 증가와 맞물리며 남부 코랏 고원의 강 유역 저지대에 주거지가 몰렸는데, 이에 대한 일부 증거가 있다. 이들 주거지 가운데 하나만을 대규모로 발굴한 결과 철제 무기가 많았다는 사실이 드러났다.

유수 조절 기술은 인도 상인들에 의해 소개되었다는 설이 있지만, 앙코르에서는 그 훨씬 전에 이미 그 같은 조치를 취했다. 또한 메콩강 삼각주 지역에 대한 최초의 중국인 기록으로 말미암아 영토 전쟁, 단일 정치 조직체 내 타 집단 편입, 피정복민 통치자로 왕의 인척을 임명했음을 알 수 있다.

삼각주 주거지들을 연결하는 수로에 엄청난 투자를 했다는 사실도 간과되어서는 안 된다. 현대의 관행을 따른다면, 이러한 수로는 배수용이자 습지를 지나는 빠른 수송로였을 것이다. 국가 형성 초기 단계의 또 다른 폭넓은 특징은 백성들로 하여금 계속 충성하게 할 목적으로 배수와 농업 개량을 시행했다는 것이다. 이 점 역시 고 탑Go Thap에서 나온 중요한 초기 비문에 암시되어 있다.

메콩강 삼각주 왕국 부남은 아마 이삼백 년 동안 지속되다가 국제 무역로 변화와 강력한 내륙 족장들의 부상으로 쇠퇴해버렸을 것이다. 기원후 550년부터 250년간 내륙의 강변 범람원에서는 두 정반대의 힘이 작용했다. 처음 세력에는 대족장이나 대군주 내지는 왕이 포진해 있으며 무력과 신성한 외적 이미지를 통해 토지와 노동에 대한 장악을 시도했다. 이에 맞선 세력은 독립과 지역 헤게모니를 스스로 추구한 지역 영주들이다. 이 같은 상황에서 경쟁 관계에 있는 대군주들의 순환적 성쇠는 근동과 중미에서 보이는 것과 양상이 비슷하다.

이 시기에 사회적 불평등이 증대했다는 증거는 멀리서 찾을 필요가 없다. 이름 자체가 충분한 증거다. 한쪽에서는 위대한 인드라의 피보호자란 뜻의 산스크리트어로 된 왕의 호칭이 있는가 하면, 또 다른 쪽에서는 개, 냄새나는 놈, 검은 원숭이, 엉덩이란 뜻의 크메르어 이름을 가진 노동자가 있었다.

경쟁과 특유의 알력을 보였던 이 시기 자야바르만 1세의 비문들에는 국가 관리를 임명하고, 거주지를 최소 서너층으로 위계화하는 따위의 국가 형성에 획기적인 사건들이 반영되어 있다. 그러나 그의 후계자들은 불과 한 세대 동안만 기록에 등장하다가 이 왕조에 대한 비문 기록은 침묵에 빠진다.

아서 드마레스트Arthur Demarest는 최근 마야 왕들은 농업이나 농업의 강화에는 별 관심이 없었으며, 케찰quetzal[4] 깃털이나 옥처럼 힘을 상징하는 의례 물품이 포함된 교역 말고는 교역에도 무관심했다는 주장을 내놓았다. 이것은 그들이 종교를 중시했음을 보여준다고 그는 강조했다. 마야인은 자신의 지도자를 신과 조상의 신성한 세계와 소통하는 수단으로, 그리고 우주의 상징적 축으로 간주했다. 이런 사실을 고려하면 왜 마야의 통치자가 경외심을 불러일으키는 신전, 중요한 상징적 의미가 있는 건물 외관, 통치, 계보, 승전비 등에 정성을 쏟았는지, 그리고 왜 신물信物 하사를 통제하려고 했는지 어느 정도 이해할 수 있다. 그러나 반대로 흉년이 들거나 전쟁에서 질 경우 신성한 광채는 금세 사라졌을 것이다.

드마레스트가 마야 문명에 대해 내놓은 이 핵심적 이슈는 앙코르 문명에서도 유사점이 발견된다. 주장에 따르면 앙코르의 왕들은 뛰어난 수력 공학 기술에 기초한 대규모 중앙집권적 관개 시스템을 관리하지 않았다. 앙코르가 동양의 베니스였을지는 모르나, 그로슬리에의 주장처럼 관개 농업을 기반으로 한 왕국이었다는 증거는 충분치 않다. 오히려 증거는 귀족 가문이 노동력을 통제하여, 홍수가 끝나고 농사짓기, 화전, '부도' 등의 농법을 곁들인 소규모 천수답 벼농사를 시켰다는 분권적 시스템 쪽의 손을 들어준다. 그렇다고 해서 몬순이 소강상태를 보일 경우 논으로 물을 가져오는 소규모 지역 수로망이 전혀 없었다는 것은 아니다. 하지만 이것은 그로슬리에와 두마르세이가 서술한, 그리고 다른 많은 사람이 상상한 왕실 주도의 수리水理 문명과는 거리가 있는

---

4) 중남미 산産의 비단깃새의 일종.

그림이다.

마야도 마찬가지지만 왕들은 어떻게 권력을 계속 장악했을까? 스탠리 탐비아는 동남아시아의 '거대 국가'에 대한 개관에서 드마레스트와 같은 결론에 이르렀지만, 그의 주장은 주로 시암 및 자와의 사례에 바탕을 두고 앙코르는 거의 고려 하지 않았다. 그렇지만 캄보디아에 대한 비문 및 고고학적 기록은 그의 견해를 다시 생각하게 만들 만큼 충분한 정보를 제공하고 있다. 그는 악시스 문디axis mundi, 즉 우주의 상징적 중심으로서의 왕도를 특히 강조했다. 이 개념은 앙코르의 비문과 건축 유물을 보면 자명하다. 또한 그는 왕의 신성한 권력과 다르마dharma, 즉 신성한 도덕률 고수의 중요성을 강조했다. 이 대목에서도 왕의 신성神性에 대한 언급은 셀 수 없이 많다. 왕의 이름은 시바의 이름과 합성하여, 왕이 세운 사원의 황금 링가에 새겨졌다. 앙코르는 건축적인 측면에서 볼 때 빼어나며, 왕과 신성한 권력의 이름으로 건축한 뛰어난 사례다. 중간에서 신격화된 조상들과 교통한다든지, 저수지를 축조하고 그 안에 개인의 죄를 없애주고 더 나은 삶으로 환생을 약속하는 사원을 짓도록 명한다든지 하는 왕의 역할에서도 의례적 권위가 반영되어 있다.

그럼에도 어두운 측면은 있었다. 고관들에게 아무리 많은 신물信物을 내리고, 아무리 많은 토지를 기부하고, 아무리 많은 도로와 교량을 건설했더라도 먼 지방과 궁정 내 파벌 통제라는 문제는 있었다. 그래서 앙코르 문명은 다른 지역의 문명과 마찬가지로 중앙이 허약한 시기에는 고질적인 불안정을 보이고, 외부의 압력이 있을 경우 분열되고 수축되는 경향을 드러냈다. 앙코르는 1431년 버려졌지만, 그 상징성은 사라지지 않고 해가 갈수록 더 커져갔다. 한 세기의 식민 지배와 크메르 루주의 고통을 거치면서도 앙코르 문명은 변함없이 크메르인과 이방인을 다 같이 하나로 만들고 가슴을 뛰게 한다.

참고문헌

약자略字 보기

AP	*Asian Perspectives*
BEFEO	*Bulletin de l'École Française d'Extrême-Orient*
EFEO	École Française d'Extrême-Orient
PEFEO	*Publications de l'École Française d'Éxtrême-Orient*
SOAS	School of Oriental and African Studies

총론

Cœdès, G. 1968. *The Indianized States of Southeast Asia*, University of Hawaii, Honolulu.

Giteau, M. 1965. *Khmer Sculpture and the Angkor Civilisation*, Thames and Hudson, London.

Jacques, C. 1997. *Angkor, Cities and Temples*, River Books, Bangkok.

Le Bonheur, A. 1995. *Of Gods, Kings and Men*, Serindia, London.

Mazzeo, D. and Antonini, C.S. 1978. *Monuments of Civilization : Ancient Cambodia*, Grosset and Dunlap, New York.

제1장 세계의 경이 가운데 하나

Alpers, E.A. 1969. 'Trade, state and society among the Yao in the nineteenth century,' *Journal of African History*, X (3) : 405-20.

Flannery, K.V. 1998. 'The ground plans of archaic sates' in Feinman, G.M. and Marcus, J. (eds), *Archaic States*, pp. 15-57, School of American Research Press, Santa Fe.

Flannery, K. 1999. 'Process and agency in early state formation,' *Cambridge Archaeological Journal*, 9 : 3-21.

Flood, G. 1996. *An Introduction to Hinduism*, Cambridge University Press, Cambridge.

Groslier, B.-P. 1958. 'Angkor et le Cambodge au XVIe Siècle d'après les Sources Portugaises et Espagnoles,' *Annals du Musée Guimet*, 63, Paris.

Groslier, B.-P. 1979. 'La Cité Hydraulique Angkorienne : exploitation ou surexploitation du sol?' *BEFEO*, LVI : 161-202.

Ribadeneyra, F.M. de. 1601. *Historia de Las Islas del Archipelago y Reynos de la Gran China*. G. Graells, Barcelona.

Tambiah, S.J. 1977. 'The galactic polity : the structure of traditional kingdoms in Southeast Asia,' *Annals of the New York Academy of Sciences*, 293 : 69-97.

2장 동남아시아의 선사 시대

Boulbet, J. 1979. *Le Phnom Kulen et sa Région*, EFEO, Paris.

Cœdès, G. 1931. 'Études Cambodgiennes,' *BEFEO*, XXXI : 2-23.

Cœdès, G. 1937. 'A new inscription from Fu-Nan,' *Journal of the Greater India Society*, 4 : 117-21.

Delvert, J. 1994. *Le Paysan Cambodgien*, L'Harmattan, Paris.

Glover, I.C. 1989. *Early Trade Between India and Southeast Asia : a Link in the Development of a World Trading System*, University of Hull Centre for Southeast Asian Studies, Occasional Paper no. 16, Hull.

Higham, C.F.W. and Lu, T.L.-D. 1998. 'The origins and dispersal of rice cultivation,' *Antiquity*, 72 : 867-77.

Higham, C.F.W. and Thosarat, R. 1994. *Prehistoric Thailand : from First Settlement to Sukhothai*, River Books, Bangkok.

Higham, C.F.W. and Kijngam, A. (eds). 1984. *Prehistoric Excavations in Northeast Thailand : Excavations at Ban Na Di, Ban Chiang Hian, Ban Muang Phruk, Ban Sangui, Non Noi and Ban Kho Noi*, British Archaeological Reports, International Series 231 (i-iii), Oxford.

Higham, C.F.W. and Thosarat, R. (eds). 1988. *The Excavation of Nong Nor, a Prehistoric Site in Central Thailand*, Oxbow Books, Oxford and University of Otago Studies in Prehistoric Anthropology, no. 18, Dunedin.

Moore, E. and Freeman, A. 1998. 'Circular sites at Angkor : a radar scattering model,' *Journal of the Siam Society*, 85 : 107-19.

Nitta, E. 1991. 'Archaeological study on the ancient iron-smelting and salt-making industries in the northeast of Thailand : preliminary report on the excavations of Non Yang and Ban Don Phlong,' *Journal of Southeast Asian Archaeology*, 11 : 1-46.

Pigott, V.C., Weiss, A.D. and Natapintu, S. 1997. 'The archaeology of copper production : excavations in the Khao Wong Prachan Valley, Central Thailand' in Ciarla, R. and Rispoli, F. (eds), *South-east Asian Archaeology 1992*, Istituto Italiano per l'Africa e l'Oriente, Rome.

Sedov, L.A. 1978. 'Angkor : society and state' in Claessen, H.J.M. and Skalník, P. (eds), *The Early State*, pp. 111-30, Mouton, The Hague.

Sørensen, P. 1988. 'The kettledrums from Ongbah Cave, Kanchanaburi Province' in Sørensen, P. (ed.), *Archaeological Excavations in Thailand : Surface Finds and Minor Excavations*, pp. 95-116, Scandinavian Institute of Asian Studies, Occasional Paper no. 1, Copenhagen.

제3장 동남아시아 최초의 문명

Dao Linh Con, 1997. 'The Oc Eo burial group recently excavated at Go Thap (Dong Thap Province, Viet Nam),' P.-Y. in Manguin (ed), *Southeast Asian Archaeology 1994*, pp. 111-16, Centre for Southeast Asian Studies, University of Hull, Hull.

Garnier, F. 1871. 'Voyage des Hollandais en Cambodge et Laos en 1644,' *Bulletin de la Société de Géographie*, II-19 : 251-89.

Hall, K. 1985. *Maritime Trade and State Development in Early Southeast Asia*, University of Hawaii Press, Honolulu.

Jacques, C. [n.d.] *Corpus des Inscriptions du Pays Khmer 1 : Inscriptions Préangkoriennes Nommant un Roi*, International Academy of Indian Culture, New Delhi.

Jacques, C. 1978. '"Funan," "Zhenda" : the reality concealed by these Chinese views of Indochina' in Smith, R.B. and Watson, W. (eds), *Early South East Asia*, pp. 443-56, Oxford University Press, Kuala Lumpur.

Le Xuan Diem, Dao Linh Con and Vo Si Khai, 1995. *Van Hoa Oc Eo Nhung Kham Pha Moi*, Nha Xuat Ban Khoa Hoc Xa Hoi, Hanoi.

Malleret, L. 1959-63. *L'Archéologie du Delta du Mékong*, EFEO, Paris.

Manguin, P.-Y. 1996. 'Southeast Asian shipping in the Indian Ocean during the first millenium A.D.' in Ray, H.P. and Salles, J.-F. (eds), *Tradition and Archeology : Early Maritime Contacts in the Indian Ocean*, pp. 181-98, Manohar, New Delhi.

Stark, M.T., Griffin, P.B., Church Phoeurn, Ledgerwood, J., Dega, M., Mortland, C., Dowling, N., Bayman, J.M., Bong Sovath, Tea Van, Chhan Chamroven and Latinis, K. 1999. 'Results of the 1995-6 archaeological field investigations at Angkor Borei, Cambodia,' *AP*, 38 (1) : 7-36.

Wheatley, P. 1983. *Nagara and commandery : Origins of the Southeast Asian*

Urban Traditions, University of Chicago, Department of Geography, Research Paper 207-8, Chicago.

제4장 진랍의 초기 왕국들

Bénisti, M. 1970. *Rapports entre le Premier Art Khmer et l'Art Indien, PEFEO,* Mémoires Archéologiques V, Paris.

Boisselier, J. 1955. 'La Statuaire Khmère et son Evolution,' *PEFEO* 37.

Boulbet, J. and Dagens, B. 1973. 'Les sites archéologiques de la region du Bhnam Gulen (Phnom Kulen),' *Arts Asiatiques*, 27 : 68 pp.

Jacob, J.M. 1979. 'Pre-Angkor Cambodia : evidence from the inscriptions in Khmer concerning the common people and their environment' in Smith, R.B. and Watson, W. (eds), *Early South East Asia*, pp. 406-26, Oxford University Press, Kuala Lumpur.

Jacques, C. 1986a. 'Le pays Khmer avant Angkor,' *Journal des Savants*, 1986 : 59-95.

Jacques, C. 1986b. 'New data on the VII-VIIIth centuries in the Khmer lands' in Glover, I.C. and Glover, E. (eds), *Southeast Asian Archeology 1986*, BAR International Series 561, Oxford.

Kulke, H. 1986. 'The early and the imperial kingdoms in Southeast Asian history' in Marr, D.G. and Milner, A.C. (eds), *Southeast Asia in the 9th to 14th Centuries*, pp. 1-22, Institute of Southeast Asian Studies, Singapore, and Research School of Pacific Studies, ANU Canberra.

Parmentier, H. 1927. *L'Art Khmer Primitif*, EFEO, Paris.

Renfrew, A.C. 1979. 'Systems collapse as social transformations : catastrophe and anastrophe in early state societies' in Renfrew, A.C. and Cooke, K.L. (eds), *Transformations : Mathematical Approaches to Culture Change*, pp. 481-506, Academic Press, London.

Vickery, M. 1986. 'Some remarks on early state formation in Cambodia' in Marr, D.G. and Milner, A.C. (eds), *Southeast Asia in the 9th to 14th Centuries*, pp. 95-115, Institute of Southeast Asian Studies, Singapore, and Research School of Pacific Studies, ANU Canberra.

Vickery, M. 1994. 'What and where was Chenla?' in Bizot, F. (ed.), *Recherchés Nouvelles sur le Cambodge*, pp. 197-212, EFEO, Paris.

Vickery, M. 1998. *Society, Economics and politics in Pre-Angkor Cambodia*, The Centre for East Asian Cultural Studies for Unesco, Tokyo.

Aymonier, E. 1900. *Le Cambodge*, E. Leroux, Paris.

Bizoy, F. 1994. (ed.) *Nouvelles Recherchés sur le Cambodge*, pp. 197-212, EFEO, Paris.

Briggs, L.P. 1951. 'The Ancient Khmer Empire,' *Transactions of the American Philosophical Society*, n.s. 41, Philadelphia.

Bruguier, B. 1994. 'Le Prasat Ak Yum, état des connaissances' in Bizoy, F. (ed.), *Nouvelles Recherchés sur le Cambodge*, pp. 273-96, EFEO, Paris.

Cœdès, G. 1936-66. *Inscriptions de Cambodge* (8 vols), EFEO, Collections de textes et documents sur l'Indochine III, Paris.

Cœdès, G. and Dupont, P. 1943-6. 'Les Stèles de Sdok Kak Thom, Phnom Sandak et Prah Vihear,' *BEFEO*, XLIII : 56-154.

Goloubew, V. 1933. 'Le Phnom Bakhen, la ville de Yashovarman,' *BEFEO*, XXXIII : 319-44.

Goloubew, V. 1936. 'Reconnaissances aériennes au Cambodge,' *BEFEO*, XXXVI : 465-77.

Jacques, C. 1972. 'La carrière de Jayavarman II,' *BEFEO*, LIX : 205-20.

Jacques, C. 1997. Angkor, *Cities and Temples*, River Books, Bangkok.

Kulke, H. 1978. *The Devaraja Cult*, Data Paper no. 108, Southeast Asia Program, Dept. of Asian Studies, Cornell University.

Marchal, H. 1937. 'Notes sur le dégagement de Prasat Kok Po,' *BEFEO*, XXXVII : 361-78.

Ricklefs, M.C. 1967. 'Land and the law in the epigraphy of tenth-century Cambodia,' *Journal of the Royal Asiatic Society*, XXVI : 411-20.

Roveda, V. 1997. *Khmer Mythology*, River Books, Bangkok.

Sahai, S. 1970. *Les Institutions Politiques et L'Organisation Administrative du Cambodge Ancien (VI-XIIIth Siècles)*, PEFEO, LXXV.

Stern, P. 1936. 'Le Style de Kulen,' *BEFEO*, XXXVI : 111-49.

Vickery, M. 1997. [review article] 'What to do about the Khmers,' *Journal of Southeast Asian Studies*, 27 (2) : 389-404.

제6장 태양왕 왕조

Cœdès, G. 1913a. 'La stèle de Palhal,' *BEFEO*, XIII (6) : 27-36.

Cœdès, G. 1913b. 'Le serment des fonctionnaires de Suryavarman I,' *BEFEO*,

XIII (6) : 11-17.

Corbin, P. 1988. *La Fouille du Sras-Srang à Angkor*, EFEO, Collections de Textes et Documents sur l'Indocnine, Mémoires Archéologiques XVII.

De Mestier du Bourg, H. 1970. 'La Première moitié du XIe siècle au Cambodge : Suryavarman Ier, sa vie et quelques aspects des institutions à son époque,' *Journal Asiatique*, 258 (3-4) : 281-314.

Delaporte, L. 1880. *Voyage au Cambodge. L'Architecture Khmère*, Paris.

Engelhardt, R.A. 1996. 'New directions for archaeological research on the Angkor Plain : the use of remote sensing technology for research into ancient Khmer environmental engineering,' *Bulletin of the Indo-Pacific Prehistory Association*, 14 : 151-60.

Hall, K. 1975. 'Khmer commercial developments and foreign contacts under Suryavarman I,' *Journal of Economic and Social History of the Orient*, 18 : 318-36.

Mauger, H. 1940. 'Prah Khan de Kompon Svay,' *BEFEO*, XXXIX : 197-220.

Moore, E. and Siribhadra, S. 1992. *Palaces of the Gods : Khmer Art and Architecture in Thailand*, River Books, Bangkok.

Vickery, M. 1985. 'The reign of Suryavarman I and royal factionalism at Angkor,' *Journal of Southeast Asian Studies* 16 (2) : 226-44.

제7장 마히다라뿌라 왕조

Aoyagi, Y. 1999. *Excavation of Tani pottery kiln site in Angkor area*, Report on the 4th excavation of pottery kiln sites, Report to the Unesco Cultural Commission, Phnom Penh.

Argensola, B.L. de, 1609. *Conquista de las Islas Malucas*. A. Martin, Madrid.

Aymonier, E. 1900-1903. *La Cambodge*. Ernest Leroux, Paris.

Cœdès, G. 1906. 'La stèle de Ta-Prohm,' *BEFEO*, VI (1906) : 44-81.

Cœdès, G. 1913. 'Note sur l'Iconographie de Ben Mala,' *BEFEO*, XII (2) : 23-8.

Cœdès, G. 1929. 'Nouvelles données chronologiques et généalogiques sur la dynastie de Mahidharapura,' *BEFEO*, XXIX : 297-330.

Cœdès, G. 1941. 'La stèle du Prah Khan d'Angkor,' *BEFEO*, XLI : 255-301.

Cœdès, G. 1947-50. 'L'Épigraphie de monuments de Jayavarman VII,' *BEFEO*, XLIV : 97-119.

Cœdès, G. 1966. *Angkor : an Introduction*, Oxford University Press, Hong

Kong.

Dagens, B. 1998. [review of Mannika, E., 1996, *Angkor Wat : Time, Space and Kingship*], *BEFEO*, LXXXV : 500.

De Mecquenem, J. 1913. 'Les bâtiments annexés de Ben Mala,' *BEFEO*, XII (2) : 1-22.

Dufour, M.H. 1901. 'Documents photographique sur les fêtes ayant accompagné la coupe solonnelle des cheveux du Prince Chandalekha fils de Noroudam, en Mai 1901, à Phnom Penh, recueillis et annotés,' *BEFEO*, I : 231-4.

Finot, L. 1925. 'Inscriptions d'Angkor,' *BEFEO*, XXV : 289-407.

Groslier, B.-P. 1981. *Introduction to the ceramic wares of Angkor. Khmer Ceramics : 9th-14th Century*, Southeast Asian Ceramic Society, Singapore.

Jacques, C. 1999. *Angkor*. Könemann, Cologne.

Mannika, E. 1996. *Angkor Wat : Time, Space and Kingship*, Allen and Unwin, St Leonards.

Parmentier, H. 1910. 'Les bas-reliefs de Banteai-Chmar,' *BEFEO*, X : 205-22.

Trouvé, G. 1933. 'Chronique,' *BEFEO*, XXXIII : 1120-7.

Trouvé, G. 1935. 'Chronique,' *BEFEO*. XXXV : 483-6.

Zhou Daguan. 1993. *The Customs of Cambodia*, The Siam Society, Bangkok.

제8장 앙코르 문명에 대한 개관

Acker, R.L. 1997. *New Geographic Tests of the Hydraulic Thesis at Angkor*, M.A. Dissertation, School of Oriental and African Studies, London.

Briggs, L.P. 1951. 'The Ancient Khmer Empire,' *Transactions of the American Philosophical Society*, 4 (i) : 1-295.

Carneiro, R.L. 1992. 'Point counterpoint : Ecology and ideology in the development of New World civilizations' in Dermarest, A.A. and Conrad, G.W. (eds), *Ideology and Pre-Columbian Civilizations*, pp. 175-204. School of American Research Press, Santa Fe.

Claessen, H.J.M. and Skalník, P. (eds). 1978. *The Early State, Mouton*, The Hague.

Claessen, H.J.M. and Van der Velde, P. (eds). 1987a. *Early State Dynamics*, Brill, Leiden.

Claessen, H.J.M. and Van der Velde, P. (eds). 1987b. *Early State Economics*,

Transaction Publishers, New Jersey.

Delvert, J. 1961. Le Paysan Cambodgien. *Le Monde d'Outre Mer Passé et Present*. Première Série No. 10, École Practique des Hautes Études, Sorbonne, Paris.

Demarest, A.A. 1992. 'Ideology in ancient Maya cultural evolution : the dynamics of galactic polities' in Demarest, A.A. and Conrad, G.W. (eds), *Ideology and Pre-Columbian Civilizations*, pp. 135-57, School of American Research Press, Santa Fe.

Demarest, A.A. and Wright, H.T. 1993. 'The culture history of Madagascar,' *Journal of World Prehistory*, 7 : 417-66.

Dumarçay, J. 1998. *The Site of Angkor*, Oxford University Press, Oxford.

Feinman, G.M. 1998. 'Scale and social organization : perspectives on the archaic state' in Feinman, G.M. and Marcus, J. (eds), *Archaic State*, pp. 95-133, School of American Research Press, Santa Fe.

Feinman, G.M. and Marcus, J. (eds), 1998. *Archaic States*, School of American Research Press, Santa Fe.

Flannery, K. 1999. 'Process and agency in early state formation,' *Cambridge Archaeological Journal*, 9 : 3-21.

Gesick, L. 1983. 'Centers, symbols, and hierarchies : essays on the classical states of southeast Asia,' *Southeast Asia Studies Monograph Series*, no. 26, Yale University Press, New Haven.

Gunawardana, R.A.L.H. 1981. 'Social function and political power : a case study of state formation in irrigation society' in Claessen, H.J.M. and Skalník, P. (eds), *The Study of the State*, pp. 133-54, Mouton, The Hague.

Hagesteijn, R. 1987. 'The Angkor state : rise, fall and in between' in Claessen, H.J.M. and Van der Velde, P. (eds), pp. 154-69, *Early State Dynamics*, Brill, Leiden.

Marcus, H. 1998. 'The peaks and valleys of ancient states' in Feinman, G.M. and Marcus, J. (eds), *Archaic States*, pp. 59-94, School of American Research Press, Santa, Fe.

Ngor Haing, S. 1988. *Surviving the Killing Fields*, Chatto and Windus, London.

Osborne, M. 1994. *Sihanouk : Prince of Light, Prince of Darkness*, University of Hawaii Press, Honolulu.

Stott, P. 1992. 'Angkor : shifting the hydraulic paradigm' in Rigg, J. (ed.), *The*

Gift of Water, pp. 47-57, SOAS, London.

Tambiah, S.J. 1977. 'The galactic polity : the structure of traditional kingdoms in Southeast Asia,' *Annals of the New York Academy of Sciences*, 293 : 69-97.

Van Liere, W.J. 1980. 'Traditional water management in the lower Mekong Basin,' *World Archaeology*, 11 (3) : 265-80.

Winzeler, R. 1976. 'Ecology, culture, social organization and state formation in Southeast Asia,' *Current Anthropology*, 17 : 623-40.

Wright, H.T. 1984. 'Prestate political formation' in Earle, T.K. (ed.), *On the Evolution of Complex Societies*, pp. 43-77, Undena, Malibu.

Wright, H.T. 1998. 'Uruk states in southwestern Iran' in Feinman, G.M. and Marcus, J. (eds), *Archaic States*, pp. 173-97, School of American Research Press, Santa Fe.

Wright, H.T. and Johnson, G.A. 1975. 'Population, exchange, and early state formation in Southwestern Iran,' *American Anthropologist*, 77 : 267-89.

Zhou Daguan 1993. *The Customs of Cambodia*. The Siam Society, Bangkok.

용어모음

가루다Garuda | 반은 새, 반은 사람인 전설의 동물로 비슈누를 태우고 다닌다.

고뿌라gopura | 사원의 입구나, 혹은 입구의 문에 세운 탑을 뜻하는 산스크리트어.

구루guru | 영혼의 스승.

깜라뗀kamratan | 고위 성직의 명칭, 깜스뗀kamsten보다 높다.

깜스뗀kamsten | 성직의 명칭.

끄눔knum | 손아래 친척이나 노예.

끄뽄kpon | 조상신 혹은 지역신, 여신인 경우가 많다.

나가naga | 머리가 여러 개인 뱀, 앙코르 왕국의 수호자이다.

난디Nandi | 시바가 타는 황소.

-닷따-datta | 아디Aditya(태양)에서 유래한 이름에 붙는 접미사.

데바니까Devanika | 신의 보호.

데바라자devaraja | 문자적으로는 왕신王神, 즉 왕이자 신인 존재를 말하나 논쟁의 여지가 있
    다. 이에 대한 숭배는 자야바르만 2세 통치기부터 유래했다고 후대 비문에 전하나, 과장
    된 측면이 있다.

-데바-deva | 남신, 남신의.

-데비-devi | 여신, 여신의.

둘리 젠 브라 깜라뗀 안Dhuli jen vrah kamraten an | 왕에 대한 극존칭. 둘리 젠Dhuli jen
    은 발의 먼지를 뜻한다.

따눕tanub | 제방, 뚝길.

땀르박tamrvac | 중앙에서 임명된 지방 행정 관리.

똔레Tonle | 강, 호수.

라마Rama | 비슈누의 현신으로 무용武勇과 미덕의 화신.

라자꿀라마하만뜨리rajakulamahamantri | 위대한 조언자라는 호칭.

라자raja | 왕.

락쉬미Lakshmi | 시바의 아내이자 미의 여신

로께스바라Lokesvara | 관세음보살.

링가linga | 남근상男根像, 보통 돌로 되어 있으며 숭배의 대상이다.

만뜨린mantrin | 왕의 고문 또는 대신

메루 산Mount Meru | 우주의 중심에 있는 신들의 고향.

메본mebon | 섬 사원.

므라딴 꾸룬mratan kurun | 지방을 통치하는 고위 관리로, 므라딴 끌론보다 높다.

므라딴 끌론mratan klon ┃ 궁정이나 지방을 관리하는 고위 관리.

므라딴mratan ┃ 왕이 임명한 중앙이나 지방의 고위 관리.

바라이baray ┃ 저수지를 나타내는 산스크리트어.

-바르만-varman ┃ 방패 또는 보호자를 뜻하는 이름 뒤에 붙는 접미사.

바비하미까vavihamika ┃ 스리랑카의 저수지 소유자.

반띠아이Banteay ┃ 성채를 나타내는 크메르어.

밥vap ┃ 아버지를 뜻하는 존칭.

보디사쯔바bodhissattva ┃ 산스크리트어로 깨달은 자.

브라 구루vrah guru ┃ 사원 등의 종교 재단을 담당한 고위 각료.

브라 깜라뗀 안vrah kamraten an ┃ 고귀하고 신성한이란 뜻으로, 종교 지도자에게 주어진 호칭.

브라흐마Brahma ┃ 우주의 창조 신.

브야빠라vyapara ┃ 왕이 임명한 관리로 경계를 세우고 지킨다.

비사야visaya ┃ 행정 구역.

비슈누Vishnu ┃ 세계를 지키고 유지하는 힌두 신.

뽄pon ┃ 높은 신분의 사람이 갖는 호칭으로 세습된다. 보통 땅과 가축을 하사할 권한을 가진 지역 지도자를 가리킨다. 뽄이라는 호칭은 한 남자에게서 여형제의 아들로 전해지는데, 8세기 초반까지 이러한 관습이 남아 있었다.

뿌라나스puranas ┃ 힌두교의 신성한 경전.

-뿌라-pura ┃ 도시, 땅, 지역을 나타내는 접미사

쁘라만praman ┃ 왕이 직할하는 행정 구역이나 영토로 스룩sruk보다 큰 단위이다.

쁘리아preah ┃ 크메르어로 성스러운 또는 거룩한.

쁘리아 칸preah khan ┃ 크메르 어로 성스러운 검.

사뱌디빠sabhyadhipa ┃ 신하의 우두머리, 영의정.

삭띠sakti ┃ 시바의 활력活力, 성력性力.

수르야-Surya- ┃ 태양이란 뜻의 이름에 붙는 접두사.

스레스틴sresthin ┃ 중간 품계의 관리.

스룩sruk ┃ 마을 규모의 작은 행정 구획 단위.

시바Shiva ┃ 창조와 파괴의 신.

-아디땨-aditya ┃ '떠오르는 태양' 의 뜻으로 이름 뒤에 붙는다.

아바따르avatar ┃ 산스크리트어로, 현세에 여러 가지로 나타나는 신의 모습.

아쉬라마ashrama | 수행자를 위한 피정소避靜所.

아짜르야acarya | 영적 지도자.

압사라apsara | 천상의 무녀舞女를 뜻하는 산스크리트어.

앙코르Ankor | '신성한 도시'를 의미하는 산스크리트어 나가라nagara에서 유래했다.

왓Wat | 사원

요니yoni | 링가를 담는 여성 생식기.

이샤나뿌라Ishanapura | 이샤나바르만의 도시.

-이스바라-isvara | 시바를 나타내는 접미사.

인드라Indra | 전쟁과 폭풍의 힌두 신. 특히 동쪽 방위와 관련되어 있다.

자야jaya | 승리를 나타내는 접두사.

잠부드비빠jambudvipa | 장미와 사과나무의 땅.

차끄라바르띤chakravartin | 만유萬有의 대군주. 한자로는 전륜성왕轉輪聖王.

참파족Champa/참족the Chams | 오스트로네시아 어족으로 베트남 남부 연안에 살며 크메르와 전쟁을 벌이기도 했다.

크리슈나Krishna | 비슈누의 현신.

클론 글란khlon glan | 창고의 책임자.

클론 까르야khlon karya | 노역, 또는 부역의 책임자.

클론 비사야khlon visaya | 토지 소유를 담당했던 관리.

클리앙khleang | 시장을 뜻하는 기념물이나, 아직 그 용도는 잘 모른다.

판fan | 중국 기록에 나타나는 부남의 지배자나 왕. 크메르어의 뽄의 음사로 보인다.

푸자puja | 신께 바침.

프놈phnom | 크메르어로 언덕이나 산.

핀다pinda | 죽은 자를 위한 의식. 열흘 동안 쌀을 바친다.

하리하라Harihara | 시바와 비슈누의 모습을 합친 신.

호따르hotar | 사제.

찾아보기

아

앙코르 문명 대조 연표

기원전 2300-2000년 | 양쯔강 유역에 기원을 둔 크메르어를 사용하는 벼 경작 공동체들이 캄보디아에 도래. 캄보디아에서 그들의 주요 주거지는 삼롱 센.

기원전 2333년 | 단군왕검, 고조선 건국.

기원전 1500-500년 | 동남아시아의 청동기 시대.

기원전 1122년 | 기자가 조선에 들어옴.

기원전 500년-기원후 400년 | 동남아시아의 철기 시대로 알려진 시기. 핵심 유적은 넌 우 로께, 앙코르 보레이 등.

기원전 450년 | 송화강 일대에서 부여 성립.

기원후 150-550년 | 부남으로 알려진 메콩강 삼각주 국가의 흥기와 쇠망. 옥 에오와 앙코르 보레이에 사람들이 거주.

기원후 150년 | 간다라 예술이 일어남.

510년 | 부남의 자야바르만 사망. 루드라바르만 왕위 계승.

512년 | 고구려 양나라에 사신 보냄.

600년 | 마헨드라바르만, 중부 캄보디아의 왕국에서 왕권을 차지.

600년 | 백제 무왕 즉위.

615-628년 | 이샤나바르만, 이샤나뿌라에서 통치.

615년 | 신라 수나라에 사신 보냄.

655-700년 | 자야바르만 1세의 대략적인 통치 기간.

660년 | 백제 멸망.

802년 | 자야바르만 2세, 왕들의 왕으로 즉위하고 앙코르 왕국의 기초를 놓음.

802년 | 신라 해인사 창건.

877년 | 인드라바르만 1세 즉위. 하리하랄라야에 바꽁 사원과 쁘레아 꼬 사원을 건설.

877년 | 당나라에서 황소의 난.

889년 | 야쇼바르만 1세 즉위. 바켕 사원 건설. 롤레이 사원 완공. 동 바라이와 인드라따까 저수지 완성.

889년 | 후고구려 궁예가 세력을 떨침.